西周青铜器分期断代研究

王世民　陈公柔　张长寿　著

文物出版社

图书在版编目（CIP）数据

　　西周青铜器分期断代研究 / 王世民，陈公柔，张长寿
著.—北京：文物出版社，1999.11（2018.7重印）
　　ISBN 978-7-5010-1183-4

　　Ⅰ.①西… Ⅱ.①王… ②陈… ③张… Ⅲ.①青
铜器（考古）—断代学—研究—中国—西周时代
Ⅳ.①K876.414

　　中国版本图书馆CIP数据核字（2017）第139019号

西周青铜器分期断代研究

王世民　陈公柔　张长寿　著

责任编辑：吴　然
封面设计：程星涛
责任印制：梁秋卉

出版发行：文物出版社
社　　址：北京市东直门内北小街2号楼
邮　　编：100007
网　　址：http://www.wenwu.com
邮　　箱：web@wenwu.com
经　　销：新华书店
印　　刷：文物出版社印刷厂印刷
开　　本：787mm×1092mm　1/16
印　　张：20
版　　次：1999年11月第1版
印　　次：2018年7月第3次印刷
书　　号：ISBN 978-7-5010-1183-4
定　　价：198.00元

A STUDY OF THE PERIODIZATION AND DATING OF WESTERN ZHOU BRONZES

Wang Shimin
Chen Gongrou
Zhang Changshou

CULTURAL RELICS PUBLISHING HOUSE

重 印 说 明

  本书于1999年出版至今已有十多年的时间，这些年来的考古发现证明所作分期断代基本可信，因而这次重印未作订补，仅就若干西周墓地发掘所获具有典型意义的资料，作一补记附于书后，以资参考。再是为便于翻检，对原有目录进行了加详。另外，订正了原版本的个别失误，主要是第127页庚嬴卣（卣18），误用形制纹饰相近的另一卣，差别在于圈足有垂冠长尾鸟纹，而非光素。该图曾见于《考古学报》1956年第1期发表的陈梦家《西周铜器断代》（三）图版玖、拾，中华书局2004年出版的《西周铜器断代》一书第654页用图亦误。

作 者

2017年3月15日

出 版 说 明

"夏商周断代工程"是国家第九个五年计划重点科技攻关项目之一。

在独立起源的世界四大古文明中，历经五千年沧桑巨变而从未中断的，惟有中华文明，这是中华民族对人类进步的杰出贡献。不无遗憾的是，夏商周三代是中华文明由兴起走向昌盛的时期，而我国古史的确切纪年，只能上溯到《史记·十二诸侯年表》的始年——西周晚期的共和元年，即公元前841年。再往前的历史纪年，或彼此歧异，或多有阙失，难以考索。自西汉末年的刘歆起，两千多年来，许多中外学者试图解决这一学术悬案。由于三代年代学涉及的领域相当广泛，需要进行的研究非常繁多，使得任何个人的力量都难以取得突破。

"夏商周断代工程"的总目标，是要将夏商周时期的年代学进一步科学化、量化，制定夏商周这一历史时期有科学依据的年代学年表，为深入研究我国古代文明的起源和发展打下良好基础。根据不同时期研究条件的差异，提出以下具体目标：

①西周共和元年（前841）以前各王，给出比较准确的年代；

②商代后期（武丁以下）各王，给出比较准确的年代；

③商代前期，给出比较详细的年代框架；

④夏代，给出基本的年代框架。

为了达到以上目标，"夏商周断代工程"以自然科学与人文社会科学相结合，兼用考古学和现代科技手段，进行多学科交叉研究。项目分设"有关夏商周年代、天象及都城文献的整理及可信性研究"、"天文年代学综合研究"、"夏代年代学研究"、"商前期年代学研究"、"商后期年代学研究"、"武王伐纣年代研究"、"西周列王年代学研究"、"^{14}C 测年技术

3

的改进与年代测定"、"夏商周年代研究的综合与总结"等 9 个课题,下列 40 个专题。参与"夏商周断代工程"的专家、学者共 170 余位,涉及历史学、考古学、古文字学、天文学、测年技术等诸多学科领域。

经过三年多的努力,"夏商周断代工程"取得了可喜的成绩,各项预定的目标已经基本达到,将于 1999 年内公布项目的阶段性成果。为了让国内外学术界和关心这项工作的朋友全面了解项目的情况,我们决定编辑、出版以下两个系列:

一、《夏商周断代工程报告集》收录项目的总报告以及各课题、专题的结题报告。总报告是在对全部课题的成果进行综合和再研究的基础上形成的,是项目和整体成果的集中表述。课题、专题的结题报告包括发掘报告、实验报告和研究报告等,反映项目研究的过程和提供原始资料。此外,部分专题研究还将以专著形式发表。

二、《夏商周断代工程丛书》收录在项目的进展过程中形成的专题资料汇编、札记辑集等,是围绕项目进行的辅助性工作的成果。

公布"夏商周断代工程"阶段性成果,并不是宣告已经达到终极的目标,恰恰相反,它标志着三代年代学研究开始步入新的阶段。我们相信,随着科学技术的发展和大批新的考古材料的出现,随着更多的研究者的加入,我们一定能以更加坚实的步伐,不断逼近夏商周年代的真貌。为此,恳请国内外广大读者对我们已有的工作批评指正。

"夏商周断代工程"办公室

1999 年 8 月 28 日

目　　录

一　前　言

本书是"夏商周断代工程"中"西周列王的年代学研究"课题的一项专题研究成果。本项专题研究的预定目标是："以西周青铜器中铭文可供西周历谱研究者为主，就其形制、纹饰作考古学的分期断代研究，为改进西周历谱研究提供比较可靠的依据。"所谓"铭文可供西周历谱研究"的铜器，是指铭文中王年、月序、月相、干支四要素俱全的铜器。专题研究的任务是要从考古学上对这些四要素俱全铜器进行比较准确的分期断代，从而使历谱研究能够建立在科学的坚实基础之上，避免过去那种不顾铜器年代妄加推算的随意情况。

西周铜器的分期断代研究，肇始于本世纪30年代，在此之前则是一团混沌。宋代和清代的金石学家，对个别铜器的年代偶有论及，或就铭文中的人名与文献记载比附，或依后世历术推步历朔，缺乏对铜器形制、纹饰和铭文的全面考察，因而所定年代多不可靠。郭沫若在1932年编撰的《两周金文辞大系》，以及1935年增订出版的《两周金文辞大系图录》和《考释》，第一次将近代考古学的类型学方法应用于铜器研究，对西周时代的有铭铜器进行系统的整理研究，初步建立比较完整的科学体系。他对250件西周重要器铭进行断代，是以"自身表明了年代的标准器"为基点，联系相关的人名和史事，注重器物的形制和纹饰，再检验相互之间的历朔关系。郭沫若创立的这种标准器断代法，在铜器研究领域具有划时代的开拓性意义。

郭沫若的《两周金文辞大系》问世后不久，中外有关学者受其影响，着手对西周铜器进行新的研究。瑞典学者高本汉（B. Karlgren）于1936和1937年，先后发表《中国青铜器中的殷器和周器》、《中国青铜器的新研究》二文[1]，根据《大系》等书判定的金文年代，探讨殷代和西周不同时期铜器形制和纹饰的特点，提出殷式、殷周式等概念，形成自己的研究体系。容庚于 1941 年出版的综合性论著《商周彝器通考》，详细占有传世铜器资料，系统论述商周铜器的诸多方面问题。该书的突出特点是，选录 50 多种铜器的上千幅图像，以及 70 多种铜器纹饰的常见样式，分别按其类型差别和时代先后编列，形成内容丰富的参考图谱。其中，西周铜器占较大比重，被区分为前后两期，至于判定具体王世的 240 多件西周有铭铜器，则"与郭氏同者十七八，而异者亦十二三也"。

后来，陈梦家于 40 年代后期，大力收集流散欧美各地的商周铜器，更加深入地进行考古类型学研究[2]；继而于 50 年代和 60 年代前期写作《西周铜器断代》一书[3]，将西周铜器分为早、中、晚三期（分别以昭穆之间和夷厉之间为限），还曾考虑将中期再分前、后两段（以恭懿之间为限），全书论及有铭铜器 400 件，对标准器断代法又有新的发展。他在进行西周铜器的断代研究时，对已有铜器资料作了尽可能彻底的清理，密切关注新的考古发掘与研究成果，不仅深入分析器铭内部的多方面联系，例如同作器者、同父祖、同族名、同官名、同时、同地、同事等等，而且更加注重铭文字形和书体、器物形制和纹饰的相互比较，力主在综合考察的基础上作出决断。这对于西周铜器研究进一步走上考古类型学的科学轨道，起了重要的推进作用。

70 年代中期以后，随着周原、丰镐等地众多西周高级贵族墓葬和青铜器窖藏的陆续发现，年代和组合可靠的西周铜器资料有大幅度增加，这便为西周铜器研究提供了良好的条件。唐兰总结自己毕生的研究心得，再次清理有关资料，着手撰写《西周青铜器铭文分代史征》一书。令人遗憾的是，他仅完成全书不到一半的篇幅，穆王部分尚未全部写完，便与世长辞。李学勤、马承源和其他学者，为提高西周铜器的研究水平而不懈努力，取得一系列重要成果。外国有关学者也有不少新的贡献。许多新出土的西周有铭铜器，经过各方面专家多角度的共同讨论，被确认为某些王世的标准器，为西周铜器断代增添一系列可靠的标尺。近年山西曲沃晋侯墓地等项大规模的考古发掘，出土大批年代序列明确的成群铜器，断代研究上的重要意义更不待言。西周铜器研究，正在出现前所未有的崭新

[1] B. Karlgren, Yin and Chou in Chinese Bronzes, BMFEA No.8, 1936. New Studies on Chinese Bronzes, BMFEA, No.9, 1937.

[2] 陈梦家于 1947 年夏在芝加哥大学用英文著成《美国收藏的中国青铜器全集》一书，后于 1956 年将该书中文稿定名为《流散美国的中国青铜器集录》，交科学出版社出版（1962 年出版时，书名被改成《美帝国主义劫掠的我国殷周铜器集录》）。但其英文稿中的通论性概述（打字稿 500 多页），至今未能出版。

[3] 陈梦家《西周铜器断代》一书，曾于 1955、1956 年在《考古学报》连载部分内容，后连同未发表的遗稿，经考古研究所有关学者整理，中华书局 1999 年出版。

局面。

陈梦家在《西周铜器断代》一书中，曾经针对西周年历问题指出："西周年历的重拟，应该有步骤的做去：首先做铜器断代的工作，从花纹、形制和出土地寻求某组某群铜器外在的联系，再从铭文内容寻求其内部的联系；其次有了若干组、群可以大约断代的铜器，就其所记年月日推求各王在位的最低年数，从一个王朝的几组铜器排比其年月日的历组；最后由于各朝历组的排比而得西周历法的大概面貌（历法可以小小变易的），将前后相连接的铜器历法组串接起来，在串接过程中可以参考文献记载的王朝年数。"[1]本课题正是为重拟西周年代进行基础性工作，通过广泛收集已有的西周铜器典型资料，认真进行考古类型学的排比分析，以期在重新考察西周铜器主要器类发展谱系的基础上，进一步明确四要素俱全铜器的相对年代。

进行西周铜器的断代研究，怎样收集和利用已有资料，是个研究方法问题。过去由于历史的局限，考订西周有铭铜器的年代，虽已注意到器形和纹饰的比较分析，却长期缺乏典型墓地的分期成果作为参照；而进行西周墓葬出土铜器的研究，又往往与传世有铭铜器对比不够。因此，迫切需要在更加全面地占有相关资料的基础上，采取考古类型学方法重新进行一番研究。

我们收集的西周铜器典型资料，主要包括：(1)西周高级贵族大墓发掘出土的铜器。这些大墓，不仅随葬成套的青铜礼器、兵器和车马器，而且常有呈一定组合的陶器伴出，而随葬陶器已有缜密的分期研究，相对年代和共存关系明确可信。(2)保存情况较好的西周青铜器窖藏。(3)传世品中的成组铜器。这些同坑、同组的西周铜器，共存关系也较清楚，作器时间相同、相近或前后关连，在断代研究中可供通盘考虑。(4)零星出土和传世品中的标准器。这类铜器的铭文都已表明自身所属王世，学者意见一致或比较一致。(5)其他有重要铭文的铜器，特别是年月历日四要素俱全的铜器。详见下章。

我们从上述五项铜器的图像资料中，选取比较常见的器类，计有鼎、鬲、簋、盨、尊、卣、壶、方彝、盉、盘、钟 11 类的 352 件标本，像田野考古报告那样，逐类按其形制进行详细的分型、分式。例如，鼎类铜器分为五型，即方鼎、浅腹扁足鼎、分裆柱足鼎、圆腹鼎、球腹蹄足鼎；鬲类铜器分为三型，即立耳鬲、附耳鬲、无耳鬲；簋类铜器分为五型，即圈足簋、方座簋、四足簋、三足簋、高圈足簋，等等。再根据形制和纹饰的差异，将各型器物分为若干式(有的型，标本数量很少，则不再分式)。然后，逐件说明标本形制和纹饰的特点，出土地点、现藏处所、尺寸、铭文内容及其与其他器物关连情况，以及它们的大体年代。

---

[1] 陈梦家《西周铜器断代》一书，曾于 1955、1956 年在《考古学报》连载部分内容，后连同未发表的遗稿，经考古研究所有关学者整理，中华书局 1999 年出版。

同时，我们又对西周铜器上常见的几种变化较多的主体纹饰，例如鸟纹、兽面纹、窃曲纹，进行系统的研究。由于铜器形制和纹饰的变化并不是同步的，而是两相交叉的，往往形制上相对稳定的时间稍长，纹饰上变化明显，这便需要将纹饰研究与形制研究结合起来，二者相辅相成，避免仅据器形断代的偏差。我们对几种西周铜器纹饰进行类型学分析，鸟纹区分为小鸟纹（Ⅰ型）、大鸟纹（Ⅱ型）、长尾鸟纹（Ⅲ型）；兽面纹区分为独立兽面纹（Ⅰ型）、歧尾兽面纹（Ⅱ型）、连体兽面纹（Ⅲ型）、分解兽面纹（Ⅳ型）；窃曲纹区分为有目窃曲纹（Ⅰ型）和无目窃曲纹（Ⅱ型）。然后，再分别进一步分为若干式。通过排比分析，探讨几种铜器纹饰的演变规律，判明它们的主要流行时间，它们在不同时期的纹样特点、装饰部位，以及与其他纹饰的搭配关系，等等。

最后，根据各类器物形制和纹饰的详细对比，铭文内容的多方面联系，特别是铭文一致和作器者相同的同组关系，庄白窖藏和晋侯墓地那种世次明确的器组，以及琉璃河等年代明确墓葬的同坑关系，综合起来考察它们的发展谱系，将西周铜器分为早、中、晚三期（有的器物，又将一期再分前、后两段）。三期的划分，既考虑各类器物形制和纹饰的变化，又考虑各期所跨时段的长短。各期相当的王世为：

早期　武、成、康、昭

中期　穆、恭、懿、孝、夷

晚期　厉、宣、幽

三期都是大约八九十年。由于将四要素俱全铜器置于整个谱系框架之中考察，这样判定的年代应较为客观。需要声明的是：采取考古类型学方法排比的器物发展谱系，划分的是一种相对年代，所谓相当的王世，不过指出大体相当于某王前后，上下可稍有游移，以期为年历推算提供可信而又宽泛的年代幅度。

二　西周青铜器典型资料

本书采用的西周青铜器图像,包括以下几个方面的典型资料:

一　西周高级贵族大墓

主要有:

1　长安张家坡西周墓地

中国社会科学院考古研究所在此持续进行发掘。其中,1983~1986年发掘的390座西周墓,包括四座带墓道的井叔墓,被分为五期:第一期相当于成康时期,第二期相当于昭穆时期,第三期相当于恭懿孝时期,第四期相当于夷厉共和时期,第五期相当于宣幽时期[1]。五期均有墓葬出土青铜礼器。选用二期的伯唐父鼎(M183)、素鼎(M260)、丰大母方鼎(M284),三期的井叔扁足鼎(M170)和井叔方彝(M1705)。另外,还选用1983年沣毛M1先周墓和1962年M106一期墓所出无耳方格乳钉纹圈足簋[2],1967年M87一期墓所出乍宝彝鼎[3],1964年四期墓所出郑季盨[4]。

2　长安普渡村西周墓

1954年陕西省文物清理队发掘。出土的青铜礼器中,长由盉有穆王称号,该墓的年代为穆王时期或稍晚[5]。长由所作铜器,又有簋2件和盘1件。其他铜器,除罍、卣、瓠、爵的

[1]《张家坡西周墓地》,中国大百科全书出版社,1999年。

[2]《长安沣西早周墓葬发掘记略》,《1961—1962年沣西发掘简报》,均见《考古》1984年第9期。

[3]《1967年长安张家坡西周墓葬的发掘》,《考古学报》1980年第4期。

[4]《陕西长安张家坡西周墓清理简报》,《考古》1965年第9期。

[5]《长安普渡村西周墓的发掘》,《考古学报》1957年第1期。

年代较早外,鼎、鬲、甗、壶、钟等器,均与长由诸器大体一致。选用长由盉、长由盘以及鬲、壶、钟等器。

3 长安花园村西周墓

1981 年陕西省文物管理委员会发掘,共 12 座。其中出土青铜礼器较多的是 M15 和 M17[1]。选用两墓均有出土的归矩进方鼎和 M17 出土的谏簋,一般认为属昭王时期[2]。

4 陕西扶风庄白村西周墓

1975 年陕西省文物管理委员会等单位发掘,出土青铜礼器 10 余件,被认为年代属穆王前后[3]。选用戎方鼎甲乙、戎簋、伯雍父盘四器。

5 北京琉璃河燕国墓地

北京市文物研究所、中国社会科学院考古研究所等单位合作持续进行发掘。其中,1973~1978 年在两墓区共发掘 61 座西周墓,有随葬器物可分期断代的 49 座墓多属西周早期,中晚期的很少。出土青铜礼器的 10 座墓均属早期,被判定为成康之世[4]。选用Ⅱ区 M251、M253、M209 三墓出土的伯矩鬲、堇鼎、圉方鼎、圉簋等 20 余件铜器,Ⅰ区 M52、M53 两墓出土复鼎、攸簋等器。另外,还选用 1986 年Ⅱ区发掘的 M1193 号四墓道大墓所出克盉[5]。

6 山西曲沃北赵村晋侯墓地

1992~1994 年北京大学考古学系、山西省考古研究所合作进行发掘。先后发掘 8 组 17 座大墓,其中 7 座遭严重盗掘,10 座保存情况尚好。经发掘者排比分析,认为它们是世次相接的八代晋侯及其夫人的异穴合葬墓,年代大体相当于穆王前后至两周之际[6]。具体世次则主要有三种不同意见,即武侯宁族至穆侯费王和文侯仇、晋侯燮至穆侯费王、武侯宁族至穆侯费王和殇叔[7]。第一、三两种意见接近,其中对 1 至 7 组大墓所属晋侯的看

[1] 《西周镐京附近部分墓葬发掘简报》,《文物》1986 年第 1 期。

[2] 李学勤《论长安花园村两墓青铜器》,《文物》1986 年第 1 期。

[3] 《陕西扶风出土西周伯戎诸器》,《文物》1976 年第 6 期。

[4] 《琉璃河西周燕国墓地》,文物出版社,1995 年。

[5] 《北京琉璃河 1193 号大墓发掘简报》,《考古》1990 年第 1 期。

[6] 《1992 年春天马—曲村遗址墓葬发掘报告》,《文物》1993 年第 3 期;《天马—曲村北赵晋侯墓地第二次发掘》,《文物》1994 年第 1 期;《天马—曲村北赵晋侯墓地第三次发掘》,《文物》1994 年第 8 期;《天马—曲村北赵晋侯墓地第四次发掘》,《文物》1994 年第 8 期;《天马—曲村北赵晋侯墓地第五次发掘》,《文物》1995 年第 7 期。

[7] 第一种意见:《晋侯墓地第五次发掘》,《文物》1995 年第 7 期。第二种意见:孙华《关于晋侯苏组墓的几个问题》,《文物》1995 年 9 期。第三种意见:李学勤《史记·晋世家》与新出金文》,《学术集林》第 4 辑,上海远东出版社,1995 年。

法一致,被学者广泛信从。选用第 1 组 M13 的扁足鼎,第 4 组 M91 的附耳兽面纹鬲,第 5 组 M1 的晋侯鞪盨,第 6 组 M8 的晋侯稣鼎和钟、晋侯听簋和壶,以及第 7 组 M64、M62、M63 三墓的晋侯邦父鼎等器,第 8 组 M93、M102 两墓的晋叔家父壶等器。

7 河南三门峡上村岭虢国墓地

1956～1957 年黄河水库考古工作队在此发掘虢太子等 234 座墓,其中 38 座出土青铜礼器,年代属西周末至春秋初[1]。选用 M1631 出土的虢季氏子鉷盨。1990～1992 年河南省文物研究所进行新的发掘,发现大批青铜器[2]。选用 M2001 出土的虢季鬲、盨、壶、钟等器,以及 M2006 出土的兽叔盨等器。

8 陕西宝鸡强国墓地

70 年代后期至 80 年代初,宝鸡市博物馆在宝鸡市郊的纸坊头、竹园沟、茹家庄三地,先后发掘西周早中期的 27 座强国墓葬,出土较多青铜礼器[3]。选用西周初期武成前后的纸坊头 M1 残墓所出矢伯鬲、强伯簋和高圈足簋,西周早期康昭前后的竹园沟 M7、M13、M4 三墓所出十多件铜器,以及西周中期前段穆王前后茹家庄 M1 和 M2 出土的一些铜器。

9 甘肃灵台白草坡西周墓

1967 年和 1972 年甘肃省博物馆文物队先后发掘 9 座,其中 M1、M2 两墓出土青铜礼器共计 30 余件,年代属西周早期,墓主被推定为封至密须故地的姬姓贵族[4]。选用两墓出土的卣。

二 西周青铜器窖藏

主要有:

1 扶风庄白村 1 号窖藏

1976 年周原考古队发掘,出土青铜器 103 件,其中 74 件有铭文,可确认为微氏家族的折、丰、墙、痶四代所作器物占绝大多数[5]。最重要的史墙盘长篇铭文,前段颂扬文、武、成、康、昭、穆和时王(恭王)共七代周王的功德,后段记述本族六代事迹,加上史墙的儿子,共七代。综合起来便为西周铜器断代提供重要的标尺。选用折尊和方彝,丰尊和卣,史墙盘,痶簋和四年痶盨,三年和十三年痶壶,以及痶钟和微伯鬲,还选用年代较早、不属微

[1] 《上村岭虢国墓地》,科学出版社,1959 年。

[2] 《三门峡上村岭虢国墓地 M2001 发掘简报》,《华夏考古》1992 年第 3 期;《三门峡虢国墓》,文物出版社,1999 年;《上村岭虢国墓地 M2006 的清理》,《文物》1995 年第 1 期。

[3] 《宝鸡强国墓地》,文物出版社,1988 年。

[4] 《甘肃灵台白草坡西周墓》,《考古学报》1977 年第 2 期。

[5] 《陕西扶风庄白一号西周青铜器窖藏发掘简报》,《文物》1978 年第 3 期。

氏家族的商尊和卣。

2　扶风齐家村窖藏

曾发现多起。1960年陕西省文物管理委员会清理一处,出土青铜礼器39件,其中28件有铭文[1]。选用伯邦父鬲、几父壶(同铭2件)、柞钟(同铭8件)、中义钟(同铭8件)均属西周中晚期。1963年考古研究所清理一处,出土有铭铜器5件[2]。选用日己方彝、它盉、它盘三器,均属西周晚期。

3　扶风召陈村窖藏

1960年出土铜器,1971年上交陕西省博物馆,共计19件,其中14件有铭文[3]。选用散伯车父鼎(同铭4件)和散车父簋(同铭5件)。

4　扶风强家村窖藏

1974年出土,共有青铜礼器7件[4]。选用师𫗧鼎和师㝬钟。

5　岐山董家村窖藏

1975年陕西省文物管理委员会清理,出土青铜礼器37件,其中30件有铭文[5]。选用五年和九年卫鼎、廿七年卫簋、三年卫盉、此鼎甲乙和此簋(同铭8件)。

6　长安张家坡窖藏

1961年考古研究所清理,出土青铜礼器32件,其中25件有铭文,属西周不同时期[6]。选用西周早期的孟簋(同铭3件),西周中期的元年师旋簋(同铭4件)、五年师旋簋(同铭3件)和伯百父盨。

7　眉县李家村窖藏

1955年出土,1957年上交陕西省博物馆,共计有铭铜器5件[7]。选用盠方尊(同铭2件)和方彝,年代属西周中期。

8　蓝田寺坡村窖藏

1959年蓝田县文化馆收集,共计青铜礼器11件,其中有铭铜器7件[8]。即弭叔鬲3件、弭叔簋2件、弭叔盨1件、询簋1件,年代属西周中期,均被选用。

---

[1]　《扶风齐家村青铜器群》,文物出版社,1963年。

[2]　《陕西长安、扶风出土西周铜器》,《考古》1963年第8期。

[3]　《扶风庄白大队出土的一批西周铜器》,《文物》1972年第6期。

[4]　《陕西省扶风县强家村出土的西周铜器》,《文物》1975年第8期。

[5]　《陕西省岐山县董家村西周铜器窖穴发掘简报》,《文物》1976年第5期。

[6]　郭沫若《长安县张家坡铜器群铭文汇释》,《考古学报》1962年第1期。

[7]　郭沫若《盠器铭考释》,《考古学报》1957年第2期。

[8]　郭沫若《弭叔簋及訇簋考释》,《文物》1960年第2期。

9 辽宁喀左马厂沟窖藏

1955年出土青铜礼器10余件，其中匽侯盂等6件有铭文[1]。选用没有铭文的壶、盘各一件。

三 传世品中的成组铜器

主要有：

1 梁山七器

清代晚期山东梁山出土，年代均属西周早期[2]。选用大保方鼎、宾鼎、大保簋三器。

2 马坡铜器

传1929年洛阳东北郊的马坡出土大批西周早期铜器，总数约50～100件[3]。其中一组为令家之器，选用令簋、令方尊、令方彝和乍册大方鼎；一组为臣辰之器，选用臣辰父乙簋、士上卣和士上盉。

3 辛村铜器

传1931年河南浚县辛村卫国墓地出土一批西周早期铜器[4]。选用康侯簋及族徽铭记相同的沬伯逆尊和卣。又有早年出土地点不明的康侯方鼎。

4 克组铜器

传1890年扶风法门寺任村出土。见于著录的有大克鼎1件、小克鼎7件、克盨1件、克镈1件、克钟5件，年代属西周晚期。除大克鼎外，其他器各选用一件。

5 颂组铜器

出土时间和地点不详。见于著录的有颂鼎2件、器盖俱全和两相分离的颂簋各3件、颂壶2件，铭文内容相同，年代属西周晚期。选用鼎、簋、壶各一件。

6 史颂组铜器

出土时间和地点不详。见于著录的有史颂鼎2件、器盖俱全的史颂簋1件及两相分离者各3件，铭文内容大体相同。又有铭文字数较少的簠、盘、匜各一件。年代属西周晚期。选用鼎、簋各一件。

7 梁其组铜器

传1940年扶风法门寺任村出土。见于著录的有梁其鼎、壶各2件，铭文内容大体相

---

[1] 《热河凌源县海岛营子村发现的古代青铜器》，《文物参考资料》1955年第8期。

[2] 陈梦家《西周铜器断代》(二)，《考古学报》第10册96页。（补记：又见陈梦家《西周铜器断代》，第45页，中华书局，2004年。）

[3] 同本页注[2]，77、78、83～84页。

[4] 陈梦家《西周铜器断代》(一)，《考古学报》第9册163～165页。（补记：又见陈梦家《西周铜器断代》，第11页，中华书局，2004年。）

同;又有梁其钟 6 件,善夫梁其簋和伯梁其盨各一件,铭文各不相同。年代属西周晚期。诸器各选用一件。

8 函皇父组铜器

传 1870 年和 1933 年两次出土于扶风、岐山两县交界处。见于著录的有函皇父鼎 2 件、簋 4 件、壶 2 件、盘 1 件、匜 1 件。年代属西周晚期[1]。选用鼎 2 件、盘 1 件。

选用传世品中的成组铜器还有:七年和十五年趞曹鼎、十五年大鼎(甲、乙 2 件)和十二年大簋盖、駇攸从鼎和盨、杜伯鬲和盨、元年和三年师兑簋、五年和六年琱生簋、保尊和卣、𡸈卻尊和卣、召尊和卣、趩尊和卣、乍册睘尊和卣、效尊和卣、卿尊和卣,等等。

四 零星出土传世品中的标准器

这类标准器,除前三项提及者外,主要还有:

武王时期的利簋、天亡簋;

成王时期的何尊、塑方鼎、大祝禽方鼎、献侯鼎、德鼎和德方鼎;

康王时期的大盂鼎、成王方鼎、鲁侯熙鬲、宜侯夨簋;

穆王时期的鲜簋;

厉王时期的㝬簋、㝬钟;

宣王时期的毛公鼎、吴虎鼎、兮甲盘、虢季子白盘。

五 其他有重要铭文的铜器

这类铜器,除年月历日四要素俱全者无一遗漏外,对具代表性的有铭器物尽可能多地选用。例如,𤔲方鼎、厚趠方鼎、匽侯旨鼎、师奎父鼎、师汤父鼎、南宫柳鼎、多友鼎、邢侯簋、臣谏簋、史话簋、班簋、辅师嫠簋、不嬰簋、豆闭簋、乖伯簋、追簋、佣生簋、翏生盨、亚盂、征盘、守宫盘、应侯钟、虢叔旅钟,等等。

---

[1] 4～8 组铜器情况,参看《殷周金文集成》有关分册,中华分局,1984～1994 年。

三　西周青铜器的形制

我们从收集到的西周青铜器图像资料中，选择标本件数较多、形制变化明显的典型器物，进行排比分析。计有鼎、鬲、簋、盨、尊、卣、壶、方彝、盉、盘、钟 11 类，共 352 件。现依次对各类器物的型式分述如下：

（一）鼎

西周时期的鼎形器，可以分为五型，即：方鼎、浅腹扁足鼎、分裆柱足鼎、圆腹鼎、球腹蹄足鼎。

I型　方鼎　20 件

鼎形器的第一种型别为长方形槽状鼎（I型）。此型鼎的特点是：器身作长方形槽状，四足为圆柱形，双耳多立于两短边的口沿上，也有少数附耳的。此型鼎可以追溯到商代二里岗时期，但那时方鼎的器身多为方槽状，深腹，到殷墟前期才演变为长方槽状，成为商周时期方鼎的基本形态。西周时期的方鼎盛行于早期，中期以后渐少，晚期几乎不见。以下根据方鼎形制、纹饰的不同，分为六式。

1式　长方槽状，四柱足，立耳。口下饰兽面纹带，腹壁凹字形内饰乳钉纹。这种纹饰来自最古老的二里岗时期的传统。

1. 大祝禽方鼎　口下一组兽面纹带，四隅又各有一组兽面纹，四壁下部饰凹字形三排乳钉纹，中央无纹。现藏德国科隆东亚美术博物馆。通高 24 厘米，器内有铭文 2 行 4 字"大祝禽鼎"（《集成》4.1938）。此器四隅无扉棱，四足上端无兽头装饰，从形制上说，最为

鼎1　大祝禽方鼎

鼎2　作册大方鼎

古朴。"大祝禽"被认为是周公之子伯禽,其年代当在成王时期。

2. 作册大方鼎　口下一周双身曲体龙纹,四壁下部饰凹字形三排乳钉纹,中央无纹。鼎身四隅有扉棱,四足上端有兽头装饰。传1929年河南洛阳马坡出土,同出者还有令方彝等器。鼎共4件,此为其一,现藏台北故宫博物院。通高26.4,口长19.7、宽14.8厘米。器内壁有铭文8行41字(《集成》5.2760)。铭曰"公柬铸武王成王異鼎"云云,文末有"鼄册册"族徽铭记。此鼎既系为武王、成王铸作,其年代当在康王时期。

3. 员方鼎　口下一周相对的曲体蛇纹,中央有扉棱。四壁下部饰凹字形三排乳钉纹,中央无纹。鼎身四隅有扉棱,四足上端有兽头装饰。现藏上海博物馆。通高22.7,口长18、宽14.5厘米。器内壁有铭文4行26字(《集成》5.2695)。铭曰"佳正月既望癸酉,王狩于眠敔,王令员执犬"等,文末有"析子孙"族徽铭记。为西周早期器。

4. 成王方鼎　口下一周相对的飘绶卷尾长鸟纹,四壁下部饰凹字形三排乳钉纹。中央填直棱纹。鼎身四隅及四壁中央有扉棱,双耳上沿有双龙对峙,四足上端有兽头装饰。现藏美国堪萨斯纳尔逊美术馆。通高28.5,口长18.1厘米。内壁有铭文"成王陣(注:以下凡陣彝之陣,均简化为尊)"(《集成》4.1734)。此器为祭祀成王而铸,其年代当在康王时期。

5. 歸妞进方鼎　口下一周两两相向的蛇纹,四壁下部饰凹字形三排乳钉纹,中央填勾连雷纹。鼎身四隅及四壁中央有垂直扉棱,四足上端有兽头装饰,下有四周弦纹。器共3件,1981年分别出土于陕西长安花园村M15和M17西周墓中,现藏陕西历史博物馆。通高22.8,口长18.3、宽14.5厘米,器内壁有铭文5行30字(《集成5.2725)。铭文在亚

鼎3　员方鼎　　　　　　　　　　　　　　　　鼎4　成王方鼎

形中,曰:"隹八月辰在乙亥,王在莽京,王易歸掀进金……"文末有"✛"形族徽铭记。为西周早期偏晚约当昭王前后器。

2式　器形与1式相同,两者之间的区别是2式无凹字形乳钉纹而代之以其他纹饰,且大都布满四壁。

6. 大保方鼎　口下一周兽面纹,中央为一完整的兽头,两侧有分解的躯体,四隅的兽面由两侧合成,四壁下部为一周蕉叶兽面纹。鼎身四隅有扉棱,双立耳上饰对峙的双龙。此鼎的四足特长,长度超过鼎身较多,上端有兽头装饰和三周弦纹,中部附加轮状装饰,下部又有三周弦纹。传山东寿张出土,为梁山七器之一,现藏天津博物馆。通高57.6,口长35.8、宽23厘米。器内壁有铭文"太保铸"3字(《集成》4.1735)。乃是召公所铸,其年代当在成王时期。

7. 康侯方鼎　口下一周夔纹,四壁饰分解式兽面纹,鼎身四隅及四壁中央有扉棱,四足有兽面蕉叶纹而无兽头装饰。现藏台北故宫博物院。通高27.8,口长20.4、宽15.5厘米。器内壁有铭文2行6字"康侯丰乍宝尊"(《集成》4.2153)。此器系武王同母弟卫康叔封所作,其年代当在成王时期。

8. 德方鼎　四壁饰大兽面纹,兽面两侧辅以倒立的夔纹。鼎身四隅及四壁中央有垂直扉棱,四足上端有兽头装饰和两周弦纹。现藏上海博物馆。通高24.4,口长18、宽14.2厘米。器内壁有铭文5行23字,又合文2(《集成》5.2661)。铭曰:"隹三月,王在成周,征斌福自蒿,咸。王易德贝廿朋,……"此鼎应是成王时期器。

鼎5　歸㼌进方鼎

鼎6　大保方鼎

鼎7　康侯方鼎

鼎8　德方鼎

14

9. 𣄰方鼎　四壁饰大兽面纹,兽面的双角特异,透迤下垂。鼎身四隅及四壁中央有垂直扉棱。双立耳上有双龙对峙,与大保方鼎、成王方鼎相同。四足上端有兽头装饰和两周弦纹。陈梦家曾在 1950 年见此器于北京厂肆,现藏美国旧金山亚洲艺术博物馆。通高 26,口长 18.7、宽 15.2 厘米。器内壁有铭文 6 行 32 字(《集成》5.2729)。铭记"佳二月初吉庚寅",𣄰中在宗周赏𣄰以遂毛、马匹、车。或为康王前后器。

10. 厚趠方鼎　器身四壁饰大兽面纹,兽面双角的奇特与𣄰方鼎相同。鼎身四隅有扉棱,四足上端有兽头装饰和两周弦纹。现藏上海博物馆。通高 21.3,口长 17.5、宽 13.3 厘米。器内壁有铭文 5 行 32 字,又重文 1(《集成》5.2730)。铭文记"佳王来格于成周年",厚趠受赠于濂公。文末有"⧎"形族徽铭记,与𤔲𬴂进方鼎相同。为西周早期偏晚约当昭王前后器。

11. 静方鼎　口下一周兽面纹,中央一组兽面,四隅又各有一组。腹壁四隅各有一组大兽面纹,两侧有分解的躯干,更辅以倒立的夔纹。鼎身四隅及四壁中央有垂直扉棱,四足上端有兽头装饰。现藏日本东京出光美术馆。通高 32.7,口长 25.8、宽 20.5 厘米。器内壁有铭文 9 行 79 字,铭曰:"佳十月甲子王在宗周,令师中眔静省南国……八月初吉庚申至,告于成周,月既望丁丑,王在成周大室,令静曰……"论者以为此与安州六器之中方鼎等有关,乃昭王时器。

3式　器身仍作长方槽状,但花纹简化或不施纹饰。

12. 不㫪方鼎　口下一周窃曲纹。鼎身四隅及四壁中央有垂直扉棱,四足无装饰。

鼎9　𣄰方鼎　　　　　　　　　鼎10　厚趠方鼎

15

鼎 11　静方鼎　　　　　　　　　　　　　　　　　鼎 12　不瘹方鼎

1971年陕西扶风齐镇西周墓出土,现藏宝鸡市周原博物馆。通高 22,口长 18.2、宽 13.9 厘米。器内壁有铭文 4 行 34 字,又合文 1(《集成》5.2735)。铭曰"隹八月既望戊辰,王在上侯应",赐不瘹贝十朋。为西周中期器。

13. 丰大母方鼎　鼎身四隅及四壁中央有垂直扉棱。通体无纹饰,四足也无装饰。1986年陕西长安张家坡 M284 西周墓出土,现藏中国社会科学院考古研究所。通高 18,口长 13.2、宽 10.1 厘米。器内壁有铭文 2 行 7 字:"咸乍丰大母尊彝"。与方鼎同出的还有一件圈足簋,铭文相同,均为西周中期偏早时器。

4式　器身为长方形,垂腹,下腹略向外扩,四足较矮,纹饰多作带状。

14. 伐方鼎甲　口下一周回首曲体夔纹和一周弦纹,双立耳,四足短粗。有盖,盖顶中央有环状捉手,四隅有矩状足,可以却置;两侧有长方孔,可与双耳套合。1975年陕西扶风庄白西周墓出土,现藏宝鸡市周原博物馆。通高 27.5,口长 26、宽 17 厘米。器盖同铭,8 行 63 字,又重文 2(《集成》5.2789)。铭文记述,"隹九月既望乙丑",王俎姜使内史友员赐伐玄衣等。为西周中期穆王前后器。

15. 伯瘹方鼎　口下一周鸟纹和圆涡纹相间的纹饰带,其下又有一周弦纹,四足短粗。陕西宝鸡茹家庄 M1 西周墓出土,现藏宝鸡青铜器博物院。通高 14.5,口长 14.8、宽 10.5 厘米。器内底有铭文 2 行 6 字"白瘹乍旅尊鼎"(《集成》4.2185)。为西周中期器。

5式　器身作长方槽状,四足为鸟形扁足。

16. 塑方鼎　器腹四隅饰大鸟纹,鸟喙突出器表,成为角棱。鼎身四壁中央有垂直的

鼎 13 丰大母方鼎

鼎 14 夨方鼎甲

扉棱，双立耳，四足为鸟形扁足。传1924年陕西凤翔出土，现藏美国旧金山亚洲艺术博物馆。通高 26.8，口长21.1、宽 16 厘米。器内壁有铭文 5 行24 字，又合文 1（《集成》5.2739）。铭曰："佳周公于征伐东夷、丰白、尃古，咸戈。……公赏塑贝百朋，用乍尊鼎。"此器为周公东征、平定诸夷后所铸之器，其年代当在成王时期。

17. 白作彝方鼎　器腹饰大兽面纹，两侧辅以倒立的夔纹。鼎身四隅及四壁中央有垂直扉棱，双立耳,四足为鸟形扁足。陕西宝鸡竹园沟 M4 西周墓出土，现藏宝鸡青铜器博物院。通高20.3，口长 15、宽 12 厘米。器内壁有铭文 3 字"白作彝"（《集成》4.1729）。为西周早期器。

6式　椭方形，敛口，下腹外扩作

鼎 15 伯智方鼎

鼎 16　塦方鼎

鼎 17　白作彝方鼎

垂腹状,附耳,或有盖。

18．圉方鼎　器有子口。口下一周双身曲体龙纹,两窄边有高大附耳,四圆柱形足。有盖,盖顶平,其上有一对"凹"形捉手,可却置。盖缘也有一周双身曲体龙纹。1974 年北京琉璃河 M253 西周墓出土,现藏首都博物馆。通高 33,口长18.4、宽 13 厘米。器盖同铭,2 行 14 字(《集成》4.2505)。铭曰:"休朕公君,匽侯赐圉贝,用乍宝尊彝。"同墓还出土有圉鼎、圉簋和堇鼎等器。其年代约为西周早期成康时。

19．滕侯方鼎　器有子口。口下一周回首曲体夔纹,腹壁中央为大兽面纹,两侧有分解的躯干。附耳粗壮高大,四圆柱形足,饰蕉叶兽面纹。有盖,盖缘也有一周回首曲体夔纹,盖顶平,上有四个钩云状捉手,可以却置。1982 年山东滕州庄里西村西周墓出土,现藏滕州市博物馆。通高 27,口长 16、宽 11.5 厘米。器盖同铭 2 行 6 字"滕侯乍宝尊彝"(《集成》4.2154)。为西周早期器。

20．㝬方鼎乙　平口沿,口下一周回首曲体夔纹和一周弦纹。下腹垂弛,双附耳,四圆柱形足,矮而无纹。1975 年陕西扶风庄白西周墓出土,现藏宝鸡市周原博物馆。通高 22.5,口长 21.2、宽16 厘米。器内壁有铭文 11 行 113 字,又重文 3(《集成》5.2824)。铭文记述㝬称颂周王念及乃父甲公,因使㝬率虎臣御淮戎事。为西周中期穆王前后器。此器与 4 式㝬方鼎甲同出一墓,花纹完全相同,可见两者是同时并存的。

Ⅱ型 浅腹扁足鼎 6件

鼎形器的第二种型别为圆形浅腹扁足鼎(Ⅱ型)。此型鼎的特点是:圆形,浅腹圜底,略似钵形。双耳,三足为夔形或鸟形的扁足。此型鼎也可以追溯到商代的二里岗时期。殷墟时期此型鼎继续流行,如妇好墓就曾出土。商周之际开始出现了一种新的式样,即在三足之间加一浅盘,以盛炙炭。大概到西周中期以后,此型鼎就不再流行了。现将此型鼎按有无炭盘和耳的位置分为三式。

1式 浅腹,双立耳,三扁足。

21. 戈鼎　口下一周兽面纹,尾部呈剪状。三足作翘尾夔形。陕西宝鸡竹园沟M13西周墓出土,现藏宝鸡青铜器博物院。通高16.3、口径13.5厘米。器内壁有铭文"戈"字(《集成》3.1205)。为西周早期器。

22. 父癸鼎　口下有一周纹饰带,纹样不清。三足作翘尾夔形。北京琉璃河M251西周墓出土,现藏首都博物馆。通高17.7、口径14厘米。器内壁有铭文"父癸"2字(《集成》3.1279)。为西周早期器。

23. 扬鼎　口下有一周雷纹地卷尾夔纹,两组夔纹之间有扉棱隔开。三足为钩喙鸟形。北京琉璃河M209西周墓出土,现藏首都博物馆。通高23.3、口径19.5厘米。器内壁有铭文2行7字"扬乍父辛宝尊彝"(《集成》4.2255)。为西周早期器。

鼎18　圉方鼎

鼎19　滕侯方鼎

19

鼎 20　夋方鼎乙

鼎 21　戈鼎

鼎 22　父癸鼎

鼎 23　扬鼎

2式 浅腹，双立耳，三扁足，足间有盘。

24. 兽面纹夔足带盘鼎 口下有一周兽面纹，兽面的鼻梁处有短扉棱。三足为翘尾夔形，较高。在三足间的中部夹有一敞口圜底盘，盘上有三个十字形镂孔。陕西宝鸡茹家庄 M1 西周墓出土，现藏宝鸡青铜器博物院。通高16、口径12.4厘米。无铭。或为西周中期前段器。

3式 两附耳，三扁足，足间有盘。

25. 晋侯鼎 腹较深，两侧有一对附耳，腹下三扁足作卷尾夔形。足间有浅盘，盘上有三个十字形镂孔。口下一周两两相背的回首斜体卷尾夔龙纹。山西曲沃晋侯墓地 M13 西周墓出土，现藏山西省考古研究所。M13 为 M9 晋侯夫人之墓，在晋侯墓地诸墓中年代最早，年代约为穆王时期。

26. 井叔鼎 浅腹，腹两侧有一对附耳。三足为扁柱形，足尖略向外弯曲。足间有圆形浅盘，盘上有三个十字形镂孔。口下一周两两相对的垂冠小鸟纹，中有短扉间隔。陕西长安张家坡西周墓地 M170 井叔墓出土，现藏中国社会科学院考古研究所。通高 15.1、口径 11.8厘米。鼎内底有铭文"井叔乍"3字。应是西周中期孝王前后器。

Ⅲ型 分裆柱足鼎 6件

鼎形器的第三种型别为分裆鼎（Ⅲ型）。此型鼎也称鬲鼎，是鼎和鬲二者的结合。它的特点是：器身的底部作三分的圆弧形，类似鬲的分裆，而三足仍为圆

鼎24 兽面纹夔足带盘鼎

鼎25 晋侯鼎

21

鼎26　井叔鼎

鼎27　献侯鼎

柱形，与鬲作款足者迥然有别。此型鼎最早见于殷墟的第一期，到西周时期继续流行，但大都是西周早期的，以后极少见。现根据器形的不同分为二式。

1式　分档柱足，立耳，满花。

27．献侯鼎　全器满饰花纹。器身饰三组大兽面纹，分别与三足相应，兽面的两侧有分解的躯体。三足上有蕉叶兽面纹。现藏台北故宫博物院。通高24.4、口径18厘米。器内壁有铭文4行20字（《集成》5.2626）。铭曰："唯成王大椂在宗周，赏献侯器贝……"文末有"天黾"族徽铭记。据铭文可确认为成王时器。

28．匽侯旨鼎　鼎身饰三组大兽面纹与三足对应，兽面两侧有分解的躯体。现藏日本京都泉屋博古馆。通高20.4、口径16.8厘米。器内壁有铭文4行20字，又合文1（《集成》5.2628）。铭曰：匽侯旨初见事于宗周，王赏旨贝廿朋……"陈梦家曾认为匽侯旨当是召公的次子而就封于燕者，可能是第一个燕侯。据北京琉璃河M1193西周墓出土的克盉、克罍铭文，可知第一代燕侯应是克而不是旨。匽侯旨鼎的年代应晚于克盉、克罍一个世次，约当康王时期。

29．旅鼎　器身饰三组大兽面纹与三足相应，兽面两侧有分解的躯体。传山东黄县出土，现藏中国国家博物馆。通高22、口径16.9厘米。器内壁有铭文6行32字，又合文1（《集成》5.2728）。铭曰："隹公大保来伐反夷年，在十又一月庚申，公在盩自，公赏旅贝十朋……"文末有"屮"形族徽铭记。其年代约为西周早期成康时。

30. 父辛鼎 口下一周雷纹带，腹饰三组大兽面纹与三足相应，兽面两侧辅以倒立的夔纹。陕西宝鸡竹园沟 M13 西周墓出土，现藏宝鸡青铜器博物院。通高 21.1、口径 16.8 厘米。器内壁有铭文"秉□父辛"4 字（《集成》4.1809）。为西周早期器。

31. 父丙鼎 口下一周带状兽面纹，兽面中央有短扉，共六组。腹饰三组牛角大兽面纹，两侧有分解的躯体。北京琉璃河 M253 西周墓出土，现藏首都博物馆。通高 25.6、口径 20.4 厘米。腹内壁有铭文"宁羊父丙"4 字（《集成》4.1836）。此鼎与堇鼎、圉方鼎、圉簋等器同出一墓，其年代约为西周早期成康时。

2 式 分挡，柱足较矮，立耳，无纹饰。

32. 素鼎 器腹略深，分挡较浅，三足矮短，通体无纹饰。陕西长安张家坡 M260 西周墓出土，现藏中国社会科学院考古研究所。通高 17.3、口径 16.8 厘米。无铭。这件鼎约为西周中期器，从分挡鼎的发展演变来看，大概已到最后的阶段。

Ⅳ型 圆腹鼎 31 件
鼎形器的第四种型别为圆腹鼎（Ⅳ型）。此型鼎的特点是：口部作圆形或桃圆形，鼎腹较深，腹壁较直或略向外扩，大都是双立耳，三足的形式有圆柱形、亚

鼎28 匽侯旨鼎

鼎29 旅鼎

鼎 30　父辛鼎

鼎 31　父丙鼎

鼎 32　素鼎

鼎 33　兽面纹鼎

鼎34　乍宝彝鼎　　　　　　　　　　　　鼎35　兽面蕉叶夔纹鼎

腰形和蹄形等各种式样。此型鼎流行于整个商周时期,就其演变趋势而言,则由深腹而垂腹,由柱足而蹄足,纹样也由兽面纹等早期纹饰演化为窃曲纹、波浪纹、鳞纹等中晚期纹饰。因此,把握圆腹鼎的变化,大体上就可以掌握西周青铜器断代的依据。以下根据圆腹鼎的形式的变化和花纹的式样,将它们区分为五式。

1式　深腹,圜底,双立耳,三足中部略内收,呈亚腰形。此式鼎的纹饰繁简还有一些区别,今按其先后分别说明。

33.兽面纹鼎　腹饰三组大兽面纹,躯体上扬,卷尾,有爪,三组兽面纹之间有扉棱隔开。三足上端有兽头装饰,下有两周弦纹。北京琉璃河M253西周墓出土,现藏首都博物馆。通高29.7、口径23.8厘米。无铭。此鼎与堇鼎、圉方鼎、圉簋等器同出一墓,其年代约为西周早期成康时。

34.乍宝彝鼎　口下有一周六组兽面纹带,兽面中央有短扉,两侧有分解的躯体。腹部饰十二组蕉叶夔纹。三足上端有兽面装饰,下有三周弦纹。1967年陕西长安张家坡M87西周墓出土,现藏中国社会科学院考古研究所。通高36.5、口径30厘米。器内壁有铭文"乍宝彝"3字(《集成》4.1792)。约为西周早期成康时器。

35.兽面蕉叶夔纹鼎　口下一周六组兽面纹带,兽面中央有短扉,腹部饰八组蕉叶夔纹。三足上端有兽头装饰,下有两周弦纹。北京琉璃河M251西周墓出土,现藏首都博物馆。通高36、口径29.7厘米。无铭。约为西周早期成康时器。

鼎36　亚佞犬鼎　　　　　　　　　　　　　　鼎37　堇鼎

以上为通体饰花纹。

36．亚佞犬鼎　口下一周六组兽面纹带，兽面中央有短扉，两侧有分解的躯体。三足上端有兽头装饰，下有两周弦纹。北京琉璃河 M253 西周墓出土，现藏首都博物馆。通高38、口径 30 厘米。器内壁有铭文 2 行 5 字"亚佞犬乍彝"(《集成》4.2035)。约为西周早期成康时器。

37．堇鼎　口下一周六组连体兽面纹带，兽面中央有短扉，躯体上扬卷尾有爪。三足上端有兽头装饰，下有两周弦纹。北京琉璃河 M253 西周墓出土，现藏首都博物馆。通高62、口径 47 厘米。器内壁有铭文 4 行 27 字(《集成》5.2703)。铭曰："匽侯令堇饎太保于宗周，庚申，太保赏堇贝……"与堇鼎同墓所出之器还有亚佞犬鼎、圉方鼎及圉簋等器，多有铭文可作断代之依据，为西周早期成康时的一组重要器群。

38．德鼎　口下一周三组连体兽面纹带，兽面中央和三组间有短扉，躯体延伸上曲，尾下卷，体下有爪，两侧辅以倒立的夔纹。三足上端有兽头装饰，下有两周弦纹。现藏上海博物馆。通高 78、口径 56 厘米。器内壁有铭文 2 行 10 字，又合文 1(《集成》4.2405)。铭曰："王易德贝廿朋，用乍宝尊彝。"此与德方鼎同是成王时器。

39．大盂鼎　口下一周六组兽面纹带，兽面中央有短扉，两侧有分解的躯体。三足上端有兽头装饰，下有两周弦纹。传陕西岐山礼村出土，现藏中国国家博物馆。通高 101.9、口径 77.8 厘米。器内壁有铭文 19 行 286 字，又合文 5(《集成》5.2837)。铭文记述"隹九

鼎38　德鼎　　　　　　　　　　　　　　　　鼎39　大盂鼎

月，王在宗周，令盂。王若曰，盂，不显玟王受天有大令，在珷王嗣玟乍邦……"文末记"佳
王廿又三祀"。又有小盂鼎，传同出于陕西岐山礼村，器已不存。铭文有："佳八月既望，辰
在甲申……畲周王、□王、成王……佳王廿（卅?）又五祀。"则大小二盂鼎应为康王时器。

40. 庚嬴鼎　原器已佚。据《西清古鉴》所摹图像，口下一周分尾鸟纹，有六条扉棱分
隔，三足上端有兽头装饰，下有两周弦纹。有铭文6行36字，又合文1(《集成》5.2748)。铭
曰："佳廿又二年四月既望己酉……丁巳王蔑庚嬴層，易爵、𩰬、贝十朋……"约为康王前
后时器。

以上五器花纹仅施于口下，作带状，西周早期之器大抵如此。

41. 师𩜁鼎　花纹益复简化。口下两周弦纹，三足上端无兽头装饰，仅留一竖棱作为
象征。1974年陕西扶风强家村青铜器窖藏出土，现藏陕西历史博物馆。通高85、口径
64.5厘米。器内壁有铭文19行190字，又合文6(《集成》5.2830)。铭曰："佳王八祀正月，
辰在丁卯。王曰:'师𩜁，女克尽乃身，臣朕皇考穆王……'"则时王乃是恭王。唐兰又以时
王为恭王弟孝王。

2式　圆腹圜底，腹较深，三足圆柱形，纹饰多为口下一周带纹。

42. 复鼎　双耳作绚索状。照片纹饰不清，据线图，口下一周三组列旗兽面纹带。北京
琉璃河M52西周墓出土，现藏首都博物馆。通高21.3、口径17.8厘米。器内壁有铭文3
行14字，又合文1(《集成》4.2507)。铭曰："侯赏复贝三朋，复用乍父乙宝尊彝。"文末有

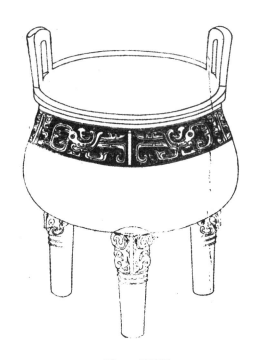

鼎40 庚嬴鼎

鼎40 庚嬴鼎铭文拓片

鼎41 师趛鼎

"析子孙"族徽铭记。侯即匽侯。约为西周早期偏晚时器。

43．父乙鼎 口下一周八组夔纹和圆涡纹相间的纹饰带。北京琉璃河M251西周墓出土,现藏首都博物馆。通高36、口径27.7厘米。器内壁有铭文2行7字"亚盉乍父乙尊彝"(《集成》4.2248)。据同墓所出诸器,或是成康时器。

44．丰公鼎 口下一周九组夔纹和圆涡纹相间的纹饰带。陕西宝鸡竹园沟M7西周墓出土,现藏宝鸡青铜器博物院。通高24、口径20.2厘米。器内壁有铭文2行6字"丰公□乍尊彝"(《集成》4.2152)。约为西周早期偏晚时器。

45．父辛鼎 口下一周七组双夔纹和圆涡纹相间的纹饰带。陕西宝鸡竹园沟M13西周墓出土,现藏宝鸡青铜器博物

鼎42　复鼎　　　　　　　　　　　　鼎43　父乙鼎

院。通高 25.2、口径 20.2 厘米。器内壁有铭文 2 行 7 字："□□册乍父辛宝。"为西周早期器。

3式　口微侈,腹稍浅而垂驰,双立耳,三柱足,花纹多为口下一周纹饰带。

46.窎鼎　口下两周弦纹,别无其他纹饰,即所谓简朴式者。传山东寿张出土,为梁山七器之一,现藏清华大学艺术博物馆。通高 24.4、口径 19.6 厘米。器内壁有铭文 6 行 37 字,又重文 2(《集成》5.2749)。铭曰:"隹九月既生霸辛酉,在匡,侯易窎贝、金,扬侯休,用乍召白父辛宝尊彝……"据匡侯旨鼎,旨父也是召白父辛,旨与窎为兄弟行。两器年代相近,均为康王时器。

47.师旂鼎　此鼎腹浅而扁,异于它器。口下一周垂喙分尾长鸟纹。现藏故宫博物院。通高 23.1、口径 16.1 厘米。器内壁有铭文 8 行 79 字(《集成》5.2809)。铭曰:"隹三月丁卯,师旂众仆不从王征于方,雷使厥友弘以告于白懋父……"白懋父也见于召尊、召卣、小臣宅簋、御正卫簋等器,其年代约为康王前后器。

48.𪕤鼎　口下一周分尾长鸟纹饰带。据《通考》,此器与遇甗于光绪二十二年(1896 年)同出于山东黄县莱阴。器不知所在,亦不详其尺寸。有铭文 6 行 30 字,又合文 2(《集成》5.2721)。铭曰:"隹十又一月,师雊父省道至于𪕤,𪕤从……"师雊父也见于𣄰尊、遇甗、稠卣诸器,年代应相当,或为西周早期偏晚时器。

49.十五年趞曹鼎　口下一周垂冠、回首、斜体、卷尾夔纹带。现藏上海博物馆。通高

鼎44　丰公鼎

鼎45　父辛鼎

23.4、口径22.9厘米。器内壁有铭文8行57字(《集成》5.2784)。铭曰:"隹十又五年五月既生霸壬午,龏王在周新宫,王射于射卢……"据此,应是恭王时器。周新宫、射卢也见于师汤父鼎和师遽簋盖等器。

50.师奎父鼎　口下一周垂冠、回首、斜体卷尾夔纹带。传关中出土,现藏上海博物馆。通高26、口径24.9厘米。器内壁有铭文10行92字,又重文1(《集成》5.2813)。铭曰:"隹六月既生霸庚寅,王各于大室,嗣马井白右师奎父……"应是恭王前后器。右者嗣马井白、井白也见于师虎簋、七年趞曹鼎、利鼎、豆闭簋、师毛父簋、走簋等器。

51.五年卫鼎　口下一周窃曲纹带。1975年陕西岐山董家村青铜器窖藏出土,现藏陕西历史博物馆。通高36.5、

鼎46　富鼎

鼎47　师旋鼎　　　　　　　　　　　鼎48　寰鼎

口径 34.3 厘米。器内壁有铭文 19 行 201 字，又重文 5、合文 1(《集成》5.2932)。铭曰："隹
正月初吉庚戌，卫以邦君厉告于井白、白邑父、定白、琼白，白俗父……隹王五祀。"应是恭
王前后器。

52．九年卫鼎　口下一周窃曲纹带。1975 年陕西岐山董家村青铜器窖藏出土，现藏
陕西历史博物馆。通高 37.2、口径 34.5 厘米。器内壁有铭文 19 行 191 字，又重文 1、合文
3(《集成》5.2831)。铭曰："隹九年正月既死霸庚辰，王在周驹宫……"应是恭王前后器。与
五年、九年两卫鼎同坑出土的，还有二十七年卫簋和三年卫盉，均为一人之器。四器都有
完整的年月历日，可以作为一组器物进行王世和历朔的推算。

　　4 式　浅垂腹，双立耳，三足呈蹄状，大都通体饰纹。

53．师汤父鼎　口下一周长鸟纹带，鸟纹之间有短扉隔开。腹饰相背的大鸟纹，垂冠、
回首、钩喙，扬翅，卷尾。三蹄足上端有兽头装饰，下有两周弦纹。现藏台北故宫博物院。
通高 28.1、口径 26 厘米。器内壁有铭文 8 行 52 字，又重文 2(《集成》5.2780)。铭曰："隹
十又二月初吉丙午，王在周新宫，在射卢……"周新宫、射卢见于十五年趞曹鼎，也应是恭
王前后器。

54．小克鼎　口下一周窃曲纹带，各组之间有短扉隔开，腹部饰波浪纹。三蹄足上端
有兽头装饰。传清季陕西扶风法门寺任村出土。同铭者 7 器，其一现藏上海博物馆。通高
56.5、口径 49 厘米。器内壁有铭文 8 行 70 字，又重文 2(《集成》5.2796)。铭曰："隹王廿又
三年九月，王在宗周，王令善夫克舍令于成周遹正八自之年，……"同出的还有大克鼎、克

鼎 49 十五年趞曹鼎

鼎 49 十五年趞曹鼎铭文拓片

钟、克盨等器。大、小克鼎及克盨俱称善夫克,克盨铭称"隹十又八年十又二月初吉庚寅,王在周康穆宫",大克鼎铭称"王在宗周,旦,王各穆庙",克钟则称"隹十又六年九月初吉庚寅,王在周康剌宫,王乎士曶召克,王亲令克遹泾东至于京自……"它们可能属同一王世,也可能分属不同王世。要之,在西周中晚期之交的夷厉之世。

55.史颂鼎 口下一周窃曲纹带,由六条短扉分隔,腹饰波浪纹。三蹄足上端有兽头装饰。现藏上海博物馆。通高 37.3、口径 35.7 厘米。器内壁有铭文 6 行 61 字,又重文 2(《集成》5.2787)。铭曰:"隹三年五月丁巳,王在宗周,令史颂省穌……"史颂鼎传世有二器,另有同铭簋四器和盘、匜、簋。此外,有颂鼎,或以为颂与史颂为同一人,但器形、纹饰均不同。颂鼎铭称"隹三年五月既死霸甲戌",与史颂鼎年、月相同。为西周晚期厉王前后器。

56.函皇父鼎甲 口下一周窃曲纹带,由六条短扉分隔,腹饰波浪纹。三蹄足上端有兽头装饰。1933 年陕西扶风康家村出土,现藏陕西历史博物馆。通高 57、口径 47 厘米。器内壁有铭文 5 行 35 字,又重文 2(《集成》5.2745)。铭曰:"函皇父乍琱娟盘盉尊器鼎簋具,自豕鼎降十又一、簋八、两罍、两壶……"可见当时青铜礼器的组合情况。应是西周晚期偏早时器。

57.晋侯邦父鼎 口下一周窃曲纹带,由六条短扉分隔,腹饰波浪纹。三蹄足上端有兽头装饰。1993 年山西曲沃晋侯墓地 M 64 西周墓出土,现藏山西省考古研究所。通高 28.2、口径 29.2 厘米。器内壁有铭文 3 行 16 字,铭曰:"晋侯邦父乍尊鼎,其万年子子孙

鼎 50　师奎父鼎

鼎 51　五年卫鼎

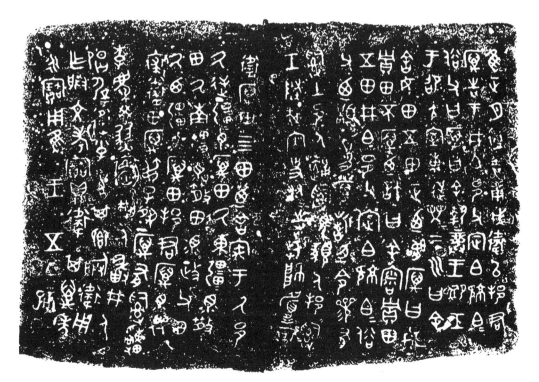

鼎 51　五年卫鼎铭文拓片

鼎52 九年卫鼎

永宝用。"发掘简报推断,晋侯邦父即晋穆侯费王,据《史记·晋世家》知其年代在西周宣王时期。

58. 无重鼎 口下一周窃曲纹,由六条短扉分隔,腹饰三排垂鳞纹。三蹄足上端有兽头装饰,下有两周弦纹。《通考》称:"通耳高一尺六寸二分。"现藏镇江市博物馆。器内壁有铭文10行93字,又合文1(《集成》5.2814)。铭曰:"隹九月既望甲戌,王格于周庙,述于图室,嗣土南中右无重……"此器有南仲,图室见于山鼎,或为宣王前后器。

59. 散伯车父鼎 口下一周窃曲纹,由六条短扉分隔,腹仅饰一周弦纹。

鼎52 九年卫鼎铭文拓片

鼎 53　师汤父鼎

鼎 54　小克鼎

鼎 55　史颂鼎

鼎 56　函皇父鼎甲

鼎 57　晋侯邦父鼎

鼎 58　无叀鼎

鼎 59　散伯车父鼎铭文拓片

鼎 59　散伯车父鼎

鼎 60　強伯鼎

鼎 61　伯唐父鼎

鼎 62　七年趞曹鼎

鼎 63　鈇叔鼎

鼎 64　吴虎鼎

鼎 64　吴虎鼎铭文拓片

38

鼎 65　康鼎

鼎 66　南宫柳鼎

鼎 67　梁其鼎

鼎 68　函皇父鼎乙

鼎 69　毛公鼎　　　　　　　　　　　　　　鼎 70　此鼎乙

三蹄足上端有兽头装饰。1960 年陕西扶风召陈青铜器窖藏出土,现藏陕西历史博物馆。器共 4 件,最大者通高 47.2、口径 42.2 厘米。器内壁有铭文 4 行 26 字,又重文 1(《集成》5.2697)。铭曰:"隹王四年八月初吉丁亥……"同出者还有散车父簋 5、壶 2,或为西周中期偏晚约当夷王前后器。

　　5 式　此式为附耳鼎,数量较少,器形变化较大,今分别说明。

　　60.**强伯鼎**　口下一周雷纹,上有列旗,由六条扉棱分隔,腹饰方格乳钉纹。三圆柱足上端有兽头装饰。有盖,上平,下有子口,盖顶饰方格乳钉纹,中央有捉手,一侧有鼻与附耳之一的环相套。1975 年陕西宝鸡茹家庄 M1 西周墓出土,现藏宝鸡青铜器博物院。通高 15.6、口径 13.8 厘米。器内壁有铭文 2 行 7 字"强白乍自为鼎簋"(《集成》4.2276)。约为西周中期穆王前后器。

　　61.**伯唐父鼎**　器形同于 2 式而双耳为附耳。口下一周弦纹。1985 年陕西长安张家坡 M183 西周墓出土,现藏中国社会科学院考古研究所。通高 22.4、口径 18 厘米。器内壁有铭文 9 行 66 字。铭曰:"乙卯,王饗莽京……"按该墓被认为是西周第二期的,其年代约当昭穆之际。

　　62.**七年趞曹鼎**　鼎腹浅而垂弛,三柱足较矮,整个器形显得扁平。口下两周弦纹。现藏上海博物馆。通高 28、口径 38.5 厘米。器内壁有铭文 8 行 56 字(《集成》5.2783)。铭曰:"隹七年十月既生霸,王在周般宫……井白入右趞曹……"此铭漏记干支。十五年趞曹鼎

鼎 71　獻从鼎

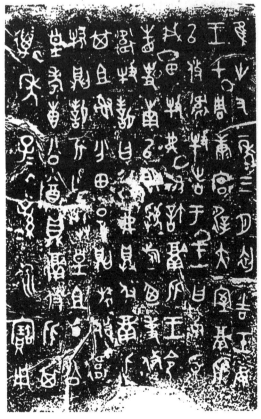

鼎 71　獻从鼎铭文拓片

系恭王时器,此鼎或为恭王七年器。

63.献叔鼎　器形与 4 式相同而附耳。口下一周窃曲纹,由六条短扉分隔。三蹄足上端有兽头装饰。1973 年陕西蓝田草坪出土,现藏蓝田县文物管理所。通高 51、口径 49 厘米。器内壁有铭文 5 行 46 字,又重文 1(《集成》5.2767)。铭曰:"隹王正月初吉乙丑,献叔、信姬乍宝鼎……"应为西周晚期器。

Ⅴ型　球腹蹄足鼎　16 件

鼎形器的第五种型别为球腹鼎(Ⅴ型),此型鼎的特点是:器腹较深,圜底呈半圆球状。三足为蹄形,上端粗壮而突起,中部收缩,下部变为蹄掌。双耳立于口沿上,也有少数作附耳的。花纹较简单,多在口下饰一周窃曲纹、鳞纹或二周弦纹。此型鼎在西周的鼎形器中出现最晚,为西周晚期最常见的型式。现按纹饰的不同和双耳的位置,区分为四式。

1 式　立耳,饰窃曲纹或夔纹。

64.吴虎鼎　口下饰一周窃曲纹,其下又有一周弦纹。1992 年陕西长安县申店乡徐家寨村出土,现藏长安县博物馆。通高 41、口径 38 厘米。器内壁有铭文 16 行 164 字。铭文有完整的年月历日,及时王重申先王之命,授吴虎土地。铭曰:"隹十又八年十又三月既生霸丙戌,王在周康宫徲宫……王令善夫丰生、嗣工雍毅,讂刺(厉)王令,取吴葊旧疆付吴虎……"可见此鼎应视作宣王时的标准器。

65.康鼎　口下饰一周窃曲纹和弦

纹。现藏台北故宫博物院。通高 22、口径 23.1 厘
米。器内壁有铭文 10 行 60 字，又重文 2（《集成》
5.2786）。铭曰："隹三月初吉甲戌，王在康宫，焚
白内右康……"铭末有康的氏名"奠井"。为西周
晚期器。

66. **南宫柳鼎** 腹尤深。口下饰一周回首曲
体卷尾夔纹，又有一周弦纹。现藏中国国家博物
馆。通高 38.8、口径 40 厘米。器内壁有铭文 8 行
77 字，又重文 2（《集成》5.2805）。铭曰："隹王五月
初吉甲寅，王在康庙，武公右南宫柳……"此器从

鼎 72　山鼎

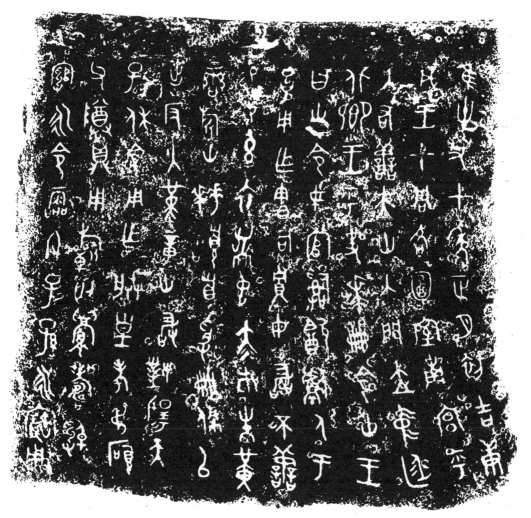

鼎 72　山鼎铭文拓片

鼎 73　颂鼎

鼎 73　颂鼎铭文拓片

鼎 74 此鼎甲

鼎 74 此鼎甲铭文拓片

鼎 75 大鼎甲铭文拓片

鼎 75 大鼎甲

鼎76　趞鼎

鼎76
趞鼎
铭文
拓片

45

鼎77 多友鼎

鼎78 晋侯稣鼎

鼎79 大鼎乙

纹饰上看,年代或略早,应是西周晚期偏早时器。又按铭文,此器称王在康庙,康鼎称王在康宫,较之吴虎鼎之称王在康宫徲宫,可知两器的年代当早于宣王。

　　2 式　立耳,饰横向鳞纹或大小相间的横鳞纹。

　　67.梁其鼎　口下饰一周横鳞纹,其下又有一周弦纹。传陕西扶风法门寺任村出土,现藏陕西历史博物馆。通高 43.1、口径 44 厘米。器内壁有铭文 6 行 48 字(《集成》5.2770)。铭曰:"隹五月初吉壬申,梁其乍尊鼎……"同出的还有簋、盨、壶、钟等,为一组西周晚期偏早时器。

　　68.函皇父鼎乙　口下饰一周横鳞纹,其下又有一周弦纹。传 1933 年于陕西扶风康

46

家村出土,现藏陕西历史博物馆。通高29.5、口径30.5厘米。器内壁有铭文3行15字,又重文2(《集成》5.2548)。同出的函皇父鼎甲为Ⅳ型4式,可知这两种式样的鼎是同时并存的。

69.毛公鼎　口下饰一周大小相间的横鳞纹,其下又有一周弦纹。传陕西岐山出土,现藏台北故宫博物院。通高53.8、口径47.9厘米。器内壁有铭文32行479字,又重文9、合文9(《集成》5.2841)。根据器形和铭文,学术界公认其为宣王时期标准器。

70.此鼎乙　口下一周大小相间的横鳞纹,其下又有一周弦纹。1975年陕西岐山董家村青铜器窖藏出土,现藏岐山县博物馆。通高36、口径36厘米。器内壁有铭文10行110字,又重文2(《集成》5.2822)。铭曰:"佳十又七年十又二月,既生霸乙卯,王在周康宫徲宫……"此器称"王在周康宫徲宫",与吴虎鼎相同,而两器王年相接,可以参照。

71.鄩从鼎　口下一周大小相间的横鳞纹,其下又有一周弦纹。现藏日本兵库县黑川古文化研究所。通高46.3厘米。器内壁有铭文10行98字,又重文4(《集成》5.2818)。铭曰:"佳卅又一年三月初吉壬辰,王在周康宫徲大室,鄩从以攸卫牧告于王,曰:……"此器有完整的年月历日,铭文中的"周康宫徲大室",即吴虎鼎、此鼎之"周康宫徲宫",年代应相近。另有鄩从盨,两器或均为西周晚期厉王前后器。

72.山鼎　口下一周大小相间的横鳞纹,其下又有一周弦纹。传陕西扶风出土,现藏陕西历史博物馆。通高45、口径42厘米。器内壁有铭文12行119字,又重文2(《集成》5.2825)。铭曰:"佳卅又七年正月初吉庚戌,王在周,各图室,南宫乎入右善夫山……"此为王年最高之器,应在宣王时期。

　　3式　立耳,器表光素,饰两周弦纹。

73.颂鼎　口下饰两周弦纹。现藏上海博物馆。通高30.8、口径32.8厘米。器内壁有铭文15行149字,又重文2(《集成》5.2829)。铭文有完整的年月历日,记:"佳三年五月既死霸甲戌,王在周康邵宫……宰引右颂……"同铭器有簋、壶,为一组西周晚期偏早约当厉王前后器。此器称王在周康邵宫,与下文趞鼎相同。

74.此鼎甲　口下饰两周弦纹。1975年陕西岐山董家村铜器窖藏出土,共3件,现藏岐山县博物馆。通高42.1、口径40厘米。器内壁有铭文11行111字(《集成》5.2821)。铭文与此鼎乙相同。此鼎甲乙二器,一饰横鳞纹,一饰弦纹,可见2式和3式鼎是可以同时并存的。

75.大鼎甲　口下饰两周弦纹。上海市文物保管委员会从废铜中拣出,现藏故宫博物院。通高39.7、口径38.1厘米。器内壁有铭文8行78字,又重文3(《集成》5.2807)。铭曰:"佳十又五年三月既霸丁亥,王在䀇侲宫……"王赐大马32匹。此铭在"既霸"中脱一字。或是西周晚期厉王前后器。

76．趩鼎　口下饰两周弦纹。现藏中国国家博物馆。通高 38.9、口径 38 厘米。器内壁有铭文 10 行 95 字，又重文 2(《集成》5.2815)。铭曰："隹十又九年四月既望辛卯，王在周康邵宫……宰讯右趩……"此鼎铭文称"王在周康邵宫"，与颂鼎相同，器形、纹饰亦同，其年代应相近，或是宣王前后器。

77．多友鼎　口下饰两周弦纹。1980 年陕西长安斗门镇上泉北村出土，现藏陕西历史博物馆。通高 51.5、口径 50 厘米。器内壁有铭文 22 行 275 字，又重文 1、合文 1(《集成》5.2835)。铭文记述猃狁侵犯京师，武公命多友率部追逐，多所俘获，及献俘、武公赏多友等事。武公亦见于南宫柳鼎、禹鼎等器。应为西周晚期偏早时器。

4 式　附耳，饰鳞纹或弦纹。

78．晋侯稣鼎　口下饰一周大小相间的横鳞纹，其下又有一周弦纹。1992 年山西曲沃晋侯墓地 M8 西周墓出土，现藏山西省考古研究所。通高 19、口径 24.8 厘米。器内壁有铭文 3 行 13 字。铭曰："晋侯稣乍宝尊鼎，其万年永宝用。"晋侯稣被认为即晋献侯籍，其年世可考。又上海博物馆收藏的该墓所出晋侯稣编钟，有长篇铭文，并且有完整的年月历日可供推算。该墓地年代稍早的 M92 所出晋侯𩵋鼎，形制与此鼎一致，纹饰为大小一致的横鳞纹。

79．大鼎乙　口下两周弦纹。清宫旧藏，现藏台北故宫博物院。通高 31.6、口径 38 厘米。器内壁有铭文 8 行 78 字，又重文 3(《集成》5.2808)。铭文与大鼎甲相同，而行款略异。由此可见 3 式和 4 式鼎也是可以同时并存的。

晋侯墓地年代最晚一组的 M93 所出鼎与此式形制相似，纹饰为带目窃曲纹和波浪纹，整体与春秋初期的晋姜鼎一致。

（二）鬲

鬲是中国古代青铜器中烹饪器的一种，早在商代前期即已出现。西周早期铜鬲的形制与商代晚期相近，中期以后则有显著变化，晚期又与春秋时期不易区别。依照西周铜鬲耳的有无和其他差异，可将其分为三型。

Ⅰ型　立耳鬲　8件

鬲形铜器的第一种型别为立耳鬲（Ⅰ型）。此型鬲的主要特点是：两耳竖立于口沿，全器或瘦身高裆，或矮身平裆。大体流行于西周早期和中期。现依裆部形状的不同分为二式。

1式　直颈高裆。这种式别的铜鬲与商代晚期一脉相承，差别在于袋足下不作锥形而作柱形。

1. 伯矩鬲　西周铜鬲中最华丽的一件。束颈立耳，分裆袋足，有盖。颈部以扉棱分隔六段，每段饰一龙纹。三袋足均饰牛头形纹，牛角翘起。盖面饰两个相背的翘角牛头，纽则由两个相背的立体牛头组成。1974年北京琉璃河M251西周墓出土，现藏首都博物馆。通

鬲1　伯矩鬲　　　　　　　　　　　鬲2　鲁侯熙鬲

高30.4、口径22.8厘米。器内有铭文4行15字（《集成》3.689）。铭曰："在戊辰匽侯易伯矩贝……"伯矩所作铜器著录多件（铭文均为"伯矩乍宝尊彝"），从其中有图象可寻的甗、方座簋、壶形卣等器看来，均为西周早期器[1]。

2. 鲁侯熙鬲 纹饰以三足为中心，由口至裆满饰有地的兽面纹。其独特之处为眉与鼻间直立一条平凸带。现藏美国波士顿美术馆。器高至口17.1、腹径14.5厘米。器内有铭文3行13字（《集成》3.648）。铭曰："鲁侯獄乍彝，用享鬶厥文考鲁公。"学者公认，此器为鲁炀公熙所作，用以享祭亡父鲁公伯禽，其年代应在康王时期。

3. 麦鬲 通体光素，仅颈部饰带列旗的兽面纹一周。1974年北京琉璃河M251西周墓出土，现藏首都博物馆。通高18.6、口径14厘米。器内有铭文3字"麦乍彝"（《集成》3.490）。为西周早期器。

4. 夨伯鬲 形制与麦鬲相似，颈部所饰兽面纹带无列旗。1981年宝鸡纸坊头M1西周墓出土，现藏宝鸡青铜器博物院。其一通高18.5、口径13.1厘米。器内有铭文5字"夨伯乍旅鼎"（《集成》3.514）。为西周早期器。

5. 弜伯鬲 器身稍矮，裆呈弧形。纹饰素朴，以三足为中心，单线勾勒成象首状。1974

鬲3　麦鬲　　　　　　　　　　　　　　　　鬲4　夨伯鬲

[1]　参看曹淑琴《伯矩铜器群及其相关问题》，《庆祝苏秉琦考古五十五年论文集》398～407页，文物出版社，1990年。

鬲 5　弪伯鬲

鬲 6　尹姞鬲

鬲 7　公姞鬲

鬲 8　琱生鬲

年宝鸡茹家庄M1西周墓乙室出土，现藏宝鸡青铜器博物院。通高13.8、口径13.1厘米。器内有铭文4字"弜伯乍鬲"（《集成》3.507）。其年代应为西周中期前段。

2式 矮身，鼓腹平裆，三足粗壮。均饰满花。

6. 尹姞鬲 器体较大。颈部饰一周弦纹。腹部满饰内卷角兽面纹。共2件，其一现藏美国纽约奥尔勃来特美术陈列馆。通高34、口径28.8厘米。器内有铭文8行64字（《集成》3.754）。铭文记述，六月既生霸乙卯日，天君因弗望穆公圣明的服事先王，亲临尹姞宗室，"易玉五品、马四匹"。其年代应为西周中期前段。

7. 公姞鬲 形制纹饰与尹姞鬲相似。现藏美国旧金山亚洲艺术博物馆。通高31、口径27厘米。器内有铭文6行38字（《集成》3.753）。铭文称，十二月既生霸，天君赐公姞鱼三百。"公姞"即"尹姞"，其年代亦为西周中期前段。

鬲9 附耳绳纹鬲

鬲10 师趛父鬲

8. 琱生鬲 一耳残损。颈饰目雷纹。三足相应的腹部有扉棱，扉棱两侧饰相背的花冠龙纹。解放前扶风北岐山一带出土，现藏陕西历史博物馆。口径25、通高26厘米。器内有铭文5行22字（《集成》3.744）。铭文称"琱生作文考寏仲尊鬴"。琱生所作器，又有五年琱生簋和六年琱生簋。师毁簋铭文中的佑者宰琱生，与此或是一人。应为西周中期器。

Ⅱ型 附耳鬲 3件

鬲形铜器的第二种型别为附耳鬲（Ⅱ型）。此型鬲的主要特点是：两耳附在肩部，流行

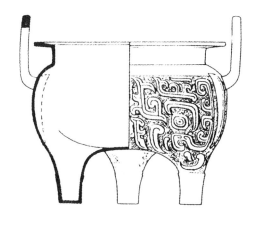

鬲 11　附耳兽面纹鬲

鬲 14　弭叔鬲

鬲 12　强伯墓无耳鬲

鬲 15　杜伯鬲

鬲 13　微伯鬲

鬲 16　伯邦父鬲

于西周中期和晚期。现依口部形状的不同分为二式。

1式 敞口。颈部以下饰摹仿陶鬲的绳纹。

9. 附耳绳纹鬲 肩部与三足相应处，均有连成一串的四个饼形饰。与裆相应处，呈人形凸起。现藏美国华盛顿弗利尔美术馆（萨克勒）。通高12.5厘米。无铭。长安普渡村长由墓所出铜鬲，器身与此式一致，但无附耳。为西周中期前段器。

2式 器身形制与尹姞鬲相似。

10. 师趛父鬲 器体硕大。三足相应的腹部有扉棱，扉棱两侧饰相背的龙纹。现藏故宫博物院。通高50.8厘米。器内有铭文5行29字（《集成》3.745）。铭曰"隹九月初吉庚寅，师趛乍文考圣公文母圣姬尊鬲"。为西周中期器。

11. 附耳兽面纹鬲 纹饰为解体式兽面纹。扉棱不突出。1994年晋侯墓地 M91西周墓出

鬲17 仲枏父鬲

鬲18 虢文公子㲋鬲

土，现藏山西省考古研究所。通高16.6、口径17厘米。无铭。为西周晚期器。

Ⅲ型 无耳鬲 9件

鬲形铜器的第三种型别为无耳鬲（Ⅲ型）。此型鬲的主要特点是：无耳，矮身，平沿，平裆。流行于西周中期和晚期。现依其纹饰的不同分为二式。

1式 形制纹饰均摹仿同时期的陶鬲。

12. 弜伯墓无耳鬲 腹壁较直，肩有扉棱与足相应，足较粗壮。1974年宝鸡茹家庄 M1西周墓乙室出土（与弜伯鬲同出），现藏宝鸡青铜器博物院。通高10.8、口径13厘米。无

鬲 19　虢季氏子段鬲

鬲 20　虢季鬲

铭。为西周中期前段器。

13. 微伯鬲　平唇短颈，肩有扉棱，平档，足稍内敛。肩以下饰仿绳纹，中部一周光素并有凸起的弦纹。1976年陕西扶风庄白1号青铜器窖藏出土，共7件，现藏宝鸡市周原博物馆。通高10.7厘米。器口内有铭文一周5字"微伯作寶鬲"（《集成》3.516～521）。为西周中期后段器。

14. 弭叔鬲　形制与微伯鬲一致。肩部饰两周弦纹，以下饰仿绳纹。1959年陕西蓝田寺坡出土，共3件。现藏陕西历史博物馆。其一通高13.2、口径17.5厘米。器口内有铭文7字（《集成》3.572），表明其为弭叔所作。比照同出的弭叔师察簋及弭叔盨、壶等器形制，应为西周中期后段器。

15. 杜伯鬲　形制与微伯鬲基本一致，惟肩部增一周横向鳞纹。现藏故宫博物院。通高13.2厘米。器口内有铭文一周17字（《集成》3.698），表明其为杜伯所作。《墨子·明鬼》载"周宣王杀其臣杜伯而不辜"，学者多以为即此杜伯。如此则为宣王时器。

　　2式　宽平沿，矮身，圆肩，平档。

16. 伯邦父鬲　三足下部稍细。纹饰以三足为中心，呈兽面状。1960年扶风齐家村青铜器窖藏出土，现藏陕西历史博物馆。通高12、口径18.5厘米。器口内有铭文一周6字（《集成》3.560），表明其为"伯邦父"所作。为西周晚期器。

17．仲枏父鬲　三足蹄形。腹部以足上肩棱为中心,饰相对的变形龙纹。陕西永寿好畤河先后出土,共 7 件,现分藏上海博物馆、故宫博物院、陕西历史博物馆等处。通高 14、口径 19 厘米。器内壁有铭文 35 字,又重文 2、合文 1(除 1 件 5 行外,余均 7 行)。铭曰:"佳六月初吉,师汤父有嗣仲枏父乍宝鬲,用敢享飨孝皇且考……"同坑出土的簋,铭文字数、内容与鬲一致,仅器名不同,形制纹饰则与颂簋相似。传世有师汤父鼎,铭文提到"王在周新宫",学者多定其为恭王时器。

18．虢文公子㩋鬲　三足以扉棱为中心饰变形兽面纹。《贞松堂吉金图》著录,现不知所在,亦不知其尺寸。器口内有铭文一周 18 字(《集成》3.736),表明该鬲系虢文公子㩋为叔妃作器。传世又有虢文公子㩋鼎,也是为叔妃作器。形制与 Ⅴ 型 2 式的毛公鼎相似,纹饰则与 Ⅳ 型 4 式的小克鼎、史颂鼎一致(口下饰窃曲纹,腹饰波浪纹)。它们的年代应为西周晚期后段。

19．虢季氏子㩋鬲　形制纹饰与虢文公子㩋鬲一致。1956 年河南三门峡虢国墓地 M1631 西周墓出土,现藏中国国家博物馆。通高 10、口径 15.3 厘米。器口内有铭文一周 14 字,又重文 2(《集成》3.683)。作器者"虢季氏子㩋"与"虢文公子㩋"是同一人。其年代亦应为西周晚期后段。

20．虢季鬲　形制纹饰与两子㩋鬲基本一致。1990 年三门峡虢国墓地 M2001 西周墓出土,共 8 件,现藏河南省文物考古研究院。通高 12.7、口径 18.7 厘米。口内有铭文一周 16 字,表明其为"虢季"之器。其年代应为西周晚期后段。

（三）簋

我们收集的西周铜器图像典型资料中，簋的数量最多，共计99件，占将近总数的百分之三十。按其器形可以分为五型，即圈足簋、方座簋、四足簋、三足簋、高圈足簋。

Ⅰ型　圈足簋　35件

簋形铜器的第一种型别为圈足簋（Ⅰ型）。此型簋的特点是：敞口，深腹，圈足，无耳或有耳。这是簋形器最基本的形式，其他型的簋都是由此派生的。这种簋的原型大致出于陶器。现在所知最早的青铜簋，出于湖北黄陂盘龙城李家嘴的墓葬中，其年代约为商文化二里岗期的晚期。西周的圈足簋可以按照耳的有无和耳的多少分为五式。

1式　无耳圈足簋。敞口，深腹，圈足较高。这式圈足簋最接近于陶器原型。

1. 方格乳钉夔纹簋　口下一周曲体夔纹，有三个兽头突饰分隔，腹部饰方格乳钉纹。圈足上也饰一周曲体夔纹，但无兽头。陕西长安张家坡沣毛M1早周墓葬出土，现藏中国社会科学院考古研究所。通高16.1、口径15.7厘米。无铭。与此簋同出的，还有一件铜鼎、一件高领袋足陶鬲和一件陶罐。高领袋足陶鬲被认为是先周时期的典型陶器，其年代由此可以确定。这式簋也见于西周早期的墓葬中。

2. 方格乳钉圆涡纹夔纹簋　口下一周圆涡纹和夔纹带，有三个兽头突饰间隔，腹饰方格乳钉纹，圈足饰一周连体兽面纹。陕西长安张家坡M106西周墓葬出土，现藏中国社会科学院考古研究所。通高18.5、口径约25厘米。无铭。同墓出鼎、簋、瓿、爵、觯、尊一组6件青铜礼器，其年代被认为西周早期偏早约当成康时期。

2式　四耳圈足簋。腹的前后左右按四等分各置一耳。

3. 大保簋　腹饰大兽面纹。圈足较高，饰一周夔纹。四耳上端突出兽头，双角高耸，超出器口，耳下有长方形珥。传山东寿张出土，为梁山七器之一，现藏美国华盛顿弗利尔美术馆。高23.5、口径37.5厘米。器内底有铭文4行34字（《集成》8.4140）。铭曰："王伐录子耴……王降征令于大保……"此系太保召公所作之器，公认其年代应为成王时期。

4. 宜侯夨簋　此器腹较浅，饰一周圆涡纹间夔纹。圈足较高，饰一周夔纹，有四个扉棱间隔。四耳上端突出兽头，与器口平，无珥。1954年江苏丹徒烟墩山西周墓葬出土，现藏中国国家博物馆。高15.7、口径22.5厘米。器内底有铭文12行126字，又合文2（《集成》8.4320）。铭曰："隹四月辰在丁未，王省斌王成王伐商图，徙省东国图……"由此知其为康王时器。

5. 邢侯簋　又称周公簋、爰簋。束颈，鼓腹。腹饰两两相对的象纹，圈足饰变形鸟纹。四耳上端有兽头突起，下有钩形垂珥。现藏英国伦敦不列颠博物馆。高18.5厘米。器内底有铭文 8 行 67 字，又合文 1（《集成》8.4241）。铭曰："隹三月，王令祭眔内史曰：蓍井侯服，锡臣三品，州人，眔人，庸人，……用册王令，乍周公彝。"为西周早期器。

6. 臣谏簋 器形，纹饰均与邢侯簋相似。腹饰两两相对的象纹，圈足饰一周蛇纹。耳上端连接颈部，有突出的兽头，下有长方形珥。1978 年河北元氏西张村西周墓出土，现藏河北省博物馆。高 13.1、口径 17.1 厘米。器内底有铭文 8 行存 62 字（《集成》8.4237）。铭曰："隹戎大出于軝，井侯尃戎，征令臣谏……"为西周早期器。

3 式 双耳圈足簋。此为圈足簋中最常见的形式。

7. 康侯簋 也称濬嗣徒逘簋。束颈，圈足较高。口下一周圆涡纹间四瓣花纹，前后中央有兽头突饰，腹饰直棱纹，圈足亦饰圆涡纹和四瓣花纹。双耳上端有兽头突起，两角高出器口，下有长方形珥。

簋 1　方格乳钉夔纹簋

簋 2　方格乳钉圆涡纹夔纹簋

传 1931 年河南浚县辛村出土，现藏英国伦敦不列颠博物馆。高 24、口径 41 厘米。器内底有铭文 4 行 24 字（《集成》8.4059）。铭曰："王朿伐商邑，征令康侯啚于卫……"由此知其为成王封康叔于卫时器。

8. 史𪠫簋 口下一周夔纹，正面有突起的兽头装饰，腹饰大兽面纹，两侧有分解的躯体。圈足较高，饰一周夔纹。双耳上端为兽头状，下有长方形珥。1966 年陕西岐山贺家西周墓出土，现藏陕西历史博物馆。故宫博物院藏有一簋，器形、铭文相同，应原是一对。高 16.8、口径 22 厘米。器内底有铭文 4 行，22 字，又合文 1（《集成》7.4030）。铭曰："乙亥，王诰毕公，易史𪠫贝十朋……"据信，毕公乃成王临终时受命辅弼康王的诸大臣之一，则此簋或为康王时器。

簋3　大保簋　　　　　　　　　　　　　簋4　宜侯夨簋

簋5　邢侯簋　　　　　　　　　　　　　簋6　臣谏簋

　　9. 兽面纹簋　口沿之下一周三角雷纹,颈部一周夔纹,正面有兽头突饰,腹饰连体兽面纹,兽面中央有扉棱。圈足较高,不折边,饰一周回首夔纹。双耳上端有耸角兽头,无珥。北京琉璃河 M253 西周墓出土,现藏首都博物馆。高 17.2,口径 20.7 厘米。无铭。此簋与堇鼎、圉方鼎、圉簋同出,其年代当与之相近。

　　10. 蜗夔纹簋　腹饰两两相对的蜗形夔纹,中有扉棱分隔。圈足较高,饰一周蛇纹,有四条短扉分隔。双耳上端有兽头突出,双角高出器口,下有长方形珥。陕西宝鸡竹园沟 M4 西周墓出土,现藏宝鸡青铜器博物院。高 15.2、口径 18.9 厘米。无铭。

　　11. 乍宝彝簋　颈部一周圆涡纹间夔纹,中央有兽头突饰,腹饰大兽面纹,两侧有分解的躯体。圈足较高,饰一周圆涡纹间夔纹,中有短扉分隔。双耳上端有兽头,下有钩形垂

簋7　康侯簋

簋8　史曶簋

簋9　兽面纹簋

簋10　蜗夔纹簋

珥。陕西宝鸡竹园沟 M7 西周墓出土,现藏宝鸡青铜器博物院。高 16.3、口径 21.2 厘米。器内底有铭文"乍宝彝"3字。以上两簋均为西周早期器。

12.鲜簋　腹饰两两相背的回首连体龙纹,头前各有一倒立的吐舌卷尾龙纹,中央有扉棱和突起的兽头相隔。圈足饰一周合目变体夔纹,有四条短扉相隔。双耳上端有尖耳兽头,下有钩形垂珥。现藏法国巴黎吉美博物馆。高14厘米。器内底有铭文5行,共44字(《集成》16.10166)。铭曰:"佳王卅又四祀,唯五月既望戊午,王在荠京,啻于邵王……"其年代应为穆王时期,如此则穆王在位当不少于 34 年。

13.戎簋　腹饰两两相对的大鸟纹,中央上端有兽头突饰。圈足两周弦纹。双耳作鸟形,头顶花冠,尖喙,鸟足为珥。器有盖,盖顶中央有圆形捉手,盖面也饰两两相对的大鸟纹。1975 年陕西扶风庄白西周墓出土,现藏宝鸡市周原博物馆。通高 21、口径 22 厘米。器盖同铭 11 行 132 字,又重文 2(《集成》8.4322)。铭文记述,"佳六月初吉乙酉"戎率有司、师氏御戎于赋林,及俘获等事。为西周中期约当穆王前后器。

14.静簋　口下一周回首曲体夔纹,中央有兽头突饰。腹饰两两相背的大鸟纹,垂冠,

簋11　作宝彝簋

簋12　鲜簋

簋12　鲜簋铭文拓片

回首,卷喙。双耳上端有卷角兽头,下有钩形垂珥。现藏美国华盛顿弗利尔美术馆(萨克勒)。高15.8、口径23.5厘米。器内底有铭文8行88字,又重文2(《集成》8.4273)。铭曰:"隹六月初吉,王在荓京,丁卯,王令静嗣射学宫……雩八月初吉庚寅……"为西周中期约当穆王前后器。此为同器有两个初吉历日之例。

15.强伯双耳有盖簋　口下一周雷纹,其上有列旗,似是兽面纹的变形,中央有兽头突饰。腹饰方格乳钉纹,上下镶圆圈纹边。圈足饰兽面纹。两耳上端有兽头,下有兽尾状垂珥。有盖,一侧有纽,与一侧耳上之纽用链相联。盖顶中央有圈形捉手,盖面饰方格乳钉纹及列旗纹、圆圈纹各一周。陕西宝鸡茹家庄 M1 强伯墓出土,现藏宝鸡青铜器博物院。通高20、口径16.5厘米。器内底有铭文2行7字"强伯乍自为鼎簋"(《集成》7.3616)。为西周中期前段器。

以上诸器通体都有纹饰,即所谓满花,其中年代最晚者,大体在穆王时期。自此之后,不见圈足簋饰满花者,旋即在形制上发生明显的变化。

16.禽簋　口下一周连体兽面纹,中央有兽头突饰。圈足较高而无折边,饰一周连体兽面纹。两耳上端有兽头,下有方形垂珥。此类簋仅口下及圈足各一周纹饰带,相比而言,是比较简朴的形式。现藏中国国家博物馆。高 13.7、口径 18.8 厘米。器内底有铭文 4 行 23 字(《集成》7.4041)。铭曰:"王伐楚侯,周公某禽祝,禽又殷祝,王易金百孚,禽用乍宝彝。"禽即伯禽,与大祝禽方鼎同为成王时器。

17.献簋 口下一周连体兽面纹,中央有兽头突饰。圈足较高,饰一周兽面纹,中有短扉。双耳上端有兽头,下有钩形垂珥。器不知所在,亦不详其尺寸。器内底有铭文 6 行 52 字(《集成》8.4205)。铭曰:"佳九月既望庚寅……献身在毕公家,受天子休。"此簋可与史颂簋比照。

18.御正卫簋 口下一周回首曲体卷尾夔纹,圈足一周弦纹。两耳上端有尖耳兽头,下有钩形垂珥。现藏台北故宫博物院。高 11.7、口径 18.4 厘米。器内底有铭文 4 行 23 字(《集成》7.4044)。铭曰:"五月

簋 13 冥簋

簋 14 静簋

初吉甲申,懋父赏御正卫马匹自王……"懋父即白懋父,也见于师旂鼎、吕行壶、召尊、召卣诸。召尊铭称:"佳九月在炎自,甲午,白懋父赐召白马……"也是赏马。约为康王前后器。

19.段簋 口下一周回首分尾夔纹,圈足两周弦纹。两耳上端有尖耳兽头,下有方形垂珥。现藏上海博物馆。高 16.3、口径 22.2 厘米。器内底有铭文 6 行 55 字,又重文 2(《集成》8.4208)。铭曰:"佳王十又四祀十又一月丁卯,王在毕烝,戊辰,曾,王穆段昏,念毕中孙子……"或以毕仲为毕公之子。约为西周中期前段器。

20.曩簋 口下一周相对的长鸟纹,尖喙、飘绥,曲体卷尾,中央有兽头突饰,其下又有一周弦纹。圈足无纹。两耳上端有兽头,下有钩形垂珥。传河南出土,现藏故宫博物院。高 12.7、口径 19.6 厘米。器内底有铭文 5 行 38 字,又重文 1、合文 1(《集成》8.4159)。铭曰"佳正月初吉丁卯,曩造公,公易曩宗彝一肆,易鼎二,易贝五朋……"为西周中期

簋15 弜伯双耳有盖簋

簋18 御正卫簋

簋16 禽簋

簋19 段簋

簋17 献簋

簋20 □簋

簋21　辅师嫠簋

簋22　廿七年卫簋铭文拓片

簋22　廿七年卫簋

簋23　走簋

簋23　走簋铭文拓片

簋24　贤簋

簋25　师虎簋

前段器。

21. 辅师嫠簋　口下一周相对的长鸟纹，尖喙，飘绥，分尾上卷，中央有兽头突饰，其下又有一周弦纹。圈足有两周弦纹。双耳上端有兽头，下有钩形垂珥。1957年陕西长安兆元坡出土，现藏中国国家博物馆。高 15.2、口径 21.9厘米。器内底有铭文10行100字，又重文2（《集成》8.4286）。铭曰："隹王九月既生霸甲寅，王在周康宫，各大室，即立，榮白入右辅师嫠……"为西周中期器。另有师嫠簋，器形、纹饰均与此不类，作器者似非一人，也非同时之器。

22. 廿七年卫簋　口下一周窃曲纹，中央有兽

簋25　师虎簋铭文拓片

簋26　虎簋盖

簋26　虎簋盖铭文拓片

头突饰，其下又有一周弦纹。圈足饰一周弦纹。双耳上端有兽头，下有钩状垂珥。有盖，盖顶中央有圈形捉手，盖缘有一周窃曲纹。1975年陕西岐山董家村青铜器窖藏出土。同出有三年卫盉、五年卫鼎、九年卫鼎等，现藏陕西历史博物馆。通高23、口径22.6厘米。器盖同铭，7行71字，又重文2（《集成》8.4256）。铭曰："隹廿又七年三月既生霸戊戌，王在周，各大室，即立，南白入右裘卫……"根据裘卫诸器的纪年，应为穆王前后器。

23.走簋　器佚。《西清续鉴甲编》所绘图像失真。器有子口，原应有盖。口下一周纹饰或是窃曲纹，腹饰瓦棱纹，圈足饰斜三角形纹。双耳上端有兽头，下有垂珥。器内有铭文8行，存67字，又重文2（《集成》8.4244）。铭曰："隹王十又二年三月既望庚寅，王才周，各大室，即立，嗣马井白入右走……"嗣马井白也见于师奎父鼎等器，应是恭王前后器。

簋27　豆闭簋

簋28　即簋

24.贤簋　器有盖。器、盖均饰瓦棱纹。双耳上端有兽头，下有垂珥。由此簋可见双耳圈足簋与下一式环耳圈足簋的关系。传河南出土，现藏上海博物馆。通高19.6、口径17.2厘米。器盖同铭4行27字（《集成》7.4105）。铭曰："隹九月初吉庚午，公叔初见于卫，贤从，……"为西周中期偏早时器。

4式　环耳圈足簋。此式簋均有盖，器、盖均饰层层叠压的瓦棱纹，双兽头桥形耳衔环。

25.师虎簋　盖与双环均佚。现藏上海博物馆。高15.2、口径23.9厘米。器内底有铭文10行121字，又重文3（《集成》8.4316）。铭曰："隹元年六月既望甲戌，王在杜立，各于大室，井白内右师虎……"此簋与召鼎的历日相接，为懿王前后器。

26.虎簋盖　器身不知所在。此盖满饰直棱纹。1996年陕西丹凤山沟村出土，现藏商洛市文化馆。盖口直径23.5厘米。盖内有铭文13行161字。铭曰："隹卅年四月初吉甲戌，王在周新宫，各于大室，密叔内右虎，即立，……今令女曰，更乃且考疋师戏嗣走马驭

簋29　乖伯簋

簋30　询簋

簋31　无㠱簋

人眔五邑走马驭人，……"论者据铭文有
"卅年"、"周新宫"，作器对象与师虎簋同为
"文考日庚"以及密叔见于趞鼎、师戏见于
豆闭簋，考订此簋盖与师虎簋为同人之器，
属穆王时期。由于此簋器身不存，难于从
形制上准确判断其所属铜器分期，暂列于
此存疑，以俟进一步研究。

27．豆闭簋　盖佚。传陕西西安出土，
现藏故宫博物院。高15.1、口径32.5厘
米。器内底有铭9行92字（《集成》
8.4276）。铭文称："隹王二月既眚霸，辰
在戊寅，王各于师戏大室，井白入右豆
闭……"井白作为右者除见于上述两器外，还

簋31　无㠱簋铭文拓片

见于七年趞曹鼎、利鼎、师毛父簋等器。应是恭懿时期器。

28.即簋　盖佚。1974年陕西扶风强家村青铜器窖藏出土，现藏陕西历史博物馆。高15.5、口径23厘米。器内底有铭文7行70字，又重文2(《集成》8.4250)。铭曰："佳王三月初吉庚申，王在康宫，各大室，定白入右即……"定白也见于三年卫盉，又与上二器之井白共见于五年卫鼎。由此可见，这些器是同时的或年代相近的。

29.乖伯簋　盖佚。现藏中国国家博物馆。高15.3、口径24.1厘米。器内底有铭文14行149字，又合文1(《集成》8.4331)。铭曰："佳王九年九月甲寅，王命益公征眉敖，……二月，眉敖至见，……己未，王命中㕧归乖白貔裘……"器形与师虎簋等器相同，应是同时或年代相近之器。

30.询簋　佚一环。1959年陕西蓝田寺坡村出土，现藏陕西历史博物馆。通高21厘米。器内有铭文10行131字，又重文2(《集成》8.4321)。铭曰"……唯王十又七祀，王在射日宫，旦，王各，益公入右询"。按益公与井白共见于长由盉和永盂，应为西周中期偏晚约当恭懿时器。

31.无㠱簋　现藏中国国家博物馆。通高20.7、口径24.8厘米。器铭7行58字，盖铭7行57字(《集成》8.4225)。铭曰："佳十又三年正月初吉壬寅，王征南夷，王易无㠱马四匹……"论者或以铭文有王征南夷而属之昭王，然据器形可知失之过早，宜为西周中期偏晚约当懿王前后器。

簋32　命簋

簋33　不寿簋

簋34　繇簋

69

簋35　大师虘簋

簋35　大师虘簋铭文拓片

簋36　天亡簋

簋37　鄂叔簋

5式　附耳圈足簋。双耳为附耳,器近似盂。

32. **命簋**　敞口,深腹,双附耳,圈足较高。口下饰一周相对的分尾长鸟纹带,中央有短扉分隔。圈足饰一周回首曲体夔纹。有盖,盖面弧形鼓起,盖顶有圈形捉手,边缘有一周分尾长鸟纹。现藏美国芝加哥美术馆。通高24.1、口径21.6厘米。器盖同铭4行28字(《集成》7.4112)。铭曰:"隹十又一月初吉甲申,王在华,王易命鹿……"为西周中期器。

33. **不寿簋**　敞口,腹壁较直,双附耳,无盖。口下饰一周窃曲纹,其下又有一周弦纹。现藏故宫博物院。高13.8、口径23.8厘米。器内底有铭文4行24字(《集成》7.4060)。铭曰:"隹九月初吉戊戌,王

簋 38　强伯四耳方座簋

簋 39　利簋

簋40 叔德簋   簋41 圉簋

在大宫,王姜易不寿裘,对扬王休,用乍宝。"论者或以铭文有王姜定为昭王时器,据所饰窃曲纹,宜为西周中期器。

34. 榖簋 敛口,鼓腹,双附耳偏下,有盖。器盖均饰瓦棱纹。现藏故宫博物院。通高19.2、口径24.5厘米。器盖同铭5行44字(《集成》8.4192)。铭曰:"唯十又二月既生霸丁亥,王使焚蔑厤令戜邦……"器形同于4式簋而作附耳,亦属西周中期器。

35. 大师虘簋 此簋双耳作兽头纽状,暂附入此式。颈部一周弦纹,腹饰直棱纹,圈足有一周弦纹。有盖,盖顶有圈状捉手,盖面饰直棱纹。传陕西西安出土,现藏上海博物馆(另一件在故宫)。通高15.7、口径21.4厘米。器盖同铭7行70字(《集成》8.4252)。铭曰:"正月既望甲午,王在周师量宫,……王乎师晨召大师虘……王乎宰吕易大师虘虎裘……佳十又二年。"又有师晨鼎,器早佚,未见图像,仅得铭文摹本,称:"佳三年三月初吉甲戌,王在周师录宫,旦,王各大室,即立,嗣马共右师晨……"嗣马共和周师录宫也见于谏簋、师俞簋盖、四年瘐盨等器,它们的年代应该是相近的,大概均为西周中期约当孝王前后器。

Ⅱ型 方座簋 21件

簋形铜器的第二种型别为方座簋(Ⅱ型)。此型簋的特点是:在圈足簋下连接一个方座。这类方座原是禁的演变,由一件禁上放若干器演变为单独放一件器,由器和禁的分别制作演变为器和禁的连体制作。方座簋的出现或在西周初期,而其发展演化则经历了整个西周时期,成为西周青铜礼器中最有特征的器形之一。西周的方座簋可以按照器耳的多少和式样分为三式。

1式 四耳方座簋。

36. 天亡簋 又称大丰簋。器腹及方座四壁均饰两两相对的蜗形夔纹,圈足饰一周夔

簋42 蓏簋   簋43 㳷簋

纹。四耳上端有兽头,耳下有长方形珥。清道光末年陕西岐山礼村出土,现藏中国国家博物馆。通高24.2、口径21厘米。器内底有铭文8行77字,又合文1(《集成》8.4261)。铭曰:"乙亥,王有大丰……衣祀于不显考文王……"据此确认为武王时器。

37．鄂叔簋 浅腹,圈足较高,底外悬一小铃。口下一周圆涡纹间回首夔纹。圈足一周兽面纹,中央有短扉,两侧有分解躯体。方座四壁为相对的鸟纹。四耳上端有兽头,下有长方形珥。现藏上海博物馆。通高18.5、口径18.1厘米。器内底有铭文2行6字"噩叔乍宝尊彝"(《集成》7.2474)。为西周早期器。

38．强伯四耳方座簋 深腹,高圈足,有盖。腹壁饰一周圆涡纹间倒夔纹,圈足饰一周分解的兽面纹。方座四隅饰牛角兽面纹,两侧辅以倒立的夔纹。器盖边缘也饰一周圆涡纹间倒夔纹。四耳上端有兽头,下有长方形珥。1981年陕西宝鸡纸坊头M1西周墓出土,现藏宝鸡青铜器博物院。通高38.7、口径26厘米。盖内有铭文2行6字"强白乍宝尊簋"(《集成》7.3619)。为西周早期器。

2式 双耳方座簋 此为方座簋的主要形式,或有盖,或无盖,现分别说明。

39．利簋 腹饰连体大兽面纹,圈足饰或俯首或昂首的夔纹。方座四壁中央饰大兽面纹,两侧辅以倒立的夔纹。双耳上端有兽头,两角高出器口,下有长方形珥。1976年陕西临潼零口青铜器窖藏出土,现藏中国国家博物馆。通高28、口径22厘米。器内底有铭文4行32字(《集成》8.4137)。铭曰:"珷征商,佳甲子朝,岁鼎克昏夙有商。辛未,王在阑自,易有事利金,用乍旜公宝尊彝。"此为武王甲子朝克商后之第七日赐利以金,利因作器,是现在可以确认的年代最早的西周铜器。

40．叔德簋 腹饰两两相对的蜗形夔纹,中间有扉棱分隔,圈足一周蛇纹。方座四壁

篹 44　孟簋

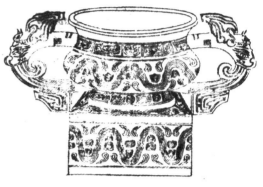

篹 45　牧簋

篹 45　牧簋铭文摹本

图46　师毁簋　　　　　　　　图46　师毁簋铭文摹本

也饰两两相对的蜗形夔纹。双耳上端有两角高耸的兽头,下有长方形珥。现藏美国哈佛大学萨克勒美术博物馆。通高 23.9、口径 20 厘米。器内底有铭文 3 行 18 字（《集成》7.3942)。铭曰:"王易叔德臣嬯十人、贝十朋、羊百,用乍宝尊彝。"另有德簋,亦为双耳方座,饰兽面纹,亦藏哈佛大学。这两件簋与上海博物馆藏德鼎、德方鼎,被称为周初四德器,年代均属成王时期。

41.圉簋　器腹和方座四壁均饰连体大兽面纹,而腹部的兽面中央有扉棱,圈足饰一周夔纹。双耳上端有兽头,两角高出器口,耳下有长方形珥。辽宁喀左小波汰沟出土,现藏辽宁省博物馆。通高 29.8、口径 24 厘米。器内底有铭文 3 行 14 字(《集成》7.3824)。铭曰:"王栾于成周,王易圉贝,用乍宝尊彝。"此簋铭文与北京琉璃河 M253 所出有盖圉簋、圉甗、圉卣相同,应是同一人之器,年代属康王前后。

42.蔽簋　口下和圈足饰一周圆涡纹间夔纹,器腹饰连体大兽面纹,两侧辅以倒立夔纹。方座四面饰大兽面纹,两侧辅以背向的立鸟纹。双耳上端有兽头与器口平,耳下有长方形珥。北京琉璃河 M251 西周墓出土,现藏首都博物馆。通高 22.3、口径 19.2 厘米。器内底有铭文 2 行 7 字"蔽乍文且宝尊彝"(《集成》7.3627)。为西周早期器。

43.谇簋　口下一周回首卷尾鸟纹,中央有突起的兽头,腹饰两两相对的回首卷尾大鸟纹,圈足饰斜角目纹。方座四壁饰上下两周长鸟纹。双耳上端为鸟首状,耳下有方形垂珥。1981 年陕西长安花园村 M17 西周墓出土,现藏陕西历史博物馆。通高 25.5、口径 21.6 厘米。器内底有铭文 3 行 18 字(《集成》7.3950)。铭曰:"佳九月,隹叔从王员征楚荆,

簋 47　趆簋

簋 48　有盖圉簋

簋 49　令簋

簋 50　卫簋

簋51 追簋

簋53 疢簋

簋52 倗生簋

在成周，诶乍宝簋。"或为昭王南征楚荆时器。

44．孟簋　器腹和方座四壁饰两两相对的回首分尾大鸟纹，圈足饰一周斜角目纹。双耳作象鼻状，鼻尖成珥。1961年陕西长安张家坡青铜器窖藏出土，共有3件，现藏陕西历史博物馆。通高24.5、口径23.4厘米。器内底有铭文5行40字，又重文2（《集成》8.4163）。铭文称："孟曰，朕文考眔毛公遣中征无疐……"遣中也见于永孟，与井白、奅白同时，而井白、奅白又见于三年卫盉、五年卫鼎，则这几件器的年代应相近。或为恭王前后器。

45．牧簋　原器已佚。据《考古图》所摹图像，口下一周窃曲纹，中央有兽头突饰，腹和方座四壁饰波浪纹，圈足饰一周大小相间的横鳞纹。双耳上端有兽头，口吐卷舌，下有垂珥。器内有铭文21行219字，

77

图 54　宰兽簋

图 54　宰兽簋铭文拓片

又重文 2(《集成》8.4343)。铭曰："隹王七年十又三月既生霸甲寅,王在周,在师汓父宫……"所饰波浪纹也见于三年痶壶、番匊生壶等器。为西周中期偏晚约当孝夷前后器。

46.师毁簋 原器已佚。《博古图录》所摹图像纹饰失真,细审器腹及方座似饰分尾大鸟纹、圈足饰波浪纹。器内有铭文 11 行 110 字,又重文 2(《集成》8.4311)。铭曰:"隹王元年正月初吉丁亥,白龢父若曰,师毁……"为夷厉前后器。

47.默簋 器体硕大。口下和圈足各一周窃曲纹,器腹和方座四壁饰直棱纹。双耳上端有透雕的巨形龙首,高出器口,其下有珥。1978 年陕西扶风齐村出土,现藏宝鸡市周原博物馆。通高 59、口径 43 厘米。器内底有铭文 12 行 122 字,又重文 1、合文 1(《集成》8.4317)。铭文称:"王曰:有余隹小子……默其万年……隹王十又二祀。"默即周厉王胡,则此簋为厉王十二年器。

以上的双耳方座簋均无盖,而下列诸器均有盖。从两件圉簋来看,一有盖,一无盖,可见两者是同时并存的。

48.有盖圉簋 敛口,有子口以承器盖,口下和圈足各有一周夔纹,口下中央有兽头突饰,腹壁饰兽面纹,两侧有分解的躯体,外侧辅以倒立的夔纹。盖顶的纹饰和器腹相同。方座四壁饰大兽面纹,两侧有倒夔纹。双耳上端有兽头、下有钩状垂珥。北京琉璃河 M253 西周墓出土,现藏首都博物馆。通高 26.2、口径 12.8 厘米。盖内有铭文 3 行 14 字"王栋于成周……"(《集成》7.3825)。内容与辽宁出土的圉簋和同墓出土的圉甗、圉卣铭

簋55 晋侯斨簋

簋56 冀休簋

簋 57　臣辰父乙簋

簋 58　伯簋

簋 59　班簋

簋 60　乙公簋

簋61　壘簋　　　　　　　　　　　　　　　　簋62　弭伯双环耳簋

文相同,而器内底另有铭文2行6字:"白鱼乍宝尊彝。"则圉或即伯鱼。为康王前后器。

49．令簋　敛口,有子口以承盖,盖佚。口下饰一周回首分尾鸟纹,中央有兽头突饰,腹饰勾连雷纹,圈足饰一周蝉纹。方座中央也有兽头突饰,两侧纹饰已锈蚀不辨;下部承以方柱形四足,柱头有栌斗,柱间有额枋。双耳上端有兽头,下有方形垂珥。传1929年河南洛阳马坡出土,有2器,现均藏法国巴黎吉美博物馆。通高24.3、口径17厘米。器内底有铭文12行107字,又重文2、合文1(《集成》8.107、109)。铭曰:"隹王于伐楚白,在炎,隹九月既死霸丁丑,乍册矢令尊宜于王姜,姜赏令贝十朋、臣十家、鬲百人……"为康昭时期器。

50．卫簋　器、盖和方座均饰分解兽面纹,长卷角,阔嘴。圈足饰一周回首曲体夔纹,双耳作象首卷鼻状。1973年陕西长安马王村青铜器窖藏坑出土,现藏西安博物院。通高31.6、口径21厘米。器盖同铭6行55字,又重文3(《集成》8.4212)。铭曰:"隹八月初吉丁亥,王客于康宫,焚白右卫内即立……"焚白也见于三年卫盉、十二年永盂,年代应相近,属恭王前后器。

51．追簋　口下和圈足均饰一周窃曲纹,腹饰龙纹,盖顶也饰一周窃曲纹和龙纹。方座四壁饰相背的两组龙纹,俯首,曲体,尾上扬。双耳为双角曲体卷尾龙形。传世有6器,分藏故宫博物院等处。通高38.8厘米。器盖同铭7行58字,又重文2(《集成》8.4223)。此簋龙纹与西周早期大异其趣,被认为西周中期器。

52．倗生簋　又称格伯簋。口下饰一周圆涡纹间夔纹,中央有兽首突饰,腹饰直棱纹,圈足饰一周圆涡纹间四瓣花纹。方座四壁以圆涡纹和窃曲纹为边框,中填直棱纹。双耳上端有兽头,下有卷尾状珥。盖顶纹饰与器颈腹相同。现藏上海博物馆。通高31、口径21.9厘米。器盖同铭8行77字,又重文2(《集成》8.4264)。铭曰:"隹正月初吉癸巳,王在成周,

簋63　攸簋　　　　　　　　　　　　簋64　作登尊簋

格伯取良马乘于倗生，厥贮卅田，则析……"为西周中期恭王前后器。此类以物易田之交涉也见于三年卫盉，是这一时期铭文的特色。

53．痶簋　口下饰一周横鳞纹，中央有兽头突饰，腹饰直棱纹。圈足饰两周弦纹。方座四壁饰直棱纹，每壁有六个长方孔。盖顶也饰横鳞纹和直棱纹。双耳上端有螺角兽头，下有方珥。1976陕西扶风庄白1号青铜器窖藏出土，同出的还有墙盘等103器。痶簋共8器，现藏宝鸡市周原博物馆。通高36.1、口径22.9厘米。器盖同铭，器铭7行42字，又重文2(《集成》8.4170)。痶器尚有三年痶壶、四年痶盨、十三年痶壶等器。根据微史家族世系，痶器的年代可推定为孝王前后。

54．宰兽簋　口下和圈足各一周窃曲纹，腹饰层叠凸棱纹，盖面纹饰相同。方座四角饰分解兽面纹。双耳上端有螺角兽头，下有象鼻状珥。方座内底有悬铃的鼻，铃已佚。1997年陕西扶风大同村出土，现藏宝鸡市周原博物馆。通高37.5、口径24.5厘米。盖内有铭文12行129字。铭曰："唯六年二月初吉甲戌，王在周师录宫，旦，王各大室即立，嗣土燮白右宰兽内门……"周师录宫也见于谏簋、四年痶盨等器，年代应属孝王前后。

55．晋侯听簋　器、盖均饰窃曲纹和凸棱纹，方座四隅饰分解的兽面纹。双耳上端有兽头，口吐卷舌，下有垂珥。山西曲沃晋侯墓地M8西周墓出土，现藏山西省考古研究所。通高38.4、口径24.8厘米。器盖同铭4行26字。铭曰："佳九月初吉庚午，晋侯听乍宝簋，用享于文且皇考，其万亿永宝用。"按晋侯墓地M8被判定为晋侯稣之墓，此簋或为其先君之器，年代应为厉王前后。

3式　附耳方座簋。

56．黨休簋　器盖和方座均饰直棱纹。山西曲沃晋侯墓地M64西周墓出土，现藏山

簋 65　涷簋

簋 65　涷簋铭文拓片

西省考古研究所。通高 37.2、口径 24.5 厘米。器盖同铭 4 行 24 字，又重文 1。铭曰："隹
正月初吉鼎休乍朕文考叔氏尊簋，休其万年子子孙孙永宝用。"按晋侯墓地 M 64 为晋侯邦
父之墓，其年代被推定为宣王时期。但此簋所饰直棱纹及方座形制，与瘐簋颇为接近，其
为前期遗物亦未可知。

Ⅲ型　四足簋　6 件

簋形铜器的第三种型别为四足簋（Ⅲ型）。在簋形器下加足揆其用意是提高器身，使
圈足悬空。然而，在何处加足，加几条足，足有多高，在西周时期似乎一直在摸索、试验的
过程中，四足簋就是试验的方案之一。不过，四足簋显然较三足不便，因此，在经过一段试
验之后，确立了三足簋的形制之后，四足簋的形制就被放弃了。四足簋的数量很少，根据
四足所在的位置可以分为四式。

1式　四耳长珥。 以一件四耳圈足簋，加长耳下之珥，使之成为支撑器身之四足，从而
抬高簋身、圈足悬空。

57．臣辰父乙簋　有盖。口下和盖的边缘各饰一周目雷纹。四耳上端有兽头，长珥垂
地，圈足悬空。传 1929 年河南洛阳马坡出土，现藏美国哈佛大学萨克勒美术博物馆。通高
25.6、口径 19 厘米。器盖同铭，"父乙臣辰兄"5 字（《集成》6.3423）。臣辰组铜器，包括士上
盉、卣，凡数十器，均属西周早期，详见陈梦家《西周铜器断代》（二）。

58．伯簋　有盖。口下饰一周分尾鸟纹，圈足饰一周带目斜雷纹，器腹及盖顶饰四组分解式简化兽面纹。四耳上端有象首,耳下以象鼻为珥,鼻尖上卷,圈足悬空。1982年山西曲沃曲村M723西周墓出土,现藏北京大学萨克勒考古艺术博物馆。通高25、口径19.1厘米。器盖同铭"白作簋"3字。为西周早期器。

59. 班簋 口下饰一周圆涡纹,腹部饰分解式兽面纹,两侧有分解的躯体。纹饰均为凸起的阳纹,无地纹。四耳上端有象首,耳下有钩状小珥,另有象鼻垂地,圈足悬空。清宫旧藏,1972年由北京的废铜中拣出,现藏首都博物馆。通高22.5、口径25.7厘米。器内底有铭文20行195字,又重文2(《集成》8.4341)。铭曰:"隹八月初吉,在宗周,甲戌,王令毛白更虢成公服……王令毛公以邦冢君、土驭、戜人伐东国痟戎……"此簋年代,或以为成王时器,或以为穆王时器。据铭文有"伐东国痟戎"及"三年静东国"等语,似不能晚至穆王,应是西周早期后段器。

2式 双耳四足,其中两足以珥代替,再在圈足下另加两足。

60. 乙公簋 有盖。器盖均四等分,饰以两两相对的象纹,中间有扉棱分隔,圈足饰一周兽面纹带。双耳作尖喙鸟形,耳下有象首长鼻形珥,另在圈足下加铸两个象首长鼻与双耳之珥形成四足。北京琉璃河M209西周墓出土,现藏北京市文物研究所。通高28.2、口径19.8厘米。器盖同铭2行6字"白乍乙公尊簋"(《集成》6.3540)。为西周早期器。

簋66 弭伯簋

3式 双耳四足,足俱在圈足下。

61. 壼簋 口下饰一周目雷纹,腹饰方格乳钉纹,双耳上端有兽头,下有钩形垂珥。圈足下四等分处各有一象首,长鼻垂地,鼻尖上卷。现藏中国国家博物馆。通高17、口径17.9厘米。器内底有铭文2行10字(《集成》6.3732)。铭曰:"壼从

簋67 弭叔簋

84

篇 68　元年师旋簋

篇 68　元年师旋簋铭文拓片

篇 69　师赘簋铭文拓片

篇 69　师赘簋

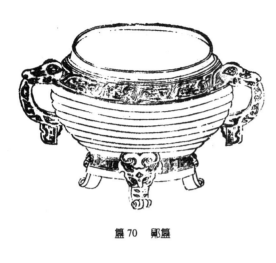

簋70 郿簋

簋70 郿簋铭文摹本

王伐荆,孚,用乍饙簋。"为西周早期后段器。

4式 环耳四足。

62.弜伯双环耳簋 器身两侧各有一对牛首衔环,两环相套,圈足外侧的器底附加四矮足。通体光素无纹饰。陕西宝鸡茹家庄 M1 和 M2 西周墓各出土一件,现藏宝鸡青铜器博物院。通高 15.8、口径 21.8 厘米。器内底有铭文 2 行 7 字"弜伯乍旅用鼎簋"(《集成》6.3616)。为西周中期前段器。

Ⅳ型 三足簋 34 件

簋形铜器的第四种型别为三足簋(Ⅳ型)。此型簋的特点是:在圈足簋的原型上再加三足,其目的和四足簋相同,也是为了抬高器身,使圈足悬空。在西周初期,三足簋和四足簋有过一个同时并行发展的过程,之后,四足簋逐渐被抛弃,而三足簋逐渐定型成为西周中晚期簋形器的主要形式,即圈足下三足,与双耳五点配置。这也是按照鼎形器的耳和足的配置形式。三足簋按其足和耳的形式不同分为四式。

1式 三足较高,或作兽形,为西周早期形式。

63.攸簋 有盖。器腹和盖顶均饰两两相对的大鸟纹,勾喙,回首,头前有垂地的联璧,扬翅垂尾。圈足饰一周斜目雷纹。双耳上端有兽头,下有象鼻状垂珥。圈足下有三只蹲立的虎形足。北京琉璃河 M53 西周墓出土,现藏首都博物馆。通高 28.5、口径 20.3 厘米。器盖同铭 3 行 16 字,又合文 1(《集成》7.3906)。铭曰"侯赏攸贝三朋,攸用乍父戊宝尊彝。启乍旗。"为西周早期偏晚时器。

图71　颂簋

图71　颂簋铭文拓本

簋72　师袁簋

64. 作登尊簋　口下饰一周回首曲体卷尾夔纹，中央有兽头突饰，圈足饰两周弦纹。双耳上端有兽头，下有方形垂珥。三足上端有兽头，下为蹄状高足。山西曲沃曲村 M 6130 西周墓出土，现藏北京大学萨克勒考古艺术博物馆。通高 17.8、口径 18.4 厘米。器内底有铭文"乍登尊簋"4 字。或为西周中期前段器。

2 式　这是三足簋中最常见的形式。三足较矮，上有兽头，下有象鼻状的外卷足，多有盖。器口及盖缘饰一周纹饰，器腹及盖顶饰瓦纹。是西周中、晚期最典型的器形。

65. 谏簋　口下及盖缘均饰一周窃曲纹，腹饰瓦纹。双耳上端有兽头，耳下有方形垂珥。三足短直。传陕西武功或兴平出土，现藏故宫博物院。通高 21.2、口径 29.5 厘米。器盖同铭 100 字(盖铭 10 行，器铭 9 行少一字)，又重文 2(《集成》8.4285)。铭曰："佳五年三月初吉庚寅，王在周师录宫，……嗣马共右谏……"周师录宫、嗣马共又见于四年痶盨、师晨鼎、师俞簋盖等器，分别作于三年、四年、五年，应是同一王世之器。年代应属孝王前后。

66. 弭伯簋　盖佚。口下及圈足均饰一周窃曲纹，腹饰瓦纹。双耳上端有兽头，无珥。三足有兽头，足尖呈爪形。1963 年陕西蓝田辋川出土，现藏蓝田县文物管理所。通高 18、口径 19.7 厘米。器内底有铭文 7 行 71 字，又重文 2(《集成》8.4257)。铭曰："佳八月初吉戊寅……焭白入右师耤……"焭白见于五年卫鼎、永盂等器。年代应属恭王前后。

67. 弭叔簋　口下及盖缘均饰一周窃曲纹，腹饰瓦纹。双耳上端有兽头，下有方形垂珥。三足有兽头，足尖稍外卷。1959 年陕西蓝田寺坡出土 2 件，现分藏陕西历史博物馆和蓝田县文物管理所。通高 26.6、口径 24 厘米。盖内有铭文 7 行 70 字，又重文 2(《集成》8.4254)。铭曰："佳五月初吉甲戌，王在荠，……井叔内右师察……"井叔又见于召鼎、趩尊、免尊、免簋、井叔钟、井叔方彝等器。年代应属懿孝时期。

簋73　伊簋

68. 元年师旋簋　口下、盖缘和圈足均饰一周窃曲纹，腹饰瓦纹。双耳上端有兽头，下有方形垂珥。三足有兽头，足尖呈象鼻形。1961年陕西长安张家坡西周青铜器窖藏出土，共有4件，现藏陕西历史博物馆。通高25.6、口径23.8厘米。器盖同铭10行97字（盖铭省一字），又重文2(《集成》8.4279)。铭曰："佳元年四月既生霸，王在减应，甲寅，王各庙，即立，迟公人右师旋……"为西周中期约当夷王前后器。

69. 师䲭簋　口下和盖缘均饰一周窃曲纹，腹饰瓦纹，圈足饰一周横鳞纹。双耳上端有兽头，下有垂珥。三足有兽头，足尖稍外卷。现藏上海博物馆。通高23.1、口径21.5厘米。器内底有铭文10行138字，又重文3；盖铭10行121字，又

簋73　伊簋铭文拓片

簋74　史颂簋

簋75-1　不嬰簋

簋75-2　不嬰簋盖

重文3(《集成》8.4324)。铭曰:"……佳十又一年九月初吉丁亥,王在周,各于大室,宰琱生内右师嫠……"为厉王前后器。上文辅师嫠簋(簋21),与此簋形制不同,非同时之器。

70.鄦簋　原器已佚。据《考古图》所绘器形,口下饰一周窈曲纹,腹饰瓦纹,圈足似饰横鳞纹。双耳上端有兽头,下有垂珥。三足有兽头,足尖呈爪形。器铭10行104字,又重文2(《集成》8.4297)。铭曰:"佳二年正月初吉,王在周邵宫,丁亥,王各于宣榭,毛白内门立中廷,右祝鄦……"为厉王前后器。颂鼎、趩鼎铭均称王在周康邵宫,当即此铭之周邵宫。

71.颂簋　口下和盖缘均饰一周窈曲纹,腹饰瓦纹,圈足饰一周垂鳞纹。双耳上端有双角高耸的兽头,口中吐出卷舌,耳下有象鼻状垂珥。三足有兽头,足尖呈象鼻形。现藏山东省博物馆。通高31.1、口径24.4厘米。器盖同铭15行150字,又重文2(《集成》8.4334)。铭文内容和颂鼎相同。为西周晚期约当厉王前后器。

72.师衰簋　器形和纹饰与颂簋完全相同,尤其是双耳的耸角兽头和口吐卷舌如出一辙。三足足尖呈爪形。现藏上海博物馆。通高27、口径22.5厘米。器内底有铭文10行115字,又重文2。盖铭少4字

簋76　散车父簋甲

（《集成》8.4313）。铭曰："王若曰，师寰，……今余肇令女達齐帀、㠱、鳌、棽、尿、左右虎臣正淮夷……"为时王命师寰征淮夷，师寰不坠王命，折首执讯，俘获士女羊牛、吉金，因以作器。为西周晚期偏早时器。

73．伊簋　盖佚。此器与颂簋、师寰簋形制纹饰相同，所异者，三足有兽头而无外卷的足尖，不知是残断还是原本如此。器为日本奈良国立博物馆收藏。高16.6厘米。器内底有铭文10行102字，又重文2（《集成》8.4287）。铭曰："隹王廿又七年正月既望丁亥，王在周康宫，旦，王各穆大室，即立，䲞季内右伊……"颂簋、䇟鼎铭有王在周康邵宫，此铭为周康宫穆大室，年代应相同或稍晚，约为厉王前后。

74．史颂簋　器形和纹饰与颂簋相同，所异者双耳上端之耸角兽头口中不吐卷舌。现藏上海博物馆。通高26.9、口径22.6厘米。器盖同铭6行60字，又重文2、合文1（《集成》8.4232）。铭文内容与史颂鼎相同。

75．不娶簋　早年传世一盖，现藏中国历史博物馆。1980年山东滕县后荆沟村出土一器，可与此盖相配（原与另盖相配），现藏滕州市博物馆。口下及盖缘均饰一周窃曲纹，腹饰瓦纹，圈足饰一周横鳞纹。双耳上端有耸角兽头，下有象鼻状垂珥。三足有兽头，足尖呈象鼻形。盖高8.2、口径23.2厘米。器高26、口径23厘米。器盖铭文一致，但行款不同。盖铭13行148字，又重文3，合文1（《集成》8.4329）。铭曰："隹九月初吉戊申，白氏曰：不娶，驭方厰允广伐西俞，王令我羞追于西……"为西周晚期器。

76．散车父簋甲

77．散车父簋乙　同铭者二种：一种3件，器形与史颂簋略同，口下和盖缘均饰窃曲纹，盖顶和腹部饰瓦纹，双耳也有耸角兽头。三足也有兽头，足尖稍外卷。惟圈足纹饰不清。另一种2件（1件缺盖），器形与下述师兑簋相近，盖缘、口下和圈足饰横鳞纹。陕西扶

簋 77　散车父簋乙

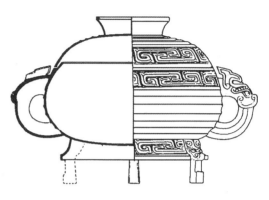

簋 78　窃曲纹簋甲

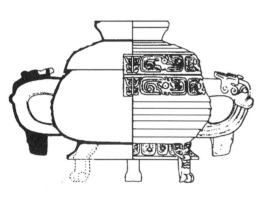

簋 79　窃曲纹簋乙

簋 80　梁其簋

簋 81　师酉簋

簋 82　曾仲大父螽簋

簋 83　元年师兑簋

簋 83　元年师兑簋铭文拓片

簋 84　三年师兑簋铭文拓片

簋 84　三年师兑簋

簋85　十二年大簋盖

簋85　十二年大簋盖铭文拓片

簋 86　此簋

簋 86　此簋铭文拓片

风召陈青铜器窖藏出土,同出者有散伯车父鼎、散车父壶等,现藏陕西历史博物馆。通高22.8、口径19.2厘米。器盖同铭3行15字,又重文2(《集成》7.3881)。铭曰"散车文乍郘姞𫗦簋,其万年子子孙孙永宝"(同出的散伯车父鼎铭文有"隹王四年八月初吉丁亥")。为西周中期后段器。

78.窃曲纹簋甲　口下、盖缘及圈足均饰一周窃曲纹,腹饰瓦纹。双耳上端有耸角兽头,但耳下无珥。三足有兽头,足尖稍卷。山西曲沃晋侯墓地M62西周墓出土,现藏山西省考古研究所。通高20.6、口径18.4厘米。无铭。按晋侯墓地M62为晋侯邦父夫人墓,晋侯邦父被认为是晋穆侯,约当周宣王时期。

79.窃曲纹簋乙　口下、盖缘均饰一周窃曲纹,腹饰瓦纹,圈足饰一周垂鳞纹。双耳上端有耸角兽头,下有方形垂珥。三足有兽头,足尖稍外卷。山西曲沃晋侯墓地M93西周墓出土,现藏山西省考古研究所。通高24.8、口径20.8厘米。无铭。按晋侯墓地M93或以为是晋文侯墓,或以为是殇叔墓。要之,年代同属幽王或两周之际。

80.梁其簋　口下、盖缘和圈足均饰一周窃曲纹,腹饰瓦纹。双耳上端有螺角兽头,下有象鼻状垂珥。三足有兽头,足尖稍外卷。传陕西扶风法门寺任村出土,同出的还有梁其鼎、梁其钟、梁其𬭚、梁其壶等。现藏上海博物馆。通高25.6。口径21厘米。器盖同铭5行36字,又重文3(《集成》8.4150)。铭曰:"善夫梁其乍朕皇考惠中皇母惠妀尊簋……"(同出的梁其鼎铭有"隹五月初吉壬申")为西周晚期偏早时器。

簋 87　郑虢仲簋

簋 88　师痕簋盖甲

簋 89　师痕簋盖乙

81.师酉簋　口下和盖缘均饰一周大小相间的横鳞纹,腹饰瓦纹,圈足饰一周横鳞纹。双耳上端有螺角兽头,下有象鼻状垂珥。三足有兽头,足尖稍外卷。器共 4 件,3 件藏故宫博物院,1 件藏中国国家博物馆。通高 22.3、口径 19.2 厘米。器盖同铭 11 行 104 字,又重文 2(《集成》8.4288～4291)。铭曰:"佳王元年正月,王在吴,各吴大庙,公族殁螯入右师酉立中廷……"按此簋的形制、纹饰,宜为西周晚期器。

82.曾仲大父螽簋　口下和盖缘均饰双行横鳞纹,腹饰瓦纹,圈足饰一周横鳞纹。双耳上端有螺角兽头,下有方形垂珥。三足有兽头,足尖稍外卷。1972 年湖北随县熊家老湾出土,共 2 件,现藏湖北省博物馆。通高 26.1、口径 20.4 厘米。器盖同铭 6 行 51 字,又重文 2(《集成》8.4203)。铭曰:"佳五月既生霸庚申,曾中大父螽……"为西周晚期器。

83.元年师兑簋　盖有折沿,与器之子口相扣。口下和盖缘均饰双行横鳞纹,腹饰瓦纹,圈足饰一周横鳞纹。双耳上端有兽头,下有方形垂珥。三足有兽头,足尖稍外卷。现藏上海博物馆。通高 22.5、口径 19 厘米。器盖同铭 9 行 89 字,又重文 2(《集成》8.4275)。铭曰:"佳元年五月初吉甲寅,王在周,各康庙,即立,同中右师兑……"

84.三年师兑簋　器形、纹饰与元年师兑簋完全相同。现藏上海博物馆。通高 22.7、口径 19.2 厘米。器盖同铭 12 行 124 字,又重文 3、合文 1(《集成》8.3218)。铭曰:"佳三年二月初吉丁亥,王在周,各大庙,即立,鍐白右师兑……”

此两件师兑簋，元年簋铭王册命师兑“疋师龢父嗣左右走马、五邑走马”,三年簋铭则曰：“余既令女疋师龢父嗣左右走马，今余隹醽䆅乃令……”可知两簋属同一王世,应为西周晚期厉王前后器。

85. 十二年大簋盖　此盖有折沿，盖缘有双行横鳞纹。现藏中国国家博物馆。高 6.6、口径 20.9 厘米。盖内有铭文 12 行 106 字，又重文 2(《集成》8.4299)。铭曰：“隹十又二年三月既生霸丁亥，王在𩰫侲宫，王乎吴师召大，易趞䙶里……”𩰫侲宫又见于大鼎,鼎铭称“隹十又五年三月既霸丁亥”。两器当属同一王世,均为西周晚期厉王前后器。

86. 此簋　盖有折沿。口下,盖缘和圈足均饰一周横鳞纹，腹饰瓦纹。双耳上端有兽头,下有方形垂珥。三足有兽头,足尖外卷。1975 年陕西岐山董家村青铜器窖藏出土，共 8 件，现藏岐山县博物馆。通高 23.7、口径 19.2 厘米。器盖同铭 10 行 110 字,又重文 2(《集成》8.4303)。铭文内容与此鼎相同,均为西周晚期宣王前后器。

87. 郑虢仲簋　盖有折沿。器和盖均全饰瓦纹,圈足饰一周弦纹。双耳上端有兽头,下有钩形垂珥。三足有兽头,足尖呈象鼻形。现藏上海博物馆。通高 25、口径 20.7 厘米。器盖同铭 4 行 21 字,又重文 2(《集成》7.4025)。铭曰:“隹十又一月既生霸庚戌,郑虢中乍宝簋……”为西周晚期器。

88. 师痕簋盖甲

89. 师痕簋盖乙　同铭者二件。盖有

簋 90　遹簋

簋 91　散伯簋

簋 92　井南伯簋

图 93 师遽簋盖

图 93 师遽簋盖
铭文拓片

图 94 王臣簋铭文拓片

图 94 王臣簋

簋95　五年师旋簋　　　　　　　　　　簋95　五年师旋簋铭文拓片

簋96　小臣谜簋　　　　　　　　　　簋97　兽面纹高圈足簋

簋98　五年琱生簋　　　　　　　　　　　簋99　六年琱生簋

折沿,顶饰瓦纹。甲盖盖缘饰一周相对的鸟形。乙盖盖缘饰带目的窃曲纹。1963年陕西武功北坡村出土,现藏陕西历史博物馆。高8.1、口径19.7厘米。盖内有铭文10行100字,又重文3(《集成》8.4284)。铭曰:"隹二月初吉戊寅,王在周师嗣马宫,各大室,即立,嗣马井白亲右师瘝……"司马井白又见于走簋、师奎父鼎,或是恭王前后器。

3式　环耳三足簋。大都是在Ⅰ型4式环耳圈足簋下附加三足而成。

90．遹簋　盖佚。器身饰瓦纹,双耳兽头衔环。三足上有兽头,下呈立柱状,略高。现藏台北故宫博物院。器内底有铭文6行53字,又重文5(《集成》8.4207)。铭曰:"隹六月既生霸,穆王才荠京,乎渔于大池……"此为穆王时期标准器。

91．散伯簋　器盖均饰瓦纹,圈足饰两周弦纹。双耳螺角兽头衔环。三足有兽头,足尖稍外卷。传陕西凤翔出土,现藏上海博物馆。通高23.1、口径21.1厘米。器盖同铭3行12字(《集成》7.3780),铭曰:"散白乍矢姬宝簋其万年永用。"为西周中期偏晚时器。

92．井南伯簋　盖佚。器饰瓦纹,双耳螺角兽头衔环。三足有兽头,足尖稍外卷。现藏上海博物馆。高15.9、口径20厘米。器内底有铭文4行28字,又重文2(《集成》7.4113)。铭曰:"隹八月初吉壬午,井南白乍……"为西周中期偏晚时器。

93．师遽簋盖　盖顶中央有圈形捉手,全饰瓦纹。此种盖不同于2式三足簋之器盖,应是3式三足簋之器盖,参见散伯簋自明。现藏上海博物馆。高5.2、口径18.2厘米。盖内有铭文7行56字,又重文1(《集成》8.4214)。铭曰:"隹王三祀四月既生霸辛酉,王在周,客新宫……"师遽之器还有方彝。新宫又见于十五年趞曹鼎、师汤父鼎等器。为西周中期懿王前后器。

94．王臣簋　此簋形同2式,但双耳为兽头衔环。口下、盖缘和圈足各饰一周窃曲纹。三足有兽头,足尖稍外卷。1977年陕西澄城出土,现藏陕西历史博物馆。通高22.3、口径20厘米。器盖同铭,盖铭11行85字(《集成》8.4268)。铭曰:"隹二年三月初吉庚寅,王各于大室,益公入右王臣……乎内史年册命王臣……"按内史年又见于谏簋、四年痶盨,望簋则作史年,年代应相近,属西周中期孝王前后器。

95．五年师旄簋 此簋器形较为特殊,附入本式。盖有折沿,腹壁较直,略呈垂弛状。口下和盖缘均饰一周分尾鸟纹,盖沿和器腹则饰直棱纹。双耳耸角兽头衔环。三足有兽头,足尖呈象鼻形。1961年陕西长安张家坡青铜器窖藏出土,共3件,现藏陕西历史博物馆。通高23、口径18.7厘米。器盖同铭7行57字,又重文2(《集成》8.4216)。铭曰:"佳王五年九月既生霸壬午,王曰:'师旄,令女羞追于齐……'"同坑所出尚有元年师旄簋,应是一人之器,同属西周中期夷王前后。

4式 附耳三足簋。

96．小臣谜簋 有盖。口下饰两周弦纹,双附耳高出器口。柱状三足较高,在圈足外侧接于器下腹,足根呈蹄状。另一器盖佚。传河南汲县出土,现藏台北故宫博物院。通高24.5、口径20厘米。器盖同铭8行64字(《集成》8.4239)。铭曰:"叔,东夷大反,白懋父以殷八自征东夷,佳十又一月……"白懋父又见于召尊、召卣、小臣宅簋、御正卫簋等器。为西周早期康王前后器。

V型 高圈足簋 3件

簋形铜器的第五种型别是高圈足簋(V型)。此型簋与其他各型簋最显著的不同就在于圈足,其他各型簋的圈足都较矮,而本型簋的圈足甚高,类似豆形器的高柄。此型簋的数量很少,不再分式。

97．兽面纹高圈足簋 口下饰一周圆涡纹间夔纹,中央有兽头突饰,腹饰七层凸棱纹。双耳上端有兽头,下有长珥。高圈足上饰牛角大兽面纹,两侧有分解的躯体。高圈足内器底有鼻,悬一铃。陕西宝鸡纸坊头M1西周墓出土,现藏宝鸡青铜器博物院。高22.8、口径20.3厘米。无铭。为西周早期器。

98．五年琱生簋 又称五年召伯虎簋。器腹和高圈足均饰宽线条的分解兽面纹,中央有扉棱,无地纹。双耳上端作尖喙鸟头状,下有巨大的钩形珥。现藏美国纽黑文耶鲁大学博物馆。高20.8、口径19.5厘米。器内底有铭文11行104字(《集成》8.4292)。铭曰:"佳五年正月己丑,琱生有事……"

99．六年琱生簋,又称六年召伯虎簋。器形与纹饰均与五年琱生簋相同,而双耳之珥残损。现藏中国国家博物馆。高19.7、口径21.8厘米。器内底有铭文11行104字(《集成》8.4293)。铭曰:"佳六年四月甲子,王才荠,召伯虎告曰……"

五年和六年琱生簋铭文中的召伯虎,或以为即《诗·江汉》中的召虎,因而推定两簋为宣王时器。但从器形和纹饰考察,它们不能晚至宣王时期,从双耳的鸟头造型、分解的兽面纹以及铭文涉及的内容而论,宜定为西周中期器。

（四）盨

盨是西周中晚期流行时间较短的一种铜器,用以盛放黍、稷、稻、粱。其主要特点是:器体椭方形,盖可却置。盨和椭方形鼎有密切的关系。1983年初,陕西宝鸡贾村塬一座西周墓出土的铜器中,有一件窃曲纹椭方形附耳鼎,铭文8字:"夨朕乍宝旅盨永用。"该器弇口,失盖[1]。考虑到这种鼎的盖可却置,与盨盖形制相似,尤其是自名为"宝旅盨",足以说明二者功用的原本相同。根据盨的形制差异,可将其分为二型。

Ⅰ型 附耳盨 5件

这种型别的盨,腹壁较深。依照足和盖的形状,又可分为三式。

1式 盖上捉手和足,均作圈形。

1. 白鲜盨 盖和口的缘部均饰横鳞纹,其余部位则饰瓦纹。圈足为镂空的波浪纹。盖顶饰变体龙纹。1933年陕西岐山清化镇出土,现藏美国米里阿波里斯美术馆,共2件。一件通高17.5、器宽31.9厘米。一件通高18、器宽31.5厘米。器盖同铭2行9字(《集成》9.4361、4372),铭称:"白鲜作旅簋,其永宝用。"同时出土的铜器,有函皇父和白鲜二组。白鲜组器除盨4件(另2件在日本神户白鹤美术馆)外,有鼎2件、甗1件、匜1件(原器均下落不明,仅存铭文拓本)以及钟1件(现藏陕西历史博物馆)。为西周晚期偏早时器。

2式 圈足四边均有缺口,盖上有四个矩形纽。

2. 弭叔盨 盖和器身均饰瓦纹,圈足缺口作"宀"形,两耳残缺。1959年陕西蓝田寺坡出土,共2件,现藏陕西历史博物馆。通高21、口径15.7~23厘米。有铭文2行11字

盨1 白鲜盨

盨2 弭叔盨

---

[1] 《宝鸡贾村再次发现夨国铜器》,《考古与文物》1984年第4期。

（《集成》9.4385），表明其为弭叔所作器。同坑出土器物，有弭叔所作鬲4件、簋2件、壶1件以及询簋等。比照弭叔簋，为西周中期后段器。

3.伯宽父盨 形制纹饰与弭叔盨相同。1978年陕西岐山凤雏村青铜器窖藏出土，共2件，现藏宝鸡市周原博物馆。通高17、口径15.4~22.8厘米。器盖同铭4行27字，又重文2（《集成》9.4438、4439）。铭曰："隹卅又三年八月既死[霸]辛卯，王在成周……"伯宽父制作此器。此器形制纹饰既与弭叔盨相同，年代自应一致，考虑到铭文所记王年较高，宜定为西周中期偏晚约当夷厉前后。

4.翏生盨 形制纹饰与弭叔盨基本相同。圈足四角有附足，四侧缺口冂形。著录3件，其一现藏上海博物馆。通高21、腹宽18~23.3厘米。器盖同铭6行50字（《集成》9.4459）。铭曰："王征南淮夷，……翏生从，……"为西周晚期约当厉王前后器。

3式 四足，环形纽。

5.晋侯𬊫盨甲 形制独特，所见仅此。两附耳与器身间有横梁相连。盖纽为四个圆环，每个环上均饰单线勾勒的龙纹。四足作蹲式人形，以头顶和手托起器身。盖顶饰双头龙纹。盖和器的缘部饰一周横鳞纹，其余部位饰瓦纹。山西曲沃晋侯墓地M1西周墓盗掘出土。现藏上海博物馆。通高22.2、口径20~26.7厘米。器盖同铭3行24字。铭曰："隹正月初吉丁亥，晋侯𬊫作宝尊盨……"论者认为晋侯𬊫即《史记·晋世家》中的晋靖侯宜臼，年代约当西周孝夷时期。

II型 半环耳盨 11件

这种型别的盨，腹壁比附耳者浅。依照足的形状，可再分为二式。

盨3 伯宽父盨

盨3 伯宽父盨铭文拓片

盨 4　廖生盨

盨 5　晋侯鞣
　　盨甲

104

盨 6　四年痶盨

盨 6　四年痶盨铭文拓片

盨 7　鬴从盨

1 式　圈足下有四个附足。

6．四年痶盨　失盖。弇口,腹壁稍鼓。两耳作兽首状,与簋相似。圈足外侈,四角有矮小的附足。口下饰垂冠鸟纹一周,其余部位光素。1976 年陕西扶风庄白 1 号青铜器窖藏出土,共 2 件,现藏宝鸡市周原博物馆。通高 13.5、口径 17～23.5 厘米。器内底有铭文 6 行62 字,又重文 2(《集成》9.4462、4463)。铭曰:"隹四年二月既生霸戊戌,王在周师录宫,各大室即位,嗣马共右痶,王乎史年册易……"为西周中期孝王前后器。

7．鬴从盨　失盖。圈足下四足作兽首形,与簋下有三足者相似。口沿饰横鳞纹一周,其下则饰瓦纹。现藏故宫博物院。通高 14、口径 19.5～24.9 厘米。器内底有铭文 12 行,存 131 字(《集成》9.4466)。铭曰:"隹王廿又五年七月既□□□,□在永师田宫……"其中月相和干支漫漶,采用现代化手段检视,仍无法辨识,不能据以推算历日。同器主之鬴从鼎,纪年为卅一年三月初吉壬辰。二器的作器对象相同,均为"朕皇且丁公文考重公"(鼎铭称"皇考"),年代自应一致,均为西周晚期厉王前后器。

8．郑季盨　器身的形制纹饰与鬴从盨一致。盖上纹饰也是横鳞纹和瓦纹,纽为四个矩形。1964 年陕西长安张家坡西周墓出土,共 4 件,现藏中国社会科学院考古研究所。其

簋8　郑季簋

簋9　晋侯邦簋乙

簋10　白太师簋

簋8　郑季簋铭文拓片

一通高 19.7、口径 17.5～24.3 厘米。器盖同铭 6 行 37 字，又重文 2(《集成》9.4454)。铭曰："隹王元年王在成周，六月初吉丁亥，叔尃父乍郑季宝钟六、金尊簋四、鼎七、……"由此可见当时青铜礼乐器的组合情况，但这组器的钟、鼎实物并未发现。为西周中期后段夷王前后器。

2式　形制独特，既接近于Ⅰ型2式的深腹，又接近于Ⅱ型1式的半环形双耳，而又都有差别。

9. 晋侯邦簋乙　腹壁较直，盖缘方折，两兽首形耳有珥。圈足下附足和盖纽，均为圆环形加两个长突。盖的周边和器口下，均饰回顾式龙纹一

盨 11　克盨

盨 12　师克盨

盨 11
克盨铭文拓片

盨 13　杜伯盨

盨 14　虢季盨

盨 15　梁其盨

周八条，再饰以瓦纹。山西曲沃晋侯墓地 M1 西周墓盗掘出土。现藏上海博物馆 3 件。其一通高 17.5、口径 13.6～21.3 厘米。器盖同铭 6 行 30 字。铭曰："隹正月初吉庚寅，晋侯䩹作宝尊盨……"为西周中期孝夷时器。

3 式　圈足四侧有"⌒"形缺口。盖上或有椭方形圈状捉手，或有两相连结的矩形纽，或有两相连结的翼形纽。

10. 白太师盨　盖顶有椭方形圈状捉手，兽首耳有螺状角。盖、器的口缘饰窃曲纹，盖顶和器腹则饰瓦纹。现藏美国西雅图美术博物馆。通高 20、口宽 39 厘米。器盖同铭 3 行 12 字（《集成》9.4394），表明作器者为白太师。年代属西周晚期。

11. 克盨　盖上矩形纽两相连结，兽首耳有螺状角。盖、器的口缘及圈足均饰窃曲纹，盖顶和器腹则饰瓦纹。1890 年陕西扶风法门寺任村出土，共 2 件，其一现藏美国芝加哥美术馆。通高 19.9、腹宽 21.3 厘米。器盖同铭 10 行 100 字，又重文 2（《集成》9.4465）。铭曰："隹十又八年十又二月初吉庚寅，王在周康穆宫，王令尹氏友、史䞃典善夫克田人，……"

此器与大、小克鼎同出，作器者均为"善夫克"，年代均为西周晚期厉王前后。

12. 师克盨　形制纹饰与克盨接近，但稍粗糙。两耳兽首无螺角。现藏故宫博物院。通高 21、口长 37.5 厘米。器盖同铭 14 行 147 字，又重文 2（《集成》9.4467）。铭文记述周王对克的两次册命，"令汝更乃祖考䟃嗣左右虎臣"，并有隆重赏赐。其年代应与克盨接近。

盨 16　兽叔盨

13. 杜伯盨　形制纹饰与师克盨一致。圈足缺口较浅，且无花纹。1894 年陕西韩城、澄城交界处出土，共数件，现分藏上海博物馆、故宫博物院等处。通高 16.8、口径 17.6 ~ 27.2 厘米。器盖同铭 4 行 30 字（《集成》9.4448 ~ 4452），表明作器者为杜伯。传世又有杜伯鬲。均为西周晚期后段器。

14. 虢季盨　形制与克盨相似，但兽首耳翘角。盖上矩形纽分列四处，并不两相连结。所饰窃曲纹中部有目，圈足饰无目窃曲纹。1990 年河南三门峡虢国墓地 M2001 西周墓出土，共 4 件。现藏河南省文物考古研究院。通高 18.6、口径 16 ~ 22.4 厘米。铭文 8 字："虢季乍旅盨永宝用。"为西周晚期偏晚时器。

15. 梁其盨　器身形制与克盨基本一致，盖纽为两两相连结的翼形，所饰窃曲纹有目。约 1940 年陕西扶风法门寺任村出土，现藏上海博物馆 2 件。其一通高 19、口径 15.9 ~ 22.8 厘米。器盖同铭 4 行 29 字，又重文 2（《集成》9.4446、4447）。表明作器者为梁其。梁其组器出土多件，其中钟、鼎和壶但称"梁其"，簋称"善夫梁其"，盨称"伯梁其"。均为西周晚期偏早时器。

16. 兽叔盨　形制与虢季盨相似。兽首耳有螺角。盖和器的缘部均饰横鳞纹，由中线分左右，圈足饰垂鳞纹。河南三门峡虢国墓地 M2006 西周墓出土，共 2 件，现藏河南省文物考古研究院。通高 20.4、口径 16.5 ~ 23 厘米。器盖同铭 4 行 33 字，又重文 2，系兽叔为孟姞所作媵器。为西周晚期后段器。

（五）尊

西周时期的铜尊，流行于早期和中期前段。当时有尊、卣匹配的现象，二者铭文内容相同，纹饰风格一致，成为一种常例。西周铜尊的基本特点是：喇叭形口，腹部粗壮，圈足稍侈，并多有折边。

Ⅰ型　有扉棱的筒形尊　9件

这种型别的尊，一般圈足较高，依照形制可分二式。

1式　器体断面呈圆形。

1. 父戊尊　扉棱微突，上中下成一直线。口外四扉棱及其间，饰八组蕉叶状兽面纹，其下饰蛇纹。腹部和圈足均饰卷角兽面纹，并在两侧辅以龙纹。1974年北京琉璃河燕国墓地 M 251 西周墓出土，现藏首都博物馆。通高 30、口径 23 厘米。器内底有铭文"干子↓父戊"5字（《集成》11.5800）。为西周早期器。同墓出土铭文相同的卣，但其纹饰风格并不一致（见后）。

2. 作宝彝尊　形制与父戊尊相似。口外四扉棱为中心，饰四组蕉叶形兽面纹，其下及圈足饰鸟纹。腹部饰兽面纹。1974年北京琉璃河燕国墓地 M 253 西周墓出土，现藏首都博物馆。通高 28.5、口径 22.5 厘米。器内底有铭文"作宝彝"3字（《集成》11.5711）。为西周

尊1　父戊尊　　　　　　　　　　　　尊2　作宝彝尊

早期器。同墓出土铭文相同的卣,腹部纹饰一致(见后)。

3.何尊　口圆而足椭方。扉棱透雕,突出。口下以四扉棱为中心,饰四组蕉叶形兽面纹,其下为蛇纹。腹部饰卷角兽面纹,角尖翘出器表。圈足亦饰兽面纹。1963年陕西宝鸡贾村出土,现藏宝鸡青铜器博物院。通高39、口径28.6厘米。器内底有铭文12行119字,又重文3(《集成》11.6014)。铭文记述"王初鄹宅于成周"时,对宗小子们所作训诰,时在王五祀四月丙戌日。训诰中称颂"文王受兹大命"、"武王克大邑商"。学者公认其为成王时期标准器。

4.伯各尊　形制纹饰与何尊相似。口外蕉叶及其以下,均为回顾式龙纹。腹部所饰卷角兽面纹,角尖翘出器表。圈足饰鸟纹。1976年陕西宝鸡竹园沟M7西周墓出土,现藏宝鸡青铜器博物院。通高25.8、口径20.7厘米。器内底有铭文"伯各作宝尊彝"6字(《集成》11.5844)。为西周早期器。同墓出土铭文相同的卣,腹部纹饰一致(见后)。

5.商尊　形制与何尊相似。口外饰八组蕉叶形龙纹,其下饰分体鸟纹。腹部饰展体式卷角兽面纹。圈足饰折角兽面纹。1976年陕西扶风庄白1号青铜器窖藏出土,现藏宝鸡青铜器博物院。通高30.4、口径23.6厘米。器内底有铭文5行30字(《集成》11.5997)。铭曰:"佳五月辰在丁亥,帝后赏庚姬贝卅朋,达兹廿孚,商用乍文辟日丁宝尊彝。"铭末有"析子孙"族徽铭记。为西周早期器。

6.折尊　形制与何尊相似。口外饰八组蕉叶形鸟纹,其下及圈足饰回顾式龙纹。腹部

尊3　何尊

尊4　伯各尊

尊5　商尊　　　　　　　　　　　　　　尊6　折尊

则饰展体式卷角兽面纹。1976年陕西扶风庄白1号青铜器窖藏出土,现藏宝鸡市周原博物馆。通高 32.5、口径 25.9 厘米。器内底有铭文 6 行 42 字(《集成》11.6002)。铭曰:"隹五月王在斥,戊子令乍册折兄望土于相侯,易金,易臣,扬王休,隹王十又九祀……"文末有"木羊册"族徽铭记。同坑出土的铜器中,还有方彝和觥,与此铭文相同(方彝见后)。学者公认其为昭王时器。

2式　器体口圆下方。

7.**令方尊**　器体四角及颈下四边中间,有突起的八条扉棱。口下饰八组蕉叶形倒置鸟纹。颈部四面各饰一对鸟纹。腹部和圈足,四面均饰卷角兽面纹。1929年河南洛阳马坡出土,现藏台北故宫博物院。通高 28.6、口径 23.4 厘米。器内底有铭文 10 行 187 字,又重文 2(《集成》11.6016)。铭曰:"隹八月辰在甲申,王令周公子明保尹三事四方,……丁亥,令夨告于周公宫,……隹十月月吉癸未,明公朝至于成周,……甲申,明公用牲于京宫。乙酉,用牲于康宫,……"但未记王年。铭末有"隽册"族徽铭记。学者公认其为昭王时器。

8.**荣子方尊**　形制纹饰与令方尊接近,惟圈足饰相背的回顾式龙纹。现藏日本神户白鹤美术馆。通高 27.8 厘米。器内底有铭文"荣子作宝尊彝"6 字(《集成》11.5843)。传世有两件荣子方彝,铭文与方尊相同,纹饰风格相似(见后)。均为西周早期偏晚时器。

9.**盂方尊**　器体较矮小,两侧有象鼻形卷耳。口外以扉棱为中心,饰相背的龙纹。腹部中间饰圆涡纹,两侧填以回顾式龙纹。圈足饰解体式龙纹。所有龙纹均有花冠。象鼻形

尊 7　令方尊

尊 8　荣子方尊

尊 9　盂方尊

尊 10　保尊

113

耳上,又饰卷体兽面纹。1955 年陕西眉县李村出土,现藏陕西历史博物馆。通高 17.2、口径 17 厘米。器内底有铭文 10 行 107 字,又重文 1(《集成》11.6013)。铭曰:"隹八月初吉,王各于周庙,穆公右盠,……"又有盠方彝与此同铭(见后)。均为西周中期后段约当懿孝时器。

Ⅱ型　无扉棱的筒形尊　14 件

这种型别的尊,又可分为三式。

1 式　一般圈足较高,有的无折边。口下至足接近平直。口外和圈足光素,仅腹部有上下均辅两周弦纹的纹饰。

10. 保尊　腹部饰细雷纹衬底的卷角兽面纹,并在上下辅以连珠纹。1948 年河南洛阳出土,现藏河南博物院。通高 24.5、口径 18.5 厘米。器内底有铭文 8 行 46 字(《集成》11.6003)。铭曰:"乙卯,王令保及殷东国五侯,……遘于四方,迨王大祀,祓于周,在二月既望。"同坑出土一卣,铭文内容相同,纹饰风格一致(见后)。均为西周早期成王时器。

11. 渣伯逯尊　腹部饰兽面纹,上下辅以两周弦纹。约 1931 年河南浚县辛村出土。器不知所在,亦不详其尺寸。器内底有铭文 2 行 11 字(《集成》11.5954),系渣伯逯为其亡父作器。此作器者,与康侯簋中的渣司徒逯为同一个人。其年代应属西周早期成康时。同坑

尊 11　渣伯逯尊　　　　　　　　　　　尊 12　卿尊

尊 13　犀叔尊

尊 14　竹园沟鸟纹尊

尊 15　复尊

尊 16　耳尊

出土两件铭文相同、纹饰相类的卣（见后）。甘肃灵台白草坡 1 号墓出土的潶伯尊与此风格一致。

12. 卿尊　腹的中部光素，上部饰相背的回顾式龙纹，下部饰相对的长尾鸟纹，并都有小兽头突饰。现藏美国哈佛大学萨克勒美术博物馆。通高 24.2、口径 20.2 厘米。器内底有"卿作厥考宝尊彝"铭文 7 字（《集成》11.5889）。《澂秋馆吉金图》著录铭文相同的二卣，所饰相背的龙纹与尊风格一致（见后）。又有鼎和簋，均饰列旗式兽面纹带，铭文则为相同的 18 字："公违省自东，在新邑，臣卿易金用作父乙宝彝。"这组铜器的年代，均属西周早期。

13. 塱刧尊　腹的中部饰直棱纹，上下饰相对的长尾鸟纹。现不知所在，亦不详其尺寸。器内底有铭文 3 行 16 字（《集成》11.5977）。铭曰："王征埜，易塱刧贝朋……"传世又有铭文相同的卣，纹饰风格一致（见后）。为西周早期器。

14. 竹园沟鸟纹尊　纹饰与塱刧尊相似，惟所饰长尾鸟纹均回首。1976 年陕西宝鸡竹园沟 M13 西周墓出土，现藏宝鸡青铜器博物院。通高 25.4、口径 17.4 厘米。无铭。同墓出土两件纹饰风格一致的卣（见后）。为西周早期器。

2 式　一般圈足较高，腹部微鼓，全身呈明显的三段。

15. 复尊　腹的中部光素，上下均饰回顾式龙纹带，外侧再各加两周弦纹。1974 年北

尊 17　召尊　　　　　　　　　　　　尊 18　作册睘尊

京琉璃河 M52 西周墓出土,现藏首都博物馆。通高 24、口径 20 厘米。器内底有铭文 3 行 17 字(《集成》11.5978)。铭曰:"匽侯赏复冂衣、臣妾、贝,用乍父乙宝尊彝。"铭末有"析子孙"族徽铭记。为西周早期器。

16.耳尊 腹的中部光素,上下均饰回顾式展体龙纹,并在两侧辅以连珠纹,外侧又有两周弦纹。现藏故宫博物院。通高 25、口径 20 厘米。器内底有铭文 7 行 52 字(《集成》11.6007)。铭曰:"隹六月初吉,辰在辛卯,……侯休于耳,易臣十家……"为西周早期器。

17.召尊 通体光素,仅腹的上部两侧有兽头突饰。现藏上海博物馆。通高 20、口径 19 厘米。器内底有铭文 7 行 46 字(《集成》11.6004)。铭曰:"唯九月在炎自,甲午,白懋父赐召白马,……"传世又有一件铭文内容相同、形制风格一致的召卣(见后)。白懋父见于小臣谜簋,小臣宅簋、师旂鼎等器(分别提到伐东夷、征于方等事),这里的"在炎师"或与令簋的"伐楚伯在炎"有关,似为同时之器。该器日辰为"九月既死霸丁丑",与此不协。应为西周早期后段约当昭王前后器。

18.作册睘尊 形制纹饰与召尊基本一致,但腹部上下均有两周弦纹。器不知所在。《通考》载:高六寸四分。器内有铭文 4 行 25 字又重文 2(《集成》11.5989)。铭曰:"在斥,君令余乍册睘安尸伯,尸伯宾用贝布,……"铭末有"人"族徽铭记。传世有一件作册睘卣,形制风格与此一致,铭文内容基本相同(见后),但前有"隹十又九年"。为西周早期后段约当

尊19 丰尊

尊20 效尊

尊21　琉璃河鸟纹尊

尊22　叹尊

尊23　趞尊

尊24　强季尊

昭王前后器。

3式 一般圈足较矮。器体筒形而垂腹。

19.丰尊 器体较矮,通体饰不同姿态的花冠鸟纹,惟圈足光素。口外四组鸟纹,两两相对,呈蕉叶状,颈部凤鸟分尾,相对于兽首突饰两侧呈带状,腹部凤鸟垂尾,亦两两相对。1976年陕西扶风庄白1号青铜器窖藏出土,现藏宝鸡市周原博物馆。通高16.8、口径16.8厘米。器内底有铭文5行31字,又重文2(《集成》11.5996)。铭曰:"隹六月既生霸乙卯,王在成周,令丰殷大矩,大矩易丰金、贝,……"铭末有"木羊册"族徽铭记。同坑出土的丰卣,铭文与此相同,纹饰风格一致(见后)。学者公认其为穆王时器。

20.效尊 器体比丰尊瘦高。口外饰四组相对的倒置凤鸟纹,颈饰相背的回顾式龙纹,腹部饰相对的花冠垂尾凤鸟纹,圈足饰解体龙纹。传洛阳或长安出土。现藏日本神户白鹤美术馆。通高21.2、口径15.7厘米。器内底有铭文7行57字,又重文3、合文3(《集成》11.6009)。铭曰:"隹四月初吉甲午,王雚于尝,公东宫内乡于王,王易公贝五十朋,公易厥涉子效王休贝廿朋……"传世又有铭文相同,纹饰相类的效卣(见后)。为西周中期偏早时器。

21.琉璃河鸟纹尊 颈部较直,饰凸起的回顾式卷尾鸟纹,并有弦纹边框。1974年北京琉璃河M53西周墓出土,现藏首都博物馆。通高16.1、口径16厘米。无铭。为西周早期偏晚时器。

22.㲋尊 形制与丰尊相似。通体光素,仅颈下有两周弦纹和兽首突饰。现藏上海博

尊25 㲋尊

尊25 㲋尊铭文拓片

物馆。通高 17、口径 16.3 厘米。器内底有右行铭文 5 行 51 字，又重文 2(《集成》11.6008)。铭曰："隹十又三月既生霸丁卯，叝从师雔父戍于斠自之年，……仲竞父易赤金，……"从师雔父戍古自事，又见遹簋和稺卣。为西周中期偏早时器。

23.赵尊 形制与效尊相似，而颈较长。颈的下部饰相背于兽头突饰的回顾式龙纹宽带，圈足饰双列式目纹。现藏美国华盛顿弗利尔美术馆。通高 20.5、口径 17.5 厘米。器内底有铭文 4 行 27 字，又重文 1(《集成》11.5992)。铭曰："隹十又三月辛卯，王在斥，易赵采曰敵，易贝五朋，……""王在斥"见于前述乍册睘尊，年代属西周早期偏晚约当昭王前后。传世又有铭文相同、纹饰相类的赵卣(见后)。

附载:2 件

24.弭季尊 形制独特，仅此一见。器身与Ⅱ型 3 式尊接近，大口垂腹，但其断面为椭方形，腹侧有兽首鋬，下承四扁平虎足。腹的上部，饰回顾式龙纹和鸟纹组成的宽带，上下又辅以一周弦纹。1976 年陕西宝鸡竹园沟 M4 西周墓出土，现藏宝鸡青铜器博物院。通高 22.1、口径 19.1～19.5 厘米。器内底有铭文"弭季作宝旅彝"6 字(《集成》11.5858)。同墓出土铭文相同、纹饰相类的弭季卣(见后)。为西周早期器。

25.趧尊 或称"趧觯"、"趧簋"。形制与无耳簋相似，而圈足稍高。颈部饰相对的长冠鸟纹宽带，长尾分离下卷。现藏上海博物馆。通高 11.2、口径 12.9 厘米。器内底有铭文 8 行 68 字(《集成》12.6516)。铭曰："隹三月初吉乙卯，王在周，各大室。咸。井叔入右趧，王乎内史册令趧，……隹王二祀。"井叔见于召鼎、井叔钟、井叔方彝等西周中期器，此器年代应为孝王前后。

（六）卣

关于铜卣的形制变化，陈梦家先生曾于1945年末根据250多件器物图像进行排比分析，将其区分为11型（A至H），有6型又进一步分为2式（a、b）或3式（a、b、c）[1]。后来，编撰《流散美国的中国铜器集录》一书，收录铜卣图像76件，仍区分11型，顺序有所调整。其中，除鸮卣等二型仅见于殷代外，五型由殷代延续至西周初期，四型见于西周初期和中期。现在看来，陈先生所作分析是正确的。我们从典型资料出发，再对西周时期铜卣的形制作些说明。

Ⅰ型　长颈壶形卣　3件

这种型别的卣上承殷代。其主要特点是：器身平口，盖舌纳于口中，盖顶有圈形捉手。依照器体形状，可再分为二式：

1式　器体断面呈圆形。

1. 父己卣　盖缘、器颈和圈足均饰回顾式双头龙纹宽带，器颈龙纹两侧，又辅以连珠纹。1974年陕西宝鸡竹园沟M13西周墓出土，现藏宝鸡青铜器博物院。通梁高36.3、通盖高

卣1　父己卣

卣2　渣伯逨卣

---

[1]　陈梦家《中国青铜器的形制》，《全美中国艺术学会年报》第1期，1945~1946年。张长寿译文，见《西周铜器断代》，中华书局1999年版。

33.8、口径 10.5 厘米。器内底有铭文"父己"二字。外底有阳文刀形符号。为西周早期器。

2 式　器体断面呈椭圆形。

2. 渣伯逶卣　盖缘和器颈饰虎耳竖尾龙纹宽带，腹部以平素宽带组成田字形网格，下缘有纵向半环纽，圈足饰相对的分体卷尾鸟纹。扁平提梁两端有带角兽头。1931 年河南浚县辛村出土，共 2 件，其一现藏日本东京出光美术馆。通高 35.8、口径 20.6 厘米。器盖同铭 2 行 11 字（《集成》10.5364）。此器与前述同铭尊均为西周早期成康时器。

3. 作宝彝卣　盖面饰内卷角兽面纹，并填补以相对的长冠鸟纹，颈部饰相对的虎耳龙纹，腹部满饰内卷角兽面纹，圈足饰双列式目纹。1974 年北京琉璃河 M253 西周墓出土，现藏首都博物馆。通高 31.8、口径 13 厘米。器盖同铭"作宝彝"3 字（《集成》10.5035）。为西周早期器。

Ⅱ型　扁圆体罐形卣　18 件

这种型别的卣，是西周早中期的主要样式。器身奁口，盖罩于器口之外，腹均下垂，提梁两端多有兽头。依照盖的形制，可再分为三式：

1 式 a　盖缘方折，花蕾形纽，没有扉棱。

4. 父戊卣　盖缘和器颈均饰相对的卷尾龙纹宽带，圈足饰相向的卷体龙纹宽带，并在两侧辅以连珠纹。提梁两端饰卷角兽头。1974 年北京琉璃河 M251 西周墓出土，现藏首都博物馆。通高 31.2、口径 15.2 厘米。铭文"干子工父戊"5 字（《集成》10.5195）。此器与

卣 3　作宝彝卣　　　　　　　　　　卣 4　父戊卣

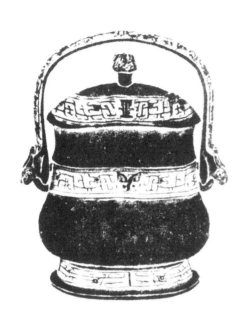

卣5　卿卣

卣6　商卣

卣7　伯各卣

卣8　保卣

123

前述同铭尊,均为西周早期器。

5.卿卣 盖缘和器颈均饰相背的回顾式龙纹宽带,圈足饰双列式目纹。提梁两端有直角的兽头。《澂秋馆吉金图》著录2件,其一现藏美国哈佛大学萨克勒美术博物馆。高29、宽16.2～23厘米。器铭2行7字"卿作厥考宝尊彝",盖铭缺"宝"字(《集成》10.5259)。此器与前述同铭尊,均为西周早期器。

1式b 形制与1式a基本一致。但器和盖的纵横两侧,都有突起的透雕扉棱。

6.商卣 盖面两端和器腹两面均饰卷角兽面纹,盖缘、器颈和圈足则饰分体卷尾鸟纹。提梁两端有直角的兽头。1976年陕西扶风庄白1号青铜器窖藏出土,现藏宝鸡市周原博物馆。通梁高38.6、口径13.2～16.7厘米。器盖同铭5行30字,又重文2(《集成》10.5406)。铭文内容与商尊相同。为西周早期器。

7.伯各卣 盖面两端和器腹两面均饰卷角翘出的兽面纹,盖缘和器颈饰相背的回顾式卷尾龙纹,圈足饰相对的卷尾龙纹。提梁两端有弯角羊头,上部转折处均有翘角牛头。花蕾形纽呈初开状。1974年宝鸡竹园沟M7西周墓出土,共2件,现藏宝鸡青铜器博物院。其一通梁高33.6、口径10.4～12.6厘米。其二通梁高27.5、口径8.5～10.7厘米。器盖同铭2行6字"伯各作宝尊彝"(《集成》10.5232)。此器与前述同铭尊,均为西周早期器。

2式 盖缘方折,圈形捉手,没有扉棱。

8.保卣 盖缘和圈足较高,提梁两端有直角兽头。纹饰与保尊相类。盖顶和器颈均饰同向式双头龙纹宽带,上下辅以连珠纹;圈足饰斜角式双头龙纹。1948年河南洛阳出土,现藏上海博物馆。通高25.8、口径9.4～12.2厘米。器盖同铭7行46字(《集成》

卣9　趠卣　　　　　　　　　　卣10　竞卣甲

10.5415)。铭文内容与保尊相同。为西周早期成王时器。

9. 趞卣 纹饰与趞尊相类。盖顶和器颈饰回顾式龙纹宽带,圈足饰双列式目纹。提梁两端有兽头。现藏美国华盛顿弗利尔美术馆。通高 24.2、口径 16.3～22 厘米。器盖同铭 4 行 28 字,又重文 1(《集成》10.5402)。铭文内容与趞尊相同。为西周早期昭王前后器。

10. 竞卣甲 通体光素。盖顶和器颈饰两道弦纹,后者前后身弦纹间又有小兽首。提梁两端兽头大耳尖喙。约 1926 年洛阳邙山庙沟出土,现藏加拿大多伦多安大略博物馆。通高 23.5、器宽 23 厘米。器盖同铭 2 行 5 字“竞作父乙䵼”(《集成》10.5154)。同坑出土铭文相同的尊、盉、尊的纹饰与此卣相类,盉的形制则与克盉、士上盉相似。另一竞卣和竞簋,铭文字数较多,所记史事与“伯犀父”有关,也是为父乙作器(另一竞卣见后)。这组铜器的年代,应属西周中期偏早时。

附载:

11. 強季卣 下腹弛垂较甚,提梁两端有大耳尖喙兽头。纹饰与強季尊相类,盖缘和器颈均饰回顾式龙纹和鸟纹组成的宽带,也有四只扁平虎足。1976 年陕西宝鸡竹园沟 M4 西周墓出土,现藏宝鸡青铜器博物院。通梁高 27.3、通盖高 23.2、口径 12.8～15.6 厘米。器盖同铭 2 行 6 字“強季作宝旅䵼”(《集成》10.5241)。此器与同铭尊,均为西周早期器。

3 式 形制与 2 式相似而腹垂弛更甚,盖面两侧有竖立的犄角。

12. 召卣 通体光素,惟盖顶和器颈的前后两侧有小兽头突饰。提梁两端有尖喙兽头。现藏上海博物馆。通高 22.6、口径 9.9～13.9 厘米。器盖同铭 7 行 46 字(《集成》10.5416)。铭文内容与召尊相同。为西周早期昭王前后器。

卣 11　強季卣　　　　　　卣 12　召卣

卣 13　作册嬰卣　　　　　　　　　　　　卣 14　作册虢卣

13. 作册嬰卣　形制纹饰与召卣相似,而器体稍高。器不知所在,亦不详其尺寸。器盖同铭 4 行 33 字,又重文 2(《集成》10.5407)。铭文内容与作册嬰尊基本一致。铭曰:"隹十又九年,王在斥。王姜令乍册嬰安尸伯,尸伯宾嬰贝布。扬王姜休,用乍文考癸宝尊器。"为西周早期偏晚约当昭王前后器。

14. 作册虢卣　形制与召卣相似,通体光素,盖顶和器颈无兽头突饰。解放前后洛阳出土,现藏故宫博物院。通高 23.5、口径 10 ~ 12 厘米。器盖同铭 6 行 60 字,又重文 3(《集成》10.5432)。铭曰:"隹公大史见服于宗周年,在二月既望乙亥,……雩四月既生霸庚午,王遣公大史。公大史在丰,赏乍册虢马。……"为西周早期偏晚时器。

15. 竞卣乙　器体稍矮。盖顶周边和器颈均饰相对的垂冠分尾鸟纹。提梁两端有尖喙兽首。约 1926 年洛阳邙山庙沟出土,现藏日本京都泉屋博古馆。通高 20 厘米。器盖同铭51字,记述白犀父由成自出发,东成南夷,正月既生霸辛丑日在一处馆舍,赏给竞玉璋,竞为父乙制作祭器。为西周中期偏早时器。

16. 㗸刧卣　器体较同式其他器瘦高,提梁也长。盖顶周边、外沿、器颈和圈足均饰相对的卷尾鸟纹。盖顶中部和器腹均饰直棱纹。提梁两端有大耳兽头。现藏美国旧金山亚洲艺术博物馆。通高 17.8 厘米。器盖同铭 3 行 16 字(《集成》10.5383)。铭文内容与㗸刧尊相同。为西周早期器。

17. 繁卣　器体断面圆形。盖顶外侧和器颈均饰相对的分尾鸟纹宽带。提梁两端有弯角兽头。现藏上海博物馆。通高 20、口径 12.5 厘米。器盖同铭 7 行 62 字 (《集成》10.5431)。铭曰:"隹九月初吉癸丑,公彲祀。雩旬又一日,辛亥,公啻彲辛公祀。……"为

卣 15　競卣乙

卣 16　犅刦卣

卣 17　繁卣

卣 18　庚嬴卣

卣 19　丰卣

卣 20　效卣

西周中期偏早时器。

4 式 a　形制与 3 式接近。盖缘圆折，两端有竖立的犄角。

18. 庚嬴卣　盖、器均满饰相对的花冠凤鸟纹，圈足饰垂冠长尾鸟纹。提梁两端有兽头。现藏美国哈佛大学萨克勒美术博物馆。通高 29.1、宽 17.8～28.8 厘米。器盖同铭（器铭 5 行，盖铭 7 行）50 字，又重文 2、合文 1（《集成》10.5426）。铭曰："隹王十月既望，辰在己丑，王逆于庚嬴宫。王蔑庚嬴曆，易贝十朋，……"为西周早期偏晚时器。

19. 丰卣　形制与庚嬴卣相似。纹饰与丰尊相类。盖面满饰相对的鸟蛇相间花纹，器颈和腹饰相对的花冠分尾凤鸟纹。1976 年陕西扶风庄白 1 号青铜器窖藏出土，现藏宝鸡市周原博物馆。通梁高 21、口径 8.8～12.2 厘米。器盖同铭 5 行 31 字，又重文 2（《集成》10.5403）。铭文内容与丰尊相同。为西周中期穆王时器。

20. 效卣　形制与庚嬴卣相似。纹饰与效尊相类。盖面和器腹满饰相对的花冠凤鸟纹，颔下有一条羽饰上卷，器颈和圈足饰回顾式龙纹。传河南洛阳出土，现藏上海博物馆。通高 24.3、口径 9.7～13.2 厘米。器盖同铭 7 行 66 字，又重文 2（《集成》10.5433）。铭文内容与效尊相同。为西周中期偏早时器。

4式 b 形制与 4 式 a 基本一致。但盖和器的纵横两侧，都有突起的透雕扉棱。

21. 士上卣 又称臣辰卣。盖顶和器腹均饰相对的象纹，盖缘和器颈饰回顾式花冠分尾鸟纹，圈足饰蛇纹。提梁两端有弯角羊头。1929 年洛阳马坡出土，共 2 件。一件较大，现藏美国哈佛大学萨克勒美术博物馆，通梁高 27.1 厘米。一件较小，现藏日本神户白鹤美术馆，通梁高 21.5、口径 8.3~10.7 厘米。器盖同铭 8 行 50 字（《集成》10.5421、5422）。铭曰："佳王大龠于宗周……在五月既望辛酉，王令士上眔史黄殷于成周……"文末有"臣辰册⬩"族徽铭记。同坑出土一盉，铭文内容与此相同。为西周早期昭王时器。

Ⅲ型　直筒形卣　2件

这种型别的卣颇为罕见。器体上下直径一致，

卣 22　陵伯卣

卣 21　士上卣

卣 23　竹园沟鸟纹卣

有圈形捉手,盖有子口纳入器口。扁平提梁两端有兽首。

22. 𨻰伯卣　盖缘和器腹上下,均饰长冠卷尾鸟纹宽带,宽带上下又加若干道弦纹。提梁两端有牛头。1972 年甘肃灵台白草坡 M2 西周墓出土,共 2 件,现藏甘肃省博物馆。一件较大,通梁高 32、口径 13 厘米。一件较小,通梁高 26、口径 12 厘米。器盖同铭 2 行 6 字:“𨻰伯乍宝尊彝”(《集成》10.5224、5225)。该墓地 M1 西周墓所出潶伯卣与此形制相同,三段纹饰则为垂冠长尾鸟纹,提梁两端为羊首。均为西周早期器。

23. 竹园沟鸟纹卣　纹饰与竹园沟鸟纹尊相类。盖缘和器腹上下均饰回顾式长尾鸟纹,盖顶和器腹中部饰直棱纹。提梁两端有带角兽头。1974 年宝鸡竹园沟 M13 西周墓出土,共 2 件,现藏宝鸡青铜器博物院。一件较大,通梁高 33.3、通盖高 29、口径 12.4 厘米。一件较小,通梁高 27、通盖高 23.5、口径 10.1 厘米。均无铭。为西周早期器。

（七）壶

西周时期的铜壶发现较多,形制纹饰的变化也很明显。一般器体较高,断面主要有椭圆形和圆形两种。西周早期铜壶的形制,与商代晚期不易区别。其中某些带提梁者,或被称作壶,或被称作卣,本文将其归入卣类。根据西周铜壶的形制变化,可以分为三型。

Ⅰ型　椭圆体壶　1件

此型壶的特点是:器体断面呈扁圆形。宽口,颈较直,腹微鼓,下有圈足。有盖者带较小的圈形捉手。

1. 伯矩壶　无耳,器腹和盖饰兽面纹,颈部饰鸟纹,圈足饰变形龙纹。美国纽约罗勃兹氏曾收藏。通高 24.7 厘米。器内底有铭文 2 行 6 字:"伯矩作宝尊彝"(《集成》15.9568)。为西周早期器。

现归入卣类的壶形提梁器器身均属此型,作器者有臣辰 🦌、渣伯逯等。

Ⅱ型　圆体壶　10件

器体断面呈圆形。长颈,鼓腹。盖上有宽大的圈形捉手。

1式　器体瘦长,两侧有贯耳。

2. 长由墓壶　盖上捉手有相对的两方孔。纹饰模糊不清。1954 年陕西长安普渡村西

壶1　伯矩壶　　　　　　　　　　　壶2　长由墓壶

壺3　马厂沟壶

壺4　三年痹壶

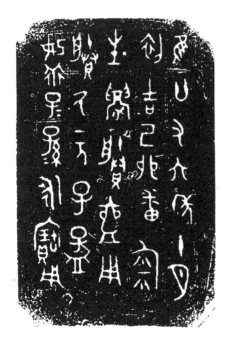

壺5　番匊生壶铭文拓片

壺5　番匊生壶

周墓出土,现藏陕西历史博物馆。通高38、口径8.4厘米。无铭。同墓出土的长由盉,铭文有穆王,又提到井伯。此壶年代应与之接近。

3.马厂沟壶 形制与长由墓壶相似。失盖。纹饰为素朴的田字形宽带网格。1955年辽宁喀左马厂沟小转山子出土,现藏辽宁省博物馆。高41.5厘米。无铭。为西周早期器。

2式a 圆鼓腹下垂。双耳作螺角兽首状,并有套环。通体饰波浪纹三周。

4.三年㻬壶 盖缘和圈足饰窃曲纹(盖缘有目)。器体所饰波浪纹,宽带平整。1976年陕西扶风庄白1号青铜器窖藏出土,共2件,现藏宝鸡市周原博物馆。通高65.4、口径19.7厘米。盖舌周围有铭文12行60字(《集成》15.9726、9727)。铭曰:"隹三年九月丁子(巳),王在奠,乡醴。乎虢叔召㻬,易羔俎。己丑,王在句陵,……乎师寿召㻬,易彘俎。……"为西周中期偏晚约当孝王前后器。

5.番匊生壶 形制纹饰与三年㻬壶基本一致,惟盖缘饰波浪纹,圈足饰窃曲纹。器体所饰波浪纹,宽带稍凹。现藏美国旧金山亚洲艺术博物馆。通高60.9厘米。器内有铭文5行32字(《集成》15.9705)。铭曰:"隹廿又六年十月初吉己卯,番匊生铸媵壶,用媵厥元子孟妃乖,……"此壶具西周中期偏晚特征,考虑到器铭王年较高,或可晚至夷厉前后。

6.师望壶 失盖。形制纹饰与三年㻬壶基本一致,惟圈足改饰横鳞纹。现藏英国伦敦不列颠博物馆。通高45.5厘米。器内有铭文4行16字,又重文2、合文1(《集成》15.9661)。作器者为"大师小子师望"。同作器者之器,又有师望鼎。为西周中期偏晚时器。

7.几父壶 形制纹饰与三年㻬壶基本一致。盖缘亦饰带目窃曲纹。器体纹饰,第一二道波曲纹间(即耳际),多一道带目窃曲纹。圈足饰交连龙纹。1960年陕西扶风齐家村青铜器窖藏出土,共2件,现藏陕西历史博物馆。通高60.1、口径16厘米。铭文9行55字,又重文2(《集成》16.9721、9722)。铭曰:"唯五月初吉庚午,同中竷西宫,易几父示棽六、仆四家、金十钧,……"为西周中期偏晚时器。

8.弭叔壶 形制纹饰与几父壶一致。1959年陕西蓝田寺坡出土。现藏陕西历史博物馆。为西周中期偏晚时器。

2式b 形制与1式基本一致,纹饰则各不相同。

9.十三年㻬壶 两耳兽首仍作螺角。器身颈部饰鸟纹。腹部饰鳞纹组成的田字形网格,盖缘亦饰鳞纹,圈足饰波浪纹。1976年陕西扶风庄白1号青铜器窖藏出土2件,现藏宝鸡市周原博物馆。通高59.6、口径16.8厘米。盖舌和器口外壁有铭文56字(盖铭14行,器铭11行)(《集成》15.9723、9724)。铭曰:"隹十又三年九月初吉戊寅,王在成周嗣土淲宫,各大室,即位。徲父右㻬,王乎乍册尹册易㻬……"为西周中期孝王前后器。

10.杨姞壶 器颈比前数器稍粗。两耳兽首翘角。盖缘和器颈饰波浪纹。器腹纹饰为带目窃曲纹、横鳞纹和瓦纹相间,圈足饰带目窃曲纹。1993年山西曲沃晋侯墓地M63西

壶6　师望壶

壶8　弭叔壶

壶7　几父壶

壶9　十三年疢壶

壶9　十三年疢壶铭文拓片

壶 10　杨姞壶

壶 11　虢国 2006 号墓壶

壶 12　梁其壶

壶 13　晋侯听壶

周墓出土,共2件,现藏山西省考古研究所。通高35.8、口径12.4厘米。盖舌和器口内壁有铭文9字:"杨姞作羞醴壶永宝用。"为西周晚期偏晚时器。

11. 虢国2006号墓壶　形制与杨姞壶基本一致。两耳兽首螺角。盖缘饰方格纹。器颈饰波浪纹,以下为带目窃曲纹、大小相间横鳞纹(两周)和变形雷纹,圈足则饰鳞纹。河南三门峡虢国墓地M2006西周墓出土,共2件,现藏河南省文物考古研究院。通高37.2、口径11.4厘米。为西周晚期偏晚时器。该墓地M2001西周墓出土的两件圆壶,形制与此相仿。

Ⅲ型　椭方体壶　8件

器体断面为椭方形。高盖,长颈垂腹,高圈足。两侧有带套环的兽首形耳。这种型别的壶,根据盖和耳的形状,可再分为三式。

1式　器身敛口,口上有镂空花冠,兽头耳有上扬的象鼻。

12. 梁其壶　口上所饰镂空花冠为波浪纹。盖顶饰圆雕卧牛。两耳所饰兽首翘角,又有上扬的象鼻。口下和耳际均饰带目的窃曲纹一周,耳上饰倒三角纹一周,器腹两面均以宽带分为四大格,每格填一带目的窃曲纹,圈足饰两周弦纹。传1940年陕西扶风法门寺任村出土,共2件,其一现藏陕西历史博物馆。通高35.6、腹宽30厘米。器口和盖缘的外

壶14　晋侯邦父墓壶

壶15　晋叔家父壶

壶 16　虢季壶

壶 17　颂壶

壶 17　颂壶铭文拓片

壶 18　伯克壶

壶 19　晋侯 102 号墓壶

壶 18　伯克壶铭文摹本

壁有铭文 45 字（《集成》15.9716）。铭曰："佳五月初吉壬申，梁其乍尊壶，用享孝于皇且考……"为西周晚期偏早时器。

13. 晋侯听壶　形制与梁其壶相似。盖面饰蛟龙纹，并有镂空山形捉手。口下和圈足饰带目窃曲纹，颈饰波浪纹和横鳞纹，腹部饰突起的蛟龙纹。1992 年山西曲沃晋侯墓地 M 8 西周墓出土，共 2 件，现藏山西省考古研究所。其一通高 68.8、腹径 24 ~ 35.2 厘米。盖内有铭文 4 行 26 字。铭曰："佳九月初吉庚午，晋侯听乍尊壶，用享于文祖皇考……"为西周晚期厉王前后器。

2 式　器身形制与 1 式一致，全器口平齐。盖上有圈形捉手，下部插入器口，却置呈杯形。纹饰与梁其壶基本一致，主要饰带目窃曲纹。捉手外和圈足则饰弦纹。

14. 晋侯邦父墓壶　纹饰与梁其壶稍有差别，耳上无三角纹。1993 年山西曲沃晋侯墓地 M 64 西周墓出土，共 2 件，现藏山西省考古研究所。通高 54.5、腹宽 22.6 厘米。无铭。同墓出土的铜鼎系"晋侯邦父"所作，表明该墓墓主应是晋侯邦父。为西周晚期偏晚器。

15．晋叔家父壶　纹饰与梁其壶基本一致，惟盖缘和颈部所饰窃曲纹无目，圈足改饰斜角云纹。1994 年山西曲沃晋侯墓地 M93 西周墓出土，共 2 件，现藏山西省考古研究所。通高 50.8、口长 18.8 厘米。盖铭 18 字。表明作器者为"晋叔家父"。其年代应属西周末或春秋初期。

16．虢季壶　形制与晋侯邦父、晋叔家父二壶相似，纹饰则不相同。盖缘、器颈和腹所饰均非窃曲纹，改变为形状不同的鸟纹。盖顶捉手和圈足饰斜角云纹。1990 年河南三门峡虢国墓地 M2001 西周墓出土，现藏河南省文物考古研究院。通高 48.5、口径 11.5～16.5 厘米。器铭 18 字，表明作器者为"虢季"。其年代应属西周晚期后段。

3 式　形制与 2 式基本一致，兽首耳无上扬的象鼻。

17．颂壶　盖缘饰带目窃曲纹，捉手和圈足饰鳞纹，器身颈部饰波浪纹，腹部饰蛟龙纹。现藏台北故宫博物院。通高 63、腹宽 37 厘米。器盖同铭（器铭 21 行，盖铭 37 行）149 字，又重文 2（《集成》15.9731）。铭文内容与颂鼎、颂簋相同。为西周晚期厉王前后器。

18．伯克壶　器佚，《博古图录》所摹图像失真。因纹饰与颂壶接近，颈部饰波浪纹，腹部饰蛟龙纹，圈足亦为波浪纹，暂附于此。陕西岐山出土。器内有铭文 11 行 56 字，又重文 2（《集成》15.9725）。铭曰"隹十又六年七月既生霸乙未"，伯克受到白太师的赏赐因而作器。为西周晚期厉王前后器。

19．晋侯 102 号墓壶　形制与颂壶基本一致。主要纹饰为与 2 式相似又有不同的窃曲纹，捉手则饰横鳞纹。1994 年山西曲沃晋侯墓地 M102 西周墓出土，现藏山西省考古研究所。通高 48.6 厘米。无铭。为西周末或春秋初器。

扶风召陈村青铜器窖藏出土的椭方形散车父壶，形制与Ⅲ 3 式接近，又有较大的差别，主要是两贯耳、颈部以下遍饰鳞纹。年代属西周中期后段。

(八) 方彝

西周时期的方彝发现较少,主要见于早期和中期。依照腹壁形状等特征,可以分为三型。

Ⅰ型　直壁方彝　2件

形制与商代晚期接近。断面长方形。器身的四隅和壁间均有扉棱。盖面也有相应的扉棱。纽作高耸的屋顶形。

1式　腹壁下敛。

1. 四出戟方彝　体大而形异。器身两侧四出戟可以当柄,盖顶四出戟可以却置当足。盖和器身中部饰直纹,上部和下部则饰龙纹。1928年陕西宝鸡斗鸡台(又称"祀鸡台")出土,共2件,其一现藏美国哈佛大学萨克勒美术博物馆。通高49.1、口径21.6×25.5厘米。另一件较小,通高28.9厘米。均无铭。为西周早期器。

2式　腹壁垂直。

2. 日己方彝　盖面饰变形龙纹,盖缘和圈足饰鸟纹,腹壁饰兽面纹。1963年陕西扶风齐家村青铜器窖藏出土,现藏陕西历史博物馆。通高38.5、口径17×20厘米。器盖同铭3行18字,又重文2(《集成》16.9891)。铭文未署作器者名,系为"文考日己"作器,末有

方彝1　四出戟方彝

方彝2　日己方彝

方彝 3　叔**方彝

方彝 4　令方彝

"🚶"族徽铭记。同坑出土铜器 6 件,其中方尊、方觥与方彝铭文相同,年代属西周早期;盂、盘、匜三器铭文相同,都仅有"它"字,年代属西周晚期。

Ⅱ型　弧壁方彝　5件

盖面和器壁均呈弧状,并有八条扉棱。

3. 叔**方彝　盖面上部、器身口下和圈足均饰鸟纹,盖面下部和器身腹部则饰兽面纹(盖面兽面纹倒置)。1947 年河南洛阳马坡出土,现藏洛阳博物馆。通高 32.6、口径 19×23.6 厘米。器盖同铭 3 行 12 字(《集成》16.9888)。铭曰:"叔**易贝于王姒,用乍宝尊彝。"论者或以王姒为文王后妃,唐兰疑其为康王之后,又因器物形制与令方彝相似,定为昭王时器。

4. 令方彝　又称"矢令彝"、"乍册令彝"。盖面上部和圈足均饰鸟纹,器身口下

方彝 5　折方彝

方彝 6　吴方彝盖

方彝 6　吴方彝盖铭文拓片

方彝 7　齐生鲁
方彝盖

方彝 7　齐生鲁方彝
盖铭文拓片

方彝 8　师遽方彝

饰双身龙纹,盖面下部和器腹则饰兽面纹(盖面兽面纹倒置)。1929年河南洛阳马坡出土,现藏美国华盛顿弗利尔美术馆。通高34.1、口径17.7×19.3厘米。器盖同铭14行185字,又重文2(《集成》16.9901)。铭文内容与令方尊相同。学者公认其为昭王时器。

5. 折方彝 又称"乍册折方彝"。形制纹饰与叔䟭方彝基本一致。差别在于盖面上部、器身口下和圈足均饰回首龙纹。1976年陕西扶风庄白1号青铜器窖藏出土,现藏宝鸡市周原博物馆。通高40.7、口径19.2×24厘米。器盖同铭6行42字(《集成》16.9895)。铭文内容与折方尊、折方觥相同。这组铜器的年代,均属昭王时期。

6. 吴方彝盖 仅存器盖。形制与折方彝近似。纹饰由间以阴线的宽带组成,顶部饰一周回首龙纹。盖面饰间以扉棱的解体兽面纹。纽残缺。现藏上海博物馆。高8.2、口径13.5×16.3厘米。盖内有铭文10行101字,又重文1(《集成》16.9898)。铭曰:"隹二月初吉丁亥,王在周成大室,旦,王各庙。宰胐右乍册吴入门立中廷,北卿。王乎史戊册令吴……隹王二祀。"乍册吴,应与师虎簋和师痕簋盖的内史吴为同一人。如此则吴方彝亦为西周中期懿王前后器。

7. 齐生鲁方彝盖 仅存器盖。形制纹饰与吴方彝基本一致。盖顶和纽顶扉棱均两端翘起。1981年陕西岐山流龙嘴村出土,现藏陕西历史博物馆。高29、口径16×31.5厘米。盖内有铭文6行48字,又重文2(《集成》16.9896)。铭曰:"隹八年十又二月初吉丁亥,齐生鲁肇賣休多赢,朕文考乙公永启余。……"为西周中期懿孝前后器。

Ⅲ型 双耳方彝 3件

器体小而浅。两端腹壁有耳,上扬呈象鼻状,并有垂珥。器内有纵向间壁,隔成两格。

方彝9 盠方彝　　　　　　　　　方彝10 井叔方彝

盖一侧沿有两个方形缺口,与器内二格相应,用以置放挹酒小勺。

8. 师遽方彝 盖面和器身下部饰解体式兽面纹,器身上部和圈足饰带目窃曲纹。现藏上海博物馆。通高 16.4、口径 7.6×9.8 厘米。器盖同铭(器铭 6 行,盖铭 8 行)66 字,又合文 1(《集成》16.9897)。铭曰:"隹正月既生霸丁酉,王在周康寝卿醴。……王乎宰利易师遽珤圭一、瑞璋四……"为西周中期恭懿前后器。

9. 盠方彝 器腹和盖面的中部饰圆涡纹,两侧饰变形龙纹。盖面上部、器口下和圈足均饰带目窃曲纹。1955 年陕西眉县李村青铜器窖藏出土,共 2 件,其一现藏中国国家博物馆。通高 22.8、口径 11×14.4 厘米。器盖同铭 10 行 106 字,又重文 1(《集成》16.9898)。另一件现藏陕西历史博物馆,形制、纹饰和铭文与此相同,但器体稍小,通高 18 厘米。铭文内容与盠方尊相同,为西周中期懿孝前后器。

10. 井叔方彝 形制纹饰与盠方彝基本一致。器身中央饰圆涡纹,两侧饰鸟纹。1985 年长安张家坡 M1705 西周墓出土,现藏中国社会科学院考古研究所。通高 19.8、口径 10.3×12.4 厘米。器盖同铭"井叔作旅彝"5 字。为西周中期懿孝前后器。

(九) 盉

西周时期铜盉的功用，或以为酒器的一种，或以为盥洗之器（在匜出现以前，与盘配合使用）。情况复杂，在此不作讨论[1]。就其形制而言，西周早中期流行罐形盉和鬲形盉。晚期鬲形盉，往往自名为鎣，又偶有一种扁圆体盉。根据盉的形制差异，可将其分为四型。

Ⅰ型　罐形盉　3件

束颈，深腹，下有三实足。前有管状流，后有兽首鋬。球面形盖，顶有半环形纽，又有环链将盖与鋬连结。

1式　柱形三足。

1. 父乙盉　盖缘和器颈均饰列旗的兽面纹一周，其他部位光素。1974年北京琉璃河M251西周墓出土，现藏首都博物馆。通高22、口径10.5厘米。盖内和鋬下有铭文"父乙"二字和"亚中盉"族徽铭记（《集成》15.9371）。为西周早期器。

2. 亚盉　此器形制、纹饰与父乙盉基本一致。传清同治年间北京卢沟桥附近出土，现藏上海博物馆。通高19.5、口径9.9厘米。器盖同铭2行16字（《集成》15.9439）。铭称"匽侯易亚贝"。为西周早期器。

2式　三棱形锥足。

3. 庞村盉　盖与鋬间的环链已失。通体光素，仅颈部饰弦纹两道。1961年河南鹤壁庞村西周墓出土，现藏河南博物院。通高29厘米。无铭。为西周早期器。

Ⅱ型　鬲形四足盉　2件

器体鼓腹，分档为四，下有四柱足。盖顶有半环纽，并有环链将盖与鋬连结。

4. 克盉　盖缘和器颈均饰长尾鸟纹。1986年北京琉璃河M1193西周墓出土，现藏首都博物馆。通高26.8、口径14厘米。器盖同铭6行43字，铭曰："王曰太保，佳乃明乃鬯享于乃辟。余大对乃享，令克侯于匽。……"这里既有周王对太保

盉1　父乙盉

---

[1] 参看张亚初《商周青铜盉的综合研究》，《中国考古学研究——夏鼐先生考古五十年纪念文集》二集，科学出版社，1986年。

(召公奭)的褒扬,又有"令克侯于匽"的册命,作器者"克"无疑是第一代燕侯,其年代应为成王时期。同墓出土一件铭文内容相同的罍。

5. 士上盉　又称"臣辰盉"。形制与克盉一致。盖顶、器颈和腹部均饰雷纹为地的兽面纹。1929年河南洛阳马坡出土,现藏美国华盛顿弗利尔美术馆。通高22.3、宽21厘米。器口内壁有族徽铭记"臣辰册🔯"4字,盖内有铭文6行50字(《集成》15.9454)。铭文内容与士上卣相同。为西周早期昭王前后器。

Ⅲ型　鬲形三足盉　6件

依其分裆情况,可再分为二式:

1式　器体较高,三足较长。

6. 父辛盉　盖缘和器颈均饰两边有连珠的雷纹一周。腹部与裆相应处均饰两道人字形弦纹。1974年北京琉璃河M253西周墓出土,现藏首都博物馆。通高27.4、口径12厘米。盖内和鋬下有铭文"父辛"等3字。此器形制纹饰与商代晚期近似,为西周早期器。

7. 竹园沟盉　器腹比父辛盉稍鼓。盖缘和器颈均饰列旗的兽面纹一周。1976年陕西宝鸡竹园沟M13西周墓出土,现藏宝鸡青铜器博物院。通高26.4、口径12.8厘米。无铭。为西周早期器。

2式　器体较矮,三足较短。

8. 长由盉　盖缘和器颈均饰带目窃曲纹一周,腹部与裆相应处也有两道人字形弦纹。1954年陕西长安普渡村西周墓出土,现藏中国国家博物馆。通高27.6、口径18.4厘

盉2　亚盉　　　　　　　　　　　盉3　庞村盉

盉4　克盉

盉5　土上盉

盉6　父辛盉

盉7　竹园沟盉

盉8　长由盉

盉9　卫盉

盉9　卫盉铭文拓片

米。盖内有铭文6行59字，又重文2(《集成》15.9455)。铭曰："隹三月初吉丁亥，穆王在下减应，穆王乡豊，即井伯大祝射。穆王蔑长由……"学者公认此盉为穆王时期标准器。

9.卫盉　形制与长由盉一致。盖缘和器颈均饰回首的龙纹一周。1975年陕西岐山董家村青铜器窖藏出土，现藏宝鸡市周原博物馆。通高29、口径20.2厘米。盖内有铭文12行128字，又重文2、合文2(《集成》15.9456)。铭文记述"隹三年三月既生霸壬寅，王再旂于丰"，"矩伯庶人"由裘卫那里获得价值八十朋贝的礼仪用玉，交换以"舍田十田"；又获得价值二十朋贝的礼仪服饰，交换以"舍田三田"。裘卫将此事报告伯邑父、燮伯、定伯、琼伯、单伯等执政大臣，他们便命令"三有司"官员司徒、司马、司空到场"受田"。其中伯邑父、定伯、琼伯见于同坑出土的五祀卫鼎，燮伯则见于弭伯簋、应侯钟、辅师𡟤簋、同

148

盉 10　強伯盉

盉 11　伯百父盉

盉 12　它盉

盉 13　晋侯 31 号墓盉

簋、卯簋等恭懿时期器。此盉年代应按五祀卫鼎和九年卫鼎,定为恭王前后。

10. 弭伯盨 形制与长由盉接近而自名为"盨"。盖上有圈形捉手。盖面和器颈饰斜三角宽带雷纹。腹部以三袋足为中心,均饰虎头形兽面纹。三个分裆处又各饰一组稍小的兽面纹。1974年陕西宝鸡茹家庄M1西周墓乙室出土,现藏宝鸡青铜器博物院。通高21.7、口径14.5厘米。器盖同铭5字"弭自作般(盘)盨"(《集成》15.9409)。同墓出土一件铭文相同的盘,表明当时相配使用。为西周中期前段器。

附载:

11. 伯百父盨 盖顶作蜷卧角兽。器身敛口广肩,收腹圜底,下有三只粗短的锥形空足。肩部饰带目窃曲纹。1961年陕西长安张家坡青铜器窖藏出土,现藏陕西历史博物馆。通高20.7、口径10.1、腹径17.2厘米。盖铭一周8字"伯百父乍孟姬媵盨"(《集成》15.9425)。同坑出土一件"伯百父"所作盘。均为西周中期器。

Ⅳ型 扁圆形盉 2件

器腹作扁圆形,前有长喙,后有鋬,下有四足。

12. 它盉 体呈侧置的扁鼓形,上有椭方形口,下具龙形四扁足。管状长流和后面的鋬均作龙形。器身的鼓侧饰连续的鳞纹,两鼓面中部饰圆涡纹,周围饰单行鳞纹和卷曲兽纹。盖上饰圆雕卧鸟,并有链与器身连接。1963年陕西扶风齐家村青铜器窖藏出土,现藏陕西历史博物馆。通高37.5、流至鋬长39.2厘米。盖内有铭文"它"1字(《集成15.9308)。同坑出土铜盘一件,与盉相配使用。均为西周晚期器。

13. 晋侯31号墓盉 整体器形与它盉相似,但其足部形状特殊,由两个半蹲的裸人背负器身。纹饰亦与它盉相仿,惟两鼓面中部为蜷屈成圆形的龙纹。1993年山西曲沃晋侯墓地M31西周墓出土,现藏山西省考古研究所。通高34.6、身径20.6~21.8厘米。为西周晚期器。

三门峡虢国墓地M2001西周墓出土的盉,属于此式,而与晋侯墓地31号墓盉接近。盖饰有鳞和翼的动物,四足为跪坐裸女。

（一〇）盘

西周时期的铜盘，一般都是平面圆形。主要有无耳圈足、双耳圈足及圈足下加三小足等型。

Ⅰ型　无耳圈足盘　3件

这种型别的盘，主要特点是：折沿深腹，圈足较高。形制上承殷代，仅见于西周初期。

1. 伯矩盘　圈足直下，无折边。口下和圈足均饰带列旗的兽面纹。1974年北京琉璃河M251西周墓出土，现藏首都博物馆。高11、口径33厘米。器内底有铭文2行7字"冫伯矩作宝尊彝"（《集成》16.10073）。为西周早期器。

2. 父辛盘　形制与伯矩盘一致。口下和圈足均饰圆涡纹与四瓣目纹相间的宽带。1976年陕西宝鸡竹园沟M13西周墓出土，现藏宝鸡青铜器博物院。通高13、口径34.9厘米。器内底有铭文"父辛"等4字。为西周早期器。

3. 马厂沟蝉纹盘　圈足口稍侈，并有折边。口下和圈足均饰相对的蝉纹宽带。口下又间以小兽首，并辅以连珠纹。1955年辽宁喀左马厂沟青铜器窖藏出土，现藏辽宁省博物馆。通高13、口径33厘米。无铭。为西周早期器。

Ⅱ型　双耳圈足盘　9件

这种型别的盘，是西周时期最常见的样式。其主要特点是：折沿，腹比Ⅰ型稍浅，两附耳，圈足多有折边并外侈。依照耳的形状，可以分为二式。

1式　附耳圆折，耳的断面亦作圆形。

4. 征盘　圈足无折边。口下和圈足均饰相对的蝉纹宽带（口下蝉纹，间以兽首）。现藏英国伦敦不列颠博物馆。口径35厘米。器内底有铭文2行6字"征作周公尊彝"（《集成》16.10067）。为西周早期器。

5. 琉璃河蝉纹盘　形制纹饰与征盘相近。圈足有折边，饰相对的鸟纹宽带。1974年北京琉璃河M253西周墓出土，现藏首都博物馆。高11.5、口径32厘米。无铭。为西周早期器。

6. 长由盘　口下饰接近于窃曲纹的平置式龙纹，圈足饰斜角目纹。1954年陕西长安普渡村西周墓出土，现藏陕西历史博物馆。通高15.2、口径40厘米。内底铭文残存"由"字。此盘年代应与同墓所出长由盉一致，为穆王前后器。

7. 休盘　口下饰窃曲纹。圈足有折边，饰一周弦纹。现藏南京博物院。通高11.9、口径39.4厘米。器内底有铭文8行89字，又重文1（《集成》16.10170）。铭曰："隹廿年正月既望甲戌，王在周康宫，旦，王各大室，即立。益公右走马休，入门，立中廷，北乡。王乎乍册

盘 1　伯矩盘

盘 2　父辛盘

盘 3　马厂沟蝉纹盘

152

尹册易休玄衣黹屯、赤市朱黄，……"为恭王前后器。

8. 墙盘　口下饰垂冠分尾凤鸟纹。圈足有折边，饰窃曲纹。1976年陕西扶风庄白1号青铜器窖藏出土，现藏宝鸡市周原博物馆。通高 16.2、口径 47.3 厘米。器内底有铭文 18 行 276 字，又重文 5、合文 3（《集成》16.10175）。铭文前段颂扬西周文、武、成、康、昭、穆和时王七代周王的功德，后段记述微氏家族高祖、烈祖、乙祖、亚祖、文考和作器者自身六代事迹，是研究西周历史的重要资料。学者公认此盘为恭王时期标准器。

9. 守宫盘　口下饰回顾式龙纹，圈足饰斜角目纹。1929年河南洛阳庙坡出土，现藏英国伦敦不列颠博物馆。口径 50 余厘米。器内底有铭文 7 行 63 字，又重文 3（《集成》16.10168）。铭曰："佳正月既生霸乙未，王在周。周师光守宫事，……易守宫丝束、……马匹、毳布三，……"为西周中期偏早时器。

宝鸡竹园沟 M4 西周

墓強季盘、茹家庄 M1 西周墓乙室強伯盘、曲沃晋侯墓地 M31 西周墓盘均属Ⅱ型 1 式。纹饰则各不相同，強季、強伯二盘都在口下饰斜角式目纹，晋侯 M31 盘则在口下饰回顾式花冠龙纹。

2 式 附耳方折，耳的断面亦作方形。圈足有折边。

10. 袞盘 两耳与盘口间，均有二横梁相连。口下饰横鳞纹，圈足饰波浪纹。现藏故宫博物院。通高 12.7、口径 41 厘米。器内底有铭文 10 行 101 字，又重文 2(《集成》16.10172)。铭曰："隹廿又八年五月既望庚寅，王在周康穆宫，旦，王各大室，即位。宰頵右袞入门，立中廷，北鄉。……王乎史减册易袞，……"为西周晚期厉王前后器。

11. 函皇父盘 口下和圈足均饰横鳞纹，前者大小相间，后者一律。1940 年陕西扶风康家村出土，现藏陕西历史博物馆。通高 11.5、口径 38.2 厘米。内底有铭文 5 行 37 字，又重文 2(《集成》16.10164)。铭文内容与函皇父鼎、簋基本相同。为西

盘 4 狁盘

盘 5 琉璃河蝉纹盘

盘 6 长甶盘

153

盘7 休盘

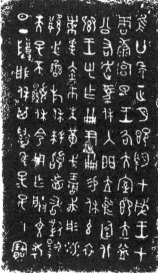

盘7 休盘铭文拓片

盘8 墙盘

盘9 守宫盘

盘 10　袁盘

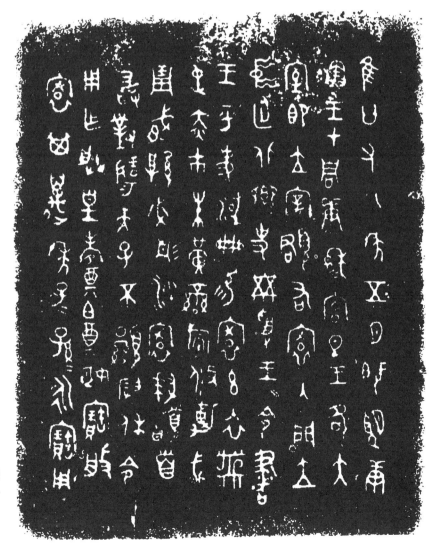

盘 10　袁盘铭
　　　文拓片

盘11 函皇父盘

周晚期前段器。

12. 兮甲盘　两耳与器口间有二横梁相连。圈足已失。现下落不明,亦不知其尺寸。器内底有铭文 13 行 129 字,又重文 4(《集成》16.10174)。铭文记述五年三月既死霸庚寅,周王初格伐玁狁,兮甲从王"折首执讯","王易兮甲马四匹、驹车",又命兮甲征治成周四方积至于南淮夷。学者公认此盘为宣王时期器。

Ⅲ型　双耳有足盘　3件

盘身与Ⅱ型相似,但圈足下加小足。

13. 免盘　盘身与Ⅱ型 1 式相似。口下和圈足均饰回顾式龙纹,圈足下有三只扁平的小足。现藏德国柏林民族学博物馆。通高 12.7、口径 36.37 厘米。器内底有铭文 3 行 33 字(《集成》16.10161)。铭文记述某年五月初吉,王在周,命乍册内史赏赐免"卤百陵",免制作盘、盉二器以答王休。免所作铜器,又有尊和簋,分别作于六月和十二月初吉,二器铭文中的右者均为"井叔"。这组铜器的年代,应属西周中期懿孝之世。

14. 它盘　盘身与函皇父盘相似,口下亦饰大小相间的鳞纹,圈足则饰斜角龙纹。圈足下有四个屈膝跪坐式裸男小足。1963 年陕西扶风齐家村青铜器窖藏出土,现藏陕西历史博物馆。通高 14.1、口径 40.4 厘米。器内底有铭文"它"字。为西周晚期器。

15. 晋侯 93 号墓盘　两耳与盘口有二横梁连结。口下和圈足饰带目窃曲纹,耳外侧饰大小相间鳞纹。圈足下三只兽首形小足。1994 年山西曲沃晋侯墓地 M93 西周墓出土,现藏山西省考古研究所。通高 13.4、口径 37.8 厘米。铭文被重锈掩盖,暂时未能识读。同时出土的明器盘为Ⅱ式,圈足下无小足。三门峡虢国墓地 M2001 西周墓出土的虢季盘,形制纹饰与此相似。均为西周晚期器。

Ⅳ型　匜形盘　3件

盘口前有流、后有鋬,有的另加双耳。

盘 12　兮甲盘

盘 12　兮甲盘铭文拓片

16. 伯雍父盘　前有流，后有兽首鋬，两侧再加圆折附耳。圈足有折边。口下饰回顾式花冠龙纹。1975 年陕西扶风庄白西周墓出土，现藏扶风县博物馆。通高 15.5、口径 44 厘米。器内底有铭文 7 字"伯雍父自作用器"(《集成》16.10074)。同墓出土伯 所作鼎、方鼎、簋等器。均为西周中期器。

17. 宗仲盘　前有流，后有龙形鋬。圈足稍高并有折边。口下和圈足均饰大小相间的横鳞纹。1974 年陕西蓝田指甲湾出土，现藏陕西历史博物馆。通高 15、口径 35.5 厘米。内底有铭文 6 字"宗仲作尹姞盘"(《集成》16.10071)。为西周晚期器。

18. 三足匜形盘　形制与宗仲盘接近。兽首鋬。口下和圈足均饰横鳞纹。圈足下有三只兽首小足。1972 年陕西扶风北桥窖藏出土，现藏宝鸡市周原博物馆。通高 11、口径 38 厘米。同坑出土白吉父所作

盘 13　兔盘

盘 14　它盘

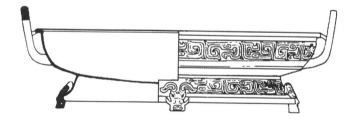

盘 15　晋侯 93 号墓盘

158

盘 16　伯雍父盘

盘 17　宗仲盘

盘 18　三足匜形盘

鼎、簋等器。均为西周晚期器。

V 型　长方形特大盘

1 件

19. 虢季子白盘　器体硕大，形似浴盆，仅此一见。器口圆角长方形，平唇折沿，深腹下敛，平底，矩形四足。四壁各有两个突起的兽首衔环，环作绳索状。口沿下饰兽目交连纹，腹部饰大波浪纹，中间隔以突起的宽带。清道光年间陕西宝鸡虢川司出土，现藏中国国家博物馆。通高 39.5、口径 86.5×137.2 厘米。器内底有铭文 8 行 111 字（《集成》16.10173）。铭曰："隹十又二年正月初吉丁亥,虢季子白乍宝盘……"记述虢季子白搏伐猃狁于洛之阳，折首五百，执讯五十，因而周王在周庙宣榭给以嘉奖，赐予乘马、弓、矢和钺。学者多考定此盘为宣王时器。

盘 19　虢季子白盘

盘 19　虢季子
白盘铭文拓片

（一一）钟

西周时期的青铜乐器,主要是甬钟。目前所知年代最早的甬钟,出土于宝鸡强国墓地竹园沟 M7 西周早期墓,该墓年代被推定为康昭之际。西周晚期出现镈钟,例如克镈,但所见数量较少,形制尚无变化。因此,这里只对甬钟的形制纹饰进行分析。

关于西周钟的专门研究,70 年代末至 80 年代初曾有突破性进展。开始是黄翔鹏、马承源二位先生及其调查组,分别前往陕西等地进行编钟测音工作,发现后世研究者长期忽略的双音现象[1]。认识到西周中晚期编钟为 8 件一套,其中第 1、2 两钟不用右鼓音,第 3～8 钟将正鼓音与右鼓音调成小三度音程关系,并在右鼓铸出鸟纹或其他形状标志,整个音阶结构依次为羽——宫——角——徵——羽——宫(不用"商"音)。随后,蒋定穗女士在详细占有陕西出土西周钟资料的基础上,进一步讨论西周钟的音律及组合,并着重对西周钟的形制、纹饰及分期进行研究[2]。该文指出,西周中期至晚期甬钟的形态在基本结

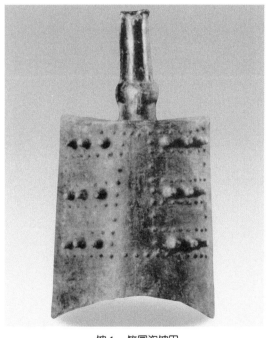

钟1　竹园沟钟甲

钟2　茹家庄钟甲

---

[1] 黄翔鹏《新石器和青铜时代的已知音响资料与我国音阶发展史问题》(下)《音乐论丛》第 3 辑,1980 年;又见所著《溯流探源——中国传统音乐研究》,人民音乐出版社,1993 年;马承源《商周青铜双音钟》,《考古学报》1981 年第 1 期。

[2] 蒋定穗《试论陕西出土的西周钟》,《考古与文物》1984 年第 5 期;《陕西出土西周钟研究》,《中国艺术研究院首届研究生硕士学位论文集》(音乐卷),文化艺术出版社,1987 年。

构上没有发生变化，各部位之间比例的发展和变化则较复杂，一方面钟体由瘦长渐变为粗短，舞部和钟口与体高的比例逐渐增大；另一方面钟厚与体高的比例、舞部和钟口的宽纵之间比例却又基本不变。这种复杂情况，与甬钟的改善存在什么关系?则有待于物理声学的实验研究。至于甬钟的纹饰，该文对可确切断代最早的共王时期应侯钟、资料丰富的懿孝至厉宣时期钟进行类型学分析的同时，尤其为探索西周早期钟的纹饰风格，围绕穆王时期普渡村长由墓三钟，对零星出土的诸多鼓部和篆间饰细阳线纹、钲部钲间和篆间以小乳钉纹为界格两种类型钟，进行详细的排比，发表很好的意见。

我们在这里仍从典型资料出发，对西周时期甬钟的形制作些说明。由于这些甬钟的基本结构一致，都是钟体合瓦形，两面均有 18 只枚(每面左右侧各 3 排，每排各 3 枚)，甬部的下部有突起的"旋"，旋上有环形纽(即所谓"旋虫"和"斡")，对此无需逐件赘述。所以实际上仅据纹饰情况分型分式。为区分右鼓部标音符号的形状，以下列举中晚期成套钟时，均选用其中标记清楚的标本。

Ⅰ型　细乳钉界格钟　5件

西周甬钟的第一种型别，钟面钲部界格为夹以细阳线的小乳钉，鼓部和篆间有细阳线纹饰。正鼓部饰两相对称的工字形云纹，上下两横均内卷。篆间多饰横向的 S 形云纹。

钟3　长由墓钟　　　　　　　　　　　钟4　庄白乳钉钟

162

舞部光素，或饰四组 S 形阳线云纹。甬部和旋光素，或旋饰四乳。旋纽窄长。右鼓多无标记。

1. 竹园沟钟甲　陕西宝鸡竹园沟 M7 西周墓出土，现藏宝鸡青铜器博物院。通高 33 厘米。为三件套的第 2 钟(第 1 钟同此)。年代属康昭之际。

2. 茹家庄钟甲　陕西宝鸡茹家庄 M1 西周墓乙室出土，现藏宝鸡青铜器博物院。通高 31.7 厘米。为三件套的第 1 钟(第 2 钟同此)。年代属西周中期前段。

3. 长由墓钟　1954 年陕西长安普渡村西周墓出土，现藏中国国家博物馆。通高 44 厘米。为三件套的第 2 钟。该墓因出土长由盉，被判定为穆王时期或稍晚。

4. 庄白乳钉钟　1976 年陕西扶风庄白 1 号青铜器窖藏出土，现藏宝鸡市周原博物馆。通高 45.5 厘米。钲间有二铭刻符号。

5. 虘钟　现藏日本京都泉屋博古馆。通高 44.9 厘米。篆部饰斜角云纹。右鼓有圆涡形标记。篆上和钲间有铭文共 35 字(《集成》1.88)，记述虘作宝钟，追孝于已伯，虘与蔡姬永宝。另有三钟纹饰和铭文内容与此相同,故宫博物院所藏一件亦 35 字,仅存拓本著录者 2 件,铭文为 12 字和 6 字(《集成》1.89~91),原属同套的第 3、4、6、7 件。一般认为,此钟与大师虘簋为同一作器者之器。如此则此钟可依该簋,判定为西周中期孝王前后器。

钟 5　虘钟　　　　　　　　　　　　钟 6　竹园沟钟乙

Ⅱ型 细阳线界格钟 5件

西周甬钟的第二种型别,钟面钲部界格及各部位纹饰均以细阳线纹构成。界格多为夹有带圆心小圈的双根细阳线。这种界格中的小圆圈,实际是Ⅰ型钟界格乳钉的蜕变。其他纹饰情况,与Ⅰ型钟大体一致。右鼓亦无标记。

6. 竹园沟钟乙　陕西宝鸡竹园沟M7西周墓出土,现藏宝鸡青铜器博物院。通高28.8厘米。为三件套中最小一钟。钲部界格为单格细阳线,正鼓部饰两工字形云纹。篆部无纹饰。为西周早期康昭之际器。

7. 茹家庄钟乙　陕西宝鸡茹家庄M1西周墓乙室出土,现藏宝鸡青铜器博物院。通高31.7厘米。为三件套中最小一钟。钲部界格为夹有小圆圈的双根阴线。正鼓部饰两工字形云纹。篆部无纹饰。为西周中期前段器。

竹园沟和茹家庄的甲、乙钟表明,Ⅰ、Ⅱ两型钟曾同时并存。

8. 疢钟(一)　1976年陕西扶风庄白1号青铜器窖藏出土,现藏宝鸡市周原博物馆。仅此一件,通高48厘米。钲部界格为夹有小圆圈的双根细阳线,正鼓部饰两工字形云纹,篆部饰横向S形云纹,舞部饰四组S形阴线云纹。旋饰四乳,斡作绳索状。钟面右栾、钲间和左栾

钟7　茹家庄钟乙

钟8　疢钟(一)

有铭文 8 行 100 字,又重文 3 字(《集成》1.246)。记述痕为"追孝于高祖辛公、文祖乙公、皇考丁公"制作此钟。

9.晋侯稣钟甲 山西曲沃晋侯墓地 M8 西周墓盗掘出土,现藏上海博物馆。通高49.8 厘米。为这套编钟(二组 16 件)一组第 2 钟(第 1 钟同此)。钲部界格、鼓部和篆间纹饰,与痕钟(一)相同。舞部光素,旋饰四乳。钲间和左栾刻铭文 4 行 39 字,与其余 15 钟连成整篇[1]。

10.晋侯稣钟乙 山西曲沃晋侯墓地 M8 西周墓盗掘出土,现藏上海博物馆。通高50 厘米。为这套编钟二组第 1 钟(第 2 钟同此)。纹饰与晋侯稣钟甲基本一致,差别在于旋上无斡。钲间和左栾刻铭文 4 行 41 字,又重文 2 字,与其余 15 钟连成整篇[2]。

Ⅲ型 阴线界格钟 2 件

西周甬钟的第三种型别,钟面钲部界格及各部位纹饰均以阴线构成。正鼓部饰两工字形云纹,篆间饰勾连云纹。旋饰四乳。右鼓有鸟纹标记。

11.庄白阴线钟 1976 年陕西扶风庄白 1 号青铜器窖藏出土,现藏宝鸡市周原博物馆。通高 37.5 厘米。舞部饰四组 S 形云纹。斡作绳索状。

钟 9 晋侯稣钟甲

钟 10 晋侯稣钟乙

[1] 马承源《晋侯稣编钟》,《上海博物馆集刊》第 7 期,1996 年。
[2] 同[1]。

12. 晋侯稣钟丙　山西曲沃晋侯墓地 M8 西周墓盗掘出土,现藏上海博物馆[1]。这套编钟的一组第 3～8 钟、二组第 3～8 钟共 12 钟属 III 型。此为二组第 5 钟。通高 34.8 厘米。钲间刻铭文 2 行 10 字,又重文 3 字,与其余 15 钟连成整篇。

晋侯稣钟全铭中,有"佳王卅又三年"、"正月既生霸戊午"、"二月既望癸卯"、"二月既死霸壬寅"、"三月方死霸"、"六月初吉戊寅",是进行西周历谱推算的难得资料。II、III 两型钟的并存,也值得注意。

IV型　粗阳线界格钟　17 件

西周甬钟的第四种型别数量最多,钟面钲部界格为粗阳线构成,甬部大多光素,旋饰四乳。根据正鼓部纹饰和右鼓部标记形状的不同,可以分为四式。

1 式　正鼓部饰对称工字形云纹,右鼓有鸟形标记。

13. 应侯见工钟　1974 年陕西蓝田红门寺出土,现藏蓝田县文物管理所[2]。通高 24 厘米。篆部横向 S 形云纹和正鼓部对称云纹,均为双勾线条构成。两栾、钲间及顶部有铭文共 39 字(《集成》1.107),内容未完,往下与日本东京书道博物馆所藏一钟 33 字铭文(《集成》1.108)连成 72 字整篇。内容记述:周王归自成周,在康宫赏赐应侯见工彤弓、彤矢和

钟 11　庄白阴线钟

钟 12　晋侯稣钟丙

[1]　马承源《晋侯稣编钟》,《上海博物馆集刊》第 7 期,1996 年。
[2]　韧松等《记陕西蓝田县新出土的应侯钟》,《文物》1975 年第 10 期。

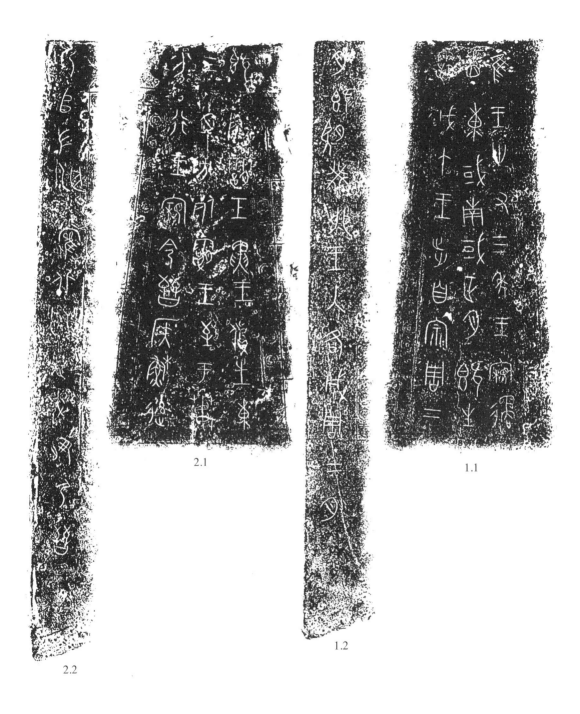

2.1

1.1

1.2

2.2

晋侯稣钟铭文拓片

4.1

3.2

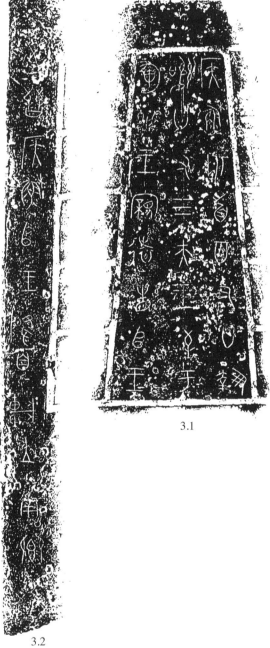

3.1

晋侯稣钟铭文拓片

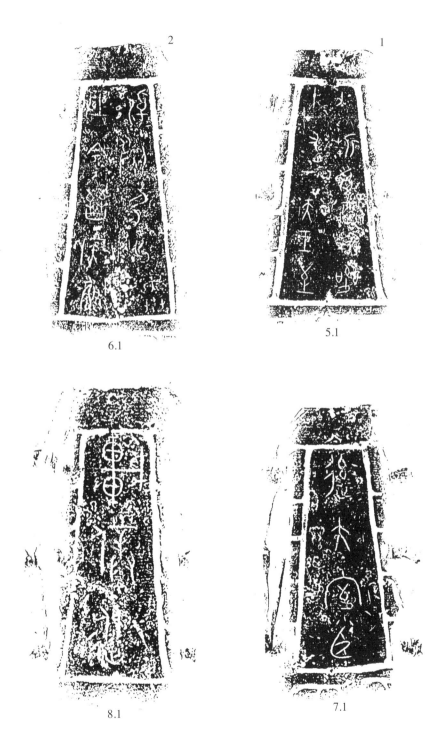

晋侯稣钟铭文拓片

169

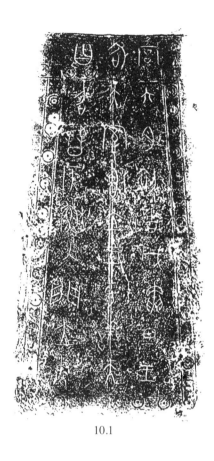

10.1

9.2

9.1

晋侯稣钟铭文拓片

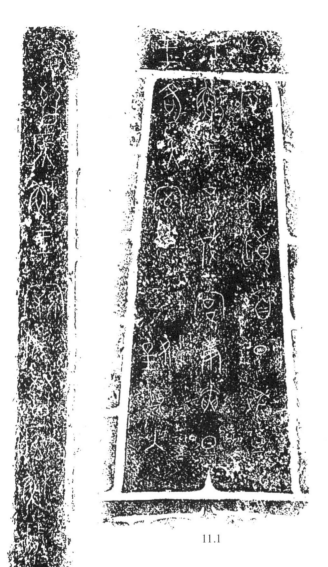

11.1

11.2

10.2

晋侯稣钟铭文拓片

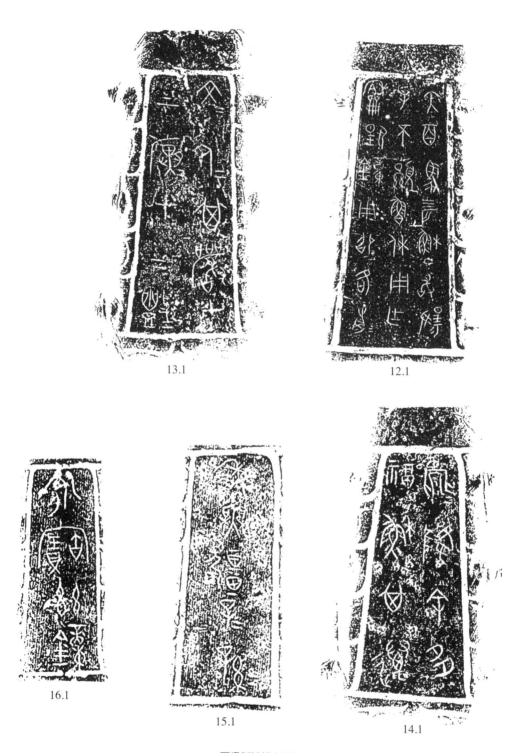

13.1

12.1

16.1

15.1

14.1

晋侯稣钟铭文拓片

马匹。钟铭中的佑者荣伯,见于永盂、辅师嫠簋等多件器铭,应为西周中期恭王前后器。

14. 㝬钟 现藏日本京都泉屋博古馆。通高 25.1 厘米。篆部饰斜角龙纹。右栾、篆上和钲间有铭文共 19 字:"首敢对扬天子丕显休用乍朕文考釐伯龢鍺钟。"甬上又有铭文 6 字"㝬眔蔡姬永宝"(《集成》1.92)。内容并非全铭。此钟与 I 型虖钟为同一作器者,但并非同套。

15. 师㝨钟 1974 年陕西扶风强家村青铜器窖藏出土,现藏陕西历史博物馆。通高 76.5 厘米。纹饰与㝬钟大体一致。旋饰四乳。钲间和左鼓有铭文共 48 字(《集成》1.141),记述"师㝨肇作朕剌祖虢季宽公幽叔,朕皇考德叔大龢钟"。前述师虎鼎称"朕考寏(郭)季",即虢季,师望鼎称"皇考寏公",即簋称"文考幽叔",则师虎、师望和㝨均为师㝨的父辈。据此,钟的年代应比三器稍晚,为西周中期后段懿孝时器。

16. 井叔采钟 1984 年陕西长安张家坡西周墓地 M163 井叔夫人墓出土,现藏中国社会科学院考古研究所。该墓被盗,残存 2 钟。此钟通高 37.5 厘米。另一钟稍小(同出还有一件更大的残钟甬部)。篆部和甬上饰波浪纹。旋饰四乳。右栾、钲间和左栾有铭文共 38 字(《集成》2.356),记述井叔采作"朕文祖穆公大钟"。为西周中期懿孝时器。

17. 逆钟 1975 年陕西永寿好畤河出土,现藏天津博物馆。凡 4 件,此为最小一

钟13 应侯见工钟

钟14 㝬钟

件。通高 17.3 厘米。篆部和正鼓部云纹均由带阴线的宽条构成，甬上饰波曲纹，旋饰带目窃曲纹。钲间有铭文 3 行 21 字，与前三钟连接（《集成》1.60～63），但往下未完。第一钟有"王元年三月既生霸庚申"。为西周中期后段器，约当孝夷前后。

2 式　正鼓部饰对称的工字形云纹，右鼓标记非鸟形。

18．五祀㝬钟　1981 年陕西扶风白家村出土，现藏陕西历史博物馆。通高 28 厘米。篆部饰窃曲纹（?）。旋饰四乳。右鼓有蜗首夔龙纹标记。正面钲间，左鼓栾及背面右栾鼓、钲间，左鼓栾有铭文共 88 字，又重文 1 字（《集成》2.358）。铭文末尾有"㝬其万年永眈尹四方，……隹王五祀"。作器者㝬，被认为与㝬钟为同一人，即厉王。此钟铭并非全篇，应是全铭的后半。

3 式　正鼓部饰对称的夔龙纹，两蜗首夔龙相背，由带阴线的宽条构成。右鼓有鸟形标记。

19．㝬钟（二）甲　1976 年陕西扶风庄白 1 号青铜器窖藏出土，现藏宝鸡市周原博物馆。凡 4 件，此为第 3 件。通高 63 厘米。右栾、钲间和左栾有铭文 8 行共 100 字（《集成》1.247～250），记述㝬"作文人大宝协钟"。

20．㝬钟（二）乙　存 3 件，此为最小的一件。通高 27.9 厘米。钲间有铭文"㝬作协钟

钟15　师㝬钟

钟16　井叔采钟

钟 17　逆钟

钟 17　逆钟铭文拓片

1

4　　　　　　　3　　　　　　　2

钟18　五祀𫊸钟　　　　　　　　　　　　　钟19　𤼈钟(二)甲

万年日鼓"8字(《集成》1.257~259)。

前举蒋定穗文，根据测音研究判定此二组7钟原是音阶依次连接的一套，但尚缺更小的第8种。

21.克钟　传1890年陕西扶风法门寺任村出土。现存5件，为8件套的前5钟，尚缺后3钟。此为第3钟，现藏上海博物馆。通高54厘米。篆部饰横向S形云纹，亦由带阴线宽条构成。钲间和左鼓有铭文5行共40字(《集成》1.206)。铭曰："隹十又六年九月初吉庚寅，王在周康刺宫，……易克甸车、马乘。"以下连接天津市艺术博物馆藏钟41字铭(《集成》1.207)，合为81字全篇[1]。为西周晚期前段器，约当厉王前后。

22.梁其钟　传1940年陕西扶风法门寺任村出土。现存6件，此为第3钟，现藏上海博物馆。通高54厘米。篆部饰斜角龙纹。钲间和左鼓有铭文10行共74字（《集成》1.189)，为全铭137字的前半，以下与法国巴黎吉美博物馆藏钟62字铭(《集成》1.190，夺一字)连接。为西周晚期前段器。

23.虢季钟　1990年河南三门峡虢国墓地M2001西周墓出土，现藏河南博物院。凡

---

[1]　关于克钟及其他传世西周钟的钟铭排列，参看王世民《西周暨春秋战国时代编钟铭文的排列形式》，《中国考古学研究——夏鼐先生考古五十年纪念论文集》(二)，科学出版社，1986年。

钟 20 疚钟(二)乙　　　　　　　　　　钟 21 克钟

4

钟 21
克钟铭文拓片

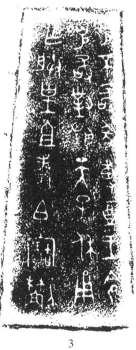

3

2

1

钟22　梁其钟　　　　　　　　　　　　　　　钟23　虢季钟

8件,此为第3钟,通高56厘米。篆部饰有目窃曲纹。钲间和左鼓有铭文"隹十月初吉丁亥虢季乍为协钟"等共51字。为西周晚期后段器。

24. 虢叔旅钟　传清朝末年陕西宝鸡虢川司出土。现存7件(尚缺第8钟),此为第7钟。现藏山东省博物馆。通高26厘米。纹饰与虢季钟接近。钲间和左鼓有铭文5行共17字(《集成》1.244),与另三钟合为全铭86字。记述虢叔旅为纪念皇考制作此钟。或以为其人即斲攸从鼎铭中的虢叔,如此则应属西周晚期厉王前后器。

4式　正鼓部饰对称的蜗首夔龙纹,右鼓有蜗首夔龙纹标记。

25. 痶钟(三)　1976年陕西扶风庄白1号青铜器窖藏出土,现藏宝鸡市周原博物馆。通高42厘米。为这套钟的现存第3钟。篆部饰斜角夔纹。钲间有铭文2行12字。往下连接第4(12字)、5(10字)、6(8字)三钟。第1、2钟则各有33字,彼此也相连接。合计现有铭文共109字(《集成》1.251~256)。前举蒋定穗文,根据音列判断,现存第2、3钟之间尚缺二钟(铭文也不连接),即全套仍为8件。现存2、3两钟通高相差较多,表明如此推断是可信的。

26. 㢤钟　又称宗周钟。现藏台北故宫博物院。通高65.5厘米。是现存西周甬钟最大的一件。原应属8件套的第1钟,因而右鼓无标记,姑置于此。篆部和正鼓部纹饰与痶钟(三)相近。正面钲间、左鼓和背面右鼓有铭文共122字(《集成》1.264),记述厉王胡时,南方的服子进犯中原,周师反击,夺其城邑,后南夷东夷二十六国来朝。为厉王时期

178

钟 24　虢叔旅钟

钟 25　疾钟(三)

标准器。

27.柞钟　1960 年陕西扶风齐家村青铜器窖藏出土。现藏陕西历史博物馆。为八件套的第 4 钟。通高 46.7 厘米,纹饰与疾钟（三）、钟相近。钲间和左鼓有铭文,第 1~4 钟均为全铭 45 字,第 5~8 钟合为全铭 45 字(《集成》1.133~139)。记述"隹王三年四月初吉甲寅",作器者柞受到周王的赏赐册命。为西周晚期前段厉王前后器。

28.中义钟　1960 年陕西扶风齐家村青铜器窖藏出土。现藏陕西历史博物馆。为八件套的第 5 钟。通高 32.5 厘米。纹饰与同坑出土的柞钟相同。钲间有铭文"中义作龢钟其万年永宝"10 字(第 7、8 钟连至左鼓,《集成》1.142~149)。年代与柞钟一致。

钟 26　龢钟

179

钟27　柞钟

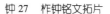

钟27　柞钟铭文拓片

钟28　中义钟　　　　　　　　　　　　　钟29　南宫乎钟

29.南宫乎钟　1979年陕西扶风豹子沟出土。现藏扶风县博物馆。通高54厘米。篆部饰横向S形云纹,甬饰波曲纹。钲间、左鼓及甬上有铭文共68字(《集成》1.181)。甬上铭文16字为"嗣(司)土南宫乎乍大镛(林)龢(协)钟兹钟名曰无昊(斁)"。钲间和左鼓铭文52字,是全篇铭的接近收尾一段,其中提到"朕皇祖南公亚祖公仲"。南宫乎见于山鼎,为该器铭中的右者。此钟年代应依山鼎定为宣王前后[1]。

年代比较明确的西周甬钟还有:晋侯墓地M64出土的楚公逆钟,属Ⅰ型;现藏日本京都泉屋博古馆的楚公豪三钟,二属Ⅳ型1式,一属Ⅳ型2式,都是西周晚期的器物。考虑到楚器与中原文化系统尚有一定差别,在发展序列上不够典型,因而将其排除在外。井人妄钟的纹饰属Ⅳ型2式,但钲部界格为阴线。其他不备举。

---

[1]　罗西章《扶风出土的商周青铜器》,《考古与文物》1980年第4期。

四 西周青铜器的纹饰

　　铜器纹饰的断代作用,前人多有论述。前些年,陈公柔、张长寿曾就商周青铜容器上的鸟纹和兽面纹撰文论述,颇便于用。今将二文全文转刊,作为西周早中期铜器纹饰断代的例证。但西周中期以后,青铜器的形制和花纹都发生了较大的变化,纹饰多以窃曲纹、波浪纹、鳞纹等为主,爰以窃曲纹为例,作为西周中晚期铜器纹饰断代的参考。

(一)西周青铜器上的鸟纹(见附录一)
(二)西周青铜器上的兽面纹(见附录二)

(三)西周青铜器上的窃曲纹

　　窃曲纹是西周中晚期青铜器上的主要纹饰之一。但是何谓窃曲纹,其状如何?仅以《吕氏春秋》"周鼎有窃曲,状甚长,上下皆曲",似不易确认。容庚在《商周彝器通考》中,按《吕氏春秋》之说,列出15种窃曲纹的图象(图一),成为后来确认窃曲纹的依据。但是,容庚后来在《殷周青铜器通论》中对窃曲纹重加梳理,只保留了其中的第六、第八、第十3种(图一:6~9),认为"窃曲纹中多含有目形和兽角的形状,故知其从动物形象变化而来"。这对窃曲纹的认识无疑是一个很大的进步,而对于窃曲纹的形式则较以前反倒疏略了。

　　马承源在《商周青铜器纹饰》一书中,从西周社会发展和意识形态变化的角度来分析研究青铜器的纹饰。他认为,所谓的窃曲纹实际上是从具有浓厚的宗教信仰气氛的兽面

1

2

3

4

5

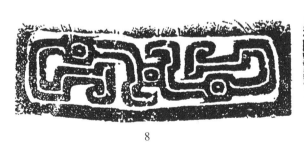

6

7

8

9

图一　《商周彝器通考》窃曲纹举例

1. 叔友父簋盖　2. 曾大保盆　3. 殷句壶　4. 筥小子簋　5. 曾大保盆

6. 鄦娶簋　7. 颂壶　8. 殷句壶　9. 芮大子伯壶

1

2

3

4

5

6   7

图二　窃曲纹（Ⅰ型）图例

1.1式（卫鼎口沿下）　2.1式（ 方彝口沿下）　3.1式（ 方彝
圈足）　4.1式（筍侯盘口沿下）　5.2式（廿七年卫簋口沿下）
6.2式（宰兽簋口沿下）　7.2式（梁其簋口沿下）

184

纹蜕化而成的变形兽体纹。所以他把这类纹饰分别归入变形兽面纹、兽目交连纹、兽体卷曲纹等，而废弃了窃曲纹这个称呼。

由于窃曲纹已为很多人所惯用，本文仍按其旧，分别梳理，以见其形式、变化和年代。

窃曲纹可以按有无兽目分为两型。

Ⅰ型　有目窃曲纹

此型窃曲纹均由单目和曲线组成花纹图案单元，可分为以下各式。

1式　以一目为中心，由两条曲线上下左右围绕，延伸卷曲，左右对称。此式窃曲纹见于五年卫鼎和九年卫鼎的口沿下(图二：1)。盂方彝的口下和圈足上也饰类似的纹饰，只是两端不延续回卷(图二：2、3)。与元年师旋簋同坑出土的筍侯盘的口下也有相似的纹饰(图二：4)。

2式　中间为一目，两侧连接两个长方形回形曲线，左右对称。廿七年卫簋的口下及盖沿均饰此式窃曲纹(图二：5)。此式窃曲纹也有将两侧的曲线连成一体，而将一目置于连体的曲线中，如宰兽簋的口下及圈足上(图二：6)，有可能是前例的发展变化。

此式窃曲纹中也有突出一目者，目纹周边有牙状饰，两端再延伸回形曲线，如梁其簋口下的纹样(图二：7)。此种窃曲纹还见于师袁簋、佣生簋、晋侯听簋、三年痹壶、颂壶、几父壶等器上，而年代最早的，当是长由盉，此盉在颈部和盖缘均饰一周此式窃曲纹(图三：1)。也有在目纹和两侧的曲线之间再增附饰的，如函皇父鼎口沿下的纹饰就是如此(图三：2)。

3式　将一目置于一个回形曲线之上。吴虎鼎的口沿下所饰一周窃曲纹即是此种纹样(图三：3)。此式窃曲纹也见于虢季子白盘(图三：4)、伊簋和梁其盨的口沿下(图三：5)。

4式　此式窃曲纹由两个回形曲线，一个有目，一个无目，组成一个纹饰单元。这种窃曲纹大都用于鼎和簋的口沿下，形成一周纹饰带。元年师旋簋的口沿下的窃曲纹在有目的一个曲线外侧还增添了附饰(图四：1)。小克鼎口下的此式窃曲纹，在目纹的一侧还增加了一道眉纹(图四：2)。师㲀簋(图四：3)和王臣簋的口下(图四：5)，也都饰这种窃曲纹。史颂鼎口沿下的此式窃曲纹将纹饰单元拉长(图四：4)，使纹样又扁又长。

此式窃曲纹也有稍稍变形，纹饰单元不甚明显的，如师痹簋盖上的纹饰(图四：6)。相同的纹样还见于公臣簋等器。

5式　此式窃曲纹以一兽目为中心，两侧由两个曲线合抱组成一个方形的纹饰单元。此式窃曲纹都用于方壶的腹部用宽带分隔成的方框内。梁其壶的腹部由宽带纹分隔成 8 个方格，每格内各有一个这样的窃曲纹(图五：1)。晋侯邦父墓内所出的方壶

图三　窃曲纹（Ⅰ型）图例

1.2 式（长由盉颈部）

2.2 式（函皇父鼎口沿下）

3.3 式（吴虎鼎口沿下）

4.3 式（虢季子白盘口沿下）

5.3 式（梁其盨口沿下）

（M 64∶103），腹上所饰也是此式窃曲纹（图五∶2）。

Ⅱ型　无目窃曲纹

此型窃曲纹均无兽目，而由各式曲线组成，但实际上是由有目的窃曲纹省略兽目，或截取其中的局部而成，所以也将此类纹饰归入窃曲纹。

1式　长条形回状曲线，两端向上卷，其间补以眉形弧线，实际上是截取Ⅰ型 4 式窃曲纹的无目部分。此式窃曲纹见于不皆方鼎的口沿下（图五∶3）。

2式　由一条曲线回转屈折，形成一个长条形的回形纹饰，实际上是由Ⅰ型 2 式窃曲纹省略兽目而形成的。此种纹饰见于宰兽簋的器盖上（图五∶5）。由于Ⅰ型 2 式和Ⅱ型 2 式两种窃曲纹共见于宰兽簋一器，可见两者乃是同一种纹饰有无兽目之区别而已。此外，王臣簋圈足上的这种窃曲纹（图五∶6），也是由Ⅰ型 2 式窃曲纹省略兽目而成的。

3式　由一条曲线两端向内弯曲而成的类似云雷纹的纹样。这种纹饰，容庚最初归入

1

2

3

4

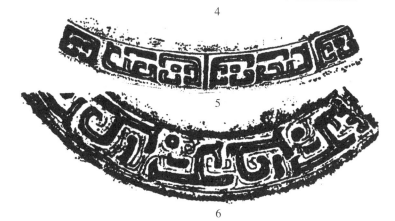

5

6

图四　窃曲纹（Ⅰ型）图例

1.4式（元年师旋簋口沿下）　2.4式（小克鼎口沿下）　3.4式（师嫠簋口沿下）

4.4式（史颂鼎口沿下）　5.4式（王臣簋口沿下）　6.4式（师㝢簋盖边缘）

图五　窃曲纹图例

1.Ⅰ式 5 式（梁其壶腹部）　2.Ⅰ型 5 式（晋侯邦父墓壶 M64：103 腹部）　3.Ⅱ型 1式（不告方鼎口沿下）　4.Ⅱ型 3 式（梁其簋圈足）　5.Ⅱ型 2 式（宰兽簋盖顶）　6.Ⅱ型 2 式（王臣簋圈足）　7.Ⅱ型 4 式（不娶簋盖边缘）　8.Ⅱ型 5 式（趞簋口沿下）

188

1

2

3

4

5

6

图六　窃曲纹的演化

1.龙纹（函皇父鼎腹部）　2.龙纹（凤纹簋口沿下）　3.双夔纹（田告父丁方鼎口沿下）

4.双龙纹（梁其盨盖顶）　5.分尾鸟纹（墙盘口沿下）　6.分尾回首夔纹（段簋口沿下）

189

窈曲纹,后改归云纹;马承源则归入兽体卷曲纹。此式窈曲纹见于梁其簋的圈足上(图五:4)。此式窈曲纹与Ⅰ型2式窈曲纹共见于梁其簋一器之上。

4式 由两条曲线相互套钩而形成的纹饰。这种纹饰见于不娶簋盖的边缘上(图五:7)。此外,滕县出土的不娶簋的口沿下,史颂簋的口沿下和器盖上、晋侯邦父夫人墓出土之鼎(M62:79)、簋(M62:83)上,都有这样的纹饰。

5式 由三条曲线连续套钩而成的纹饰,此式窈曲纹见于秋簋的口沿下(图五:8)。

窈曲纹的型式既如上述,还有几个有关的问题需要略加论述。

第一,关于窈曲纹的起源问题。容庚认为窈曲纹中多含有目形和兽角形状,可知是从动物形象变化而来,这个看法是很正确的。进而论之,从其仅有单目而论,大概是从侧视的夔龙纹或鸟纹演变而成。

上文例举的函皇父鼎口沿下的Ⅰ型2式窈曲纹(图三:2),从同器腹部的龙纹(图六:1)即可推知两者之间的关系。该纹为一侧视的龙,单目,张口,卷尾,鼻前伸出一向上翻卷的曲线,或称为象鼻龙纹,设若将兽鼻和曲线连成一体,即和同器口沿下的窈曲纹几乎完全相同,由是可知这类窈曲纹确实是由这种龙纹变化而来的。

梁其簋等器上的Ⅰ型2式窈曲纹(图二:7),大概也是从所谓的象鼻龙纹中演变而成的。试看凤纹簋口沿下的纹饰(图六:2),龙的形象较函皇父鼎简化,原来的兽鼻已与其前的曲线合而为一,与梁其簋上的窈曲纹非常接近。

卫鼎等器上的Ⅰ型1式窈曲纹(图二:1)有可能是从夔纹演变而成的,如田告父丁方鼎口沿下的纹饰(图六:3),或称为目纹,实际上是一正一倒的双夔合一目。这种纹饰略加简化就可以演化为Ⅰ型1式窈曲纹。

梁其壶和晋侯邦父墓所出方壶上的Ⅰ型5式窈曲纹(图五:1、2),也应是从所谓的象鼻龙纹中演化而成的。梁其盉盖顶上的纹饰(图六:4)很明显是由一个所谓的象鼻龙纹将两端化为龙首,成为一组长方形的三龙图案。如将两端的龙首简化为曲线,自然就演变成Ⅰ型5式窈曲纹。

Ⅰ型4式窈曲纹是由两个曲线组成的一个纹样单元,一个曲线有目,一个曲线无目(图四)。这式窈曲纹大概出自分尾的鸟纹和夔纹。例如墙盘口沿下的分尾鸟纹(图六:5),头有花冠,扬翅,形成一个"S"形的曲线,而分尾很长,形成一个两端内卷的曲线,这样的纹饰图样会很自然地演化为Ⅰ型4式窈曲纹的格局。段簋口沿下的分尾回首夔纹(图六:6),由于同样理由,也可以演化为Ⅰ型4式窈曲纹。

弄清楚Ⅰ型4式窈曲纹的演化过程,那么Ⅱ型无目的各式窈曲纹的演化也就迎刃而解了。实际上,Ⅱ型窈曲纹就是Ⅰ型4式窈曲纹中那个无目的曲线的各种变化。这就不需要再作什么说明了。

190

1

2

3

4

5

图七　与窃曲纹共存的纹饰（一）

1.瓦纹（师簋簋腹部）　2.波浪纹（小克鼎腹部）　3.交龙纹（晋侯斯壶腹部）
4.横鳞纹（师簋簋圈足）　5.垂鳞纹（史颂簋圈足）

　　第二，与窃曲纹共存的各种铜器纹饰。铜器花纹之间的共存关系，往往有助于判别铜器的年代。与窃曲纹关系最密切的共存纹饰主要是瓦纹、波浪纹、鳞纹和双头龙纹。瓦纹和窃曲纹共存的比例最大，大凡Ⅳ型2式三足簋口沿下多为窃曲纹，腹部则均为瓦纹，几为西周中晚期簋的定制。如元年师旋簋、师簋簋、梁其簋以及晋侯邦父夫人墓、晋叔家父墓出土的簋，莫不如此（图七：1）。

　　波浪纹和窃曲纹共存的比例也较大，但与瓦纹不同的是后者多见于簋上，而波浪纹多见于鼎和壶上。鼎大都为Ⅳ型4式，口沿下饰一周窃曲纹，而腹部则饰波浪纹，如大小克鼎（图七：2）、史颂鼎、晋侯邦父鼎等。壶则多在盖缘饰窃曲纹，颈、腹部饰波浪纹，如三年痪壶、几父壶、杨姞壶等。虢季子白盘也是在口沿下饰一周窃曲纹，而在腹壁饰波浪纹。

　　值得注意的是在同一器上集合了窃曲纹、波浪纹、鳞纹和交龙纹等几种纹饰。如颂壶，盖缘一周窃曲纹，颈部饰波浪纹，腹部饰交龙纹，圈足饰垂鳞纹。晋侯斯壶也在盖缘饰一周窃曲纹,颈部饰波浪纹,腰际一周横鳞纹,腹部饰交龙纹(图七∶3、4、5)。由此可见这个时期的主要纹饰的组合情形。

除了上述几种纹饰之外,与窃曲纹共存的,还有以下几种,这些花纹大都是由较早时期沿袭下来的。

盠方彝在口下和圈足上都饰Ⅰ型1式窃曲纹,而在腹壁中央饰圆涡纹,两侧各有一个回首屈体龙纹(图八∶1)。盠方彝这种式样的形制富有特色,两侧都有向上翘起的象鼻状执手,相同的器形还有师遽方彝、井叔方彝,这些器的时代特征明确,大抵属于西周中期孝王前后之器。

宰兽簋的器口下有一周Ⅰ型2式窃曲纹,盖上饰Ⅱ型2式窃曲纹,但在方座的四角饰兽面纹,有分解的角、眉、眼、嘴(图八∶2)。这是窃曲纹和兽面纹共存的极少的例子,或是西周中期纹饰中特有的现象,此后兽面纹就少见了。

不娶簋的盖上饰Ⅱ型4式窃曲纹,滕县出土的不娶簋器上也是此式窃曲纹,而在簋盖的顶上则饰一鸟纹,钩喙,回首,扬翅,伸爪,整体作圆形(图八∶3)。王臣簋的盖顶内也饰一圆形花冠鸟纹,而其口沿下饰Ⅰ型4式窃曲纹,圈足上则饰Ⅱ型2式窃曲纹。

裘卫四器中,两件鼎都饰Ⅰ型1式窃曲纹,廿七年卫簋的口沿下及盖缘都饰Ⅰ型2式窃曲纹,而三年卫盉的颈部和盖缘则各饰一周分尾回首夔纹(图八∶4)。这种情况表明这几种纹饰是同时并存的。上文曾论述窃曲纹是由分尾的鸟纹和夔纹演变而成的,裘卫四器的情况表明原生和派生的纹饰并不是截然划开的,而是有一段并存的时期。前面提到的函皇父鼎口沿下的Ⅰ型2式窃曲纹和鼎腹上的所谓象鼻龙纹的并存情形也是如此。由于裘卫四器的年代比较明确,可知这种共存现象在西周中期恭王前后就已经出现了。

第三,窃曲纹的序列和年代。上文已就窃曲纹,特别是Ⅰ型有目窃曲纹的起源略加推测,即Ⅰ型1式窃曲纹有可能出自双夔合目纹,Ⅰ型4式窃曲纹则出自分尾夔纹或分尾鸟纹,Ⅰ型2式窃曲纹有可能出自象鼻龙纹,而象鼻龙纹又经由双龙纹演化为Ⅰ型5式窃曲纹,Ⅰ型3式窃曲纹则脱胎于Ⅰ型2式窃曲纹。列式如下∶

　　双夔合目纹——Ⅰ型1式窃曲纹

　　分尾夔、鸟纹——Ⅰ型4式窃曲纹

　　　　　　　Ⅰ型2式窃曲纹——Ⅰ型3式窃曲纹

　象 鼻 龙 纹

　　　　　　　双龙纹——Ⅰ型5式窃曲纹

由于Ⅰ型各式窃曲纹源出不同的纹饰母题,因而它们之间的关系不能用序列来表示,这是窃曲纹自身的一个特点。

图八　与窃曲纹
共存的纹饰(二)

1. 龙纹、圆涡纹
　（齐方彝腹部）

2. 兽面纹
　（宰兽簋方庖）

3. 鸟纹
　（不嬰簋盖顶）

4. 分尾回首夔纹
　（卫盉盖缘）

1

2

3

4

　　至于窃曲纹的年代，主要由各式窃曲纹所在的年代较明确的铜器来确定。据此，Ⅰ型
1式窃曲纹见于卫鼎和齐方彝，可以推定在西周中期。Ⅰ型4式窃曲纹见于元年师旋簋、
大小克鼎诸器，其年代可推定为西周中期至西周晚期。Ⅰ型2式窃曲纹最早见于长由盉，
可知其最早流行于西周中期之初，及至梁其簋、函皇父鼎，可知此式窃曲纹晚期仍流行。
Ⅰ型3式窃曲纹见于吴虎鼎，虢季子白盘，可定为西周晚期。Ⅰ型5式窃曲纹见于梁其壶
等器，可以推定为西周晚期。

附录一

殷周青铜容器上鸟纹的断代研究

陈公柔　　张长寿

对于殷周青铜容器上装饰纹样的分析与研究，在学者中大致有两种不同的倾向。一种是探讨花纹本身的含义，例如从宗教、神话的角度，论述某种花纹所反映的当时人们的意识形态。另一种则主要讨论花纹的型式以及它在铜器断代上的作用。

所谓花纹在铜器断代上的作用是指：确立花纹本身的发展序列；揭示花纹的发展序列和铜器的发展、衍变的关系；进行论证花纹的发展序列在推断铜器年代上的作用。本文即以殷周青铜容器上的鸟纹为例，试作分析和排比，用以阐明装饰花纹在铜器断代上的意义和作用。

关于鸟纹的分析、研究，国内外的学者都曾做过不少工作。国内学者系统地论述鸟纹者，始于容庚先生。他在《商周彝器通考》花纹一章中，将鸟纹分为鸟纹、凤纹两类共 12 种型式[1]，他认为鸟纹通行于商及西周，商代鸟身短，垂尾；西周鸟身长，尾多上卷。凤纹则始于商末，而盛行于西周。50 年代中期，陈梦家先生在《西周铜器断代》中曾多次从断代学的角度讨论鸟纹[2]。他把鸟纹分为三类，指出：所谓鸟纹，一是成对的小鸟，二是成条的长鸟，三是单个的大鸟。小鸟占据次要的带纹，大鸟占据主要的腹部，此两种鸟纹因自殷代，见于成王铜器。惟占据器项一带的长鸟始于西周初期而渐有变化，即鸟身与尾部的逐渐分离（分尾），鸟喙发展为一长条垂于鸟首之前（垂喙）。长鸟的变化也影响于大鸟。他还将各类鸟纹分为：（一）不分尾的长鸟；（二）成对的小鸟；（三）不垂喙的大鸟；（四）分尾的长鸟；（五）垂喙的长鸟；（六）分尾而垂喙的长鸟；（七）垂喙的大鸟等七项。并指出，由于同一作器者而有不同形式的鸟，可知四至七是约略同时的。他认为成王时的大鸟（不垂喙）、小鸟（成对）、长鸟（不分尾），不见于康王以后，康王初年兴起的分尾与垂喙之鸟，仍流行于康王

---

[1]　容庚《商周彝器通考》第六章花纹，123~126 页，1941 年。

[2]　陈梦家《西周铜器断代》(三)，《考古学报》1956 年第 1 期，91~93 页。

以后,等等。李学勤同志在《西周中期青铜器的重要标尺》一文中,论述近年陕西所出青铜器的断代问题,并对鸟纹作了分析[1]。他认为微史家族铜器群中的丰尊、丰卣是穆王时器,其花纹为垂冠的大鸟,而与此花纹相似的效尊、效卣、公尊、公卣、静卣、牟友卣、孟簋、伯戜簋等,都是穆王时器,过去把这种鸟纹列入康王时,失之过早。他还认为,史墙盘是共王时期最有代表性的标准器,其器腹的长鸟纹,尾部与鸟体业已分离,而在伯戜器群中,体尾分离与不分离的两种长鸟纹是并存的。

国外学者对于鸟纹也有不少论述。早在30年代后期,高本汉在《中国青铜器的新研究》一文中,分析了1200多件铜器的装饰纹样。关于鸟纹,他只分了两种,一种是分尾的长鸟(B3),一种是包括了小鸟、大鸟、不分尾的长鸟在内的鸟纹(C11)[2]。这种分类显然是很粗疏的。不过,他举出这些鸟纹和器形,特别是共存花纹的关系,以及其年代等,颇可参考。张光直的《商周青铜器与铭文的综合研究》从发掘报告、历代图录和公私收藏中搜集了4000件有铭铜器,按器形、纹饰、铭文等,逐件逐项填入电脑打卡,汇成资料。他把鸟纹分为35种型式[3],每种纹饰和器形、共存花纹等关系均可从资料卡片上查获。这本书作为资料无疑是很有用的,可惜的是,本书的下册,即综合研究部分迄今未刊出,所以无从得知其研究的结果。林巳奈夫在《凤凰图象之系谱》一文中,论述了鸟纹的发展序列,并列举其型式分别说明其年代,对鸟纹作了初步的分型和断代[4]。樋口隆康在《西周铜器编年的新资料》中,根据微史家族铜器群,对鸟纹的型式和年代进行探讨[5]。他指出,昭穆时期的丰尊、丰卣,大型凤纹与小鸟纹共存,凤纹的型式与庚嬴卣等相同。属于穆共时期的墙器,鸟纹虽亦垂冠,但喙部与丰器不同。更晚的十三年痪壶,鸟纹为顾首,尾与鸟身分离呈C字形。他认为,鸟纹始于商代安阳期,从西周前期的后半逐渐盛行,且多变化。大型凤纹多见于西周中期之前半,小鸟纹至西周中期之末仍然存在。

凡此,都是鸟纹分析、研究中的重要工作。本文拟在此基础上对鸟纹做进一步的断代分析,作为一种以分析花纹为手段的铜器断代方法的尝试。

铜器花纹并不是孤立的。因此,在分析、研究花纹时,应充分注意到铜器的出土情况、器形、器群组合、主题纹饰和辅助纹饰、可资断代的铭文等方面。本文在引用材料上首先着重于考古发掘品和有确切出土地点的器物,然后,将传世品纳入适当的序列中。

本文选用的殷周青铜容器共233件。鸮卣、鸟形尊等立体的鸟形容器,以及鸟形的鼎

---

[1] 李学勤《西周中期青铜器的重要标尺》,《中国历史博物馆馆刊》1979年第1期。

[2] 高本汉《中国青铜器的新研究》,《远东博物馆馆刊》第9期,14、18、20页,1937年。

[3] 张光直《商周青铜器与铭文的综合研究》,160～163页,1973年。

[4] 林巳奈夫《凤凰图象之系谱》,《考古学杂志》第52卷1号,11～28页,1966年7月。

[5] 樋口隆康《西周铜器编年的新资料》,1980年6月2日在纽约"中国青铜器讨论会"上的报告。

足、盖纽等都不包括在内。其他质料的鸟形饰物，如殷周的玉鸟，在研究鸟纹的断代上颇有参考价值，但以牵涉太广，概未提及。本文所据的材料以图像清晰、鸟纹细部可以辨识者为限，凡图像不清或纹饰变形者概不采用。

本文分为文字、图、表三部分。文字部分按小鸟纹、大鸟纹、长尾鸟纹三类分别叙述，实际上是图的说明；图是表示鸟纹的发展序列的；表是用以揭示所依据的材料。三者是有机联系，互为补充的。

一 小鸟纹

在殷商早期和中期的青铜容器上，迄今还没有发现过鸟纹。以鸟纹为青铜容器的装饰纹样大概最早是在殷墟时期。

最早出现于殷代铜器上的鸟纹是一种小鸟纹，这种小鸟纹常常以宽带状的形式饰于器物的颈部、肩部，作为辅助纹样。小鸟纹的式样较多，大致可以分为以下各式。

Ⅰ1式 Ⅰ代表小鸟纹。此式小鸟纹大都无冠羽，喙呈钩状，翅向上翘，双脚前伸，尾羽作弧形下垂状，末端平齐。殷墟五号墓所出的妇好偶方彝，在器的肩部和盖上都饰有这种形状的小鸟纹（图谱：111）。此式小鸟纹的最显著的特点在于它的尾部。同墓出土的中柱盂、妇好方鼎、亚启方彝、司弇母方壶都有相同或相似的小鸟纹。妇好方鼎上的小鸟纹，尾羽也是作弧形下垂的，但嘴为尖喙，头上是钝角状的羽冠。司弇母方壶的鸟纹位于肩上，鸟头上也有羽冠，而鸟纹上身突出器表，形成凸饰。和殷墟五号墓年代相近的小屯18号墓出土的一件簋，颈部一条小鸟纹也是这种形式（图谱：112）。

在传世的铜器中，美国弗里尔美术馆（Freer Gallery）收藏的一件大口尊、日本《白鹤撰集》著录的一件鸟纽盖方卣、英国塞奇威克（Sedgwick）收藏的一件方彝、高本汉文章中引用的赫尔斯特龙（Hellstrom）所藏的鼎（图谱：113）和我国收藏的一件方罍，器上都有此式鸟纹。方卣据传为30年代彰德府殷墓所出，有亚夹铭文。从器形看，这几件铜器和殷墟五号墓所出的同类器物形制相同，其年代也应是相近的。

由于殷墟五号墓出土的铜器中有好几件都有这种小鸟纹，而五号墓的年代又比较明确，因此，可以确认此式小鸟纹出现的年代较早，大致在武丁后期。由于在较晚的青铜器上再也没有发现这种小鸟纹，可以推断此式小鸟纹流行的时间不太长，只限于殷墟中期。

Ⅰ2式 此式小鸟纹无冠羽，尖喙，短翅上翘，秃尾无羽，状如雏鸡。这种小鸟纹常用来填补其他装饰纹样之间的空白。殷墟五号墓出土的偶方彝，在器腹的兽面纹和夔纹之间的空白即以此式小鸟纹为填空（图谱：121）。上海博物馆收藏的一件父丁卣（图谱：122）和波士顿美术馆（Boston Museum of Fine Art）收藏的一件卣，以及弗里尔美术馆收藏的一件卣,都是在器腹的大鸟纹的尾羽下,用此式小鸟纹填补空白,但均为钩喙,有冠羽。上海博物馆收藏的父乙觥,也是在大鸟纹下填以小鸟纹,但形状略有不同,喙作弯曲状,头上有绶带式冠羽,尾向下卷曲,双脚强壮有力(图谱:123)。

这种小鸟纹的年代上限由于妇好偶方彝而可以推定。至于下限,上海博物馆、波士顿美术馆、弗里尔美术馆所藏的3件卣都被认为是西周初期的,由此可知这种小鸟纹大概不晚于周初。

Ⅰ3式 尖喙,头上有绶带式冠羽,尾部上曲而下卷。殷墟五号墓出土的分体甗的甑,颈部就有一条带状的这式小鸟纹(图谱:131)。此种小鸟纹很少见。

Ⅰ4式 尖喙,有的无冠羽,有的有绶带式冠羽,短翅上翘,尾羽分成两条,下面一条尾羽两端都向下卷曲,呈卷云纹状。此式小鸟纹最早可以探溯到殷墟五号墓出土的妇好方彝上。在这件方彝的口下有一周小鸟纹,尖喙,张口,无冠羽,短翅上翘,尾羽两股,均较短,下股两端下卷作云纹状(图谱:141)。同器上有Ⅰ1式小鸟纹,可见此式小鸟纹出现的年代也比较早。

表一 　　　　　　　　　　　鸟纹断代表

		殷 墟 时 期	殷 末 周 初	成 康 时 期	昭 穆 时 期	恭 懿 以 后
Ⅰ	1	━━━━				
	2	━━━━━━━				
	3	━━				
	4	━━━━━━━━━━			━	
	5	━━━━				
	6	━━━━━		━		
	7	━━━	━			
	8	━━━			━	
	9	━━━━━━━━━			━	
Ⅱ	1			━━		
	2		━━			
	3		━━━━━━			
	4				━━	
	5			━	━	
	6			━━	━	
	7				━	
	8					━━━
	9		━━			
Ⅲ	1		━━			
	2		━━			
	3			━━		
	4				━━	
	5				━	
	6					━━
	7					━

197

传世的小臣𫏋卣，肩下有一周这样的小鸟纹，为钩喙，有冠羽，尾羽两股较长，下股也作卷云纹状（图谱：142）。美国白金汉（Buckingham）收藏的亚启父乙方鼎，口下也有一周这样的鸟纹。这两件器都被认为是殷代晚期的。

宝鸡出土的柉禁一组铜器，其中的方座卣在方座上也有此种小鸟纹（图谱：143），和小臣𫏋卣上的鸟纹完全相同，见于同器的还有其他两种小鸟纹和一种大鸟纹。西周早期的渣伯卣（图谱：144）和父乙臣辰卣也都饰此种小鸟纹。1962年扶风齐家出土的同铭方尊、方彝和觥三器也是以此种鸟纹为辅助纹饰（图谱：145）。扶风这几件铜器有可能是西周中期的。

I 5式 尖喙，无冠羽，短翅上翘，双脚前伸，尾羽下折作尖钩状。殷墟西北冈1022号墓出土的带盖觯，颈部有一周此种小鸟纹（图谱：151）。1022号墓相当于殷墟文化中期，其年代与殷墟五号墓相近或略晚。上海博物馆收藏的一件方彝，口下一周小鸟纹与此相同。《邺中片羽》著录的一件舟盘，盘内周边有鱼、鸟、兽纹，其鸟纹的形状也与1022号墓的觯相同。弗里尔美术馆收藏的一件蟠龙纹盘，在蟠龙纹的周围也绕以鱼、鸟、兽纹，鸟的尾羽也下折成尖钩状，但头上有钝角状冠羽（图谱：152）。上述的盘被认为是殷墟晚期的，因此可以推定这种小鸟纹的年代。由于此式小鸟纹发现较少，而且不见于更晚的铜器上，可见流行的时间较短，其下限也许不会晚于殷墟晚期。

I 6式 殷墟西北冈2046号墓出土一件器盖，椭圆形，菌形纽，四棱，盖的中心饰直棱纹，盖沿一周小鸟纹。鸟纹为钩喙，头上有绶带式冠羽，短翅上翘，双脚前伸，尾羽下折末端分叉如鱼尾状（图谱：161）。同墓还出土一件卣，口下及盖上均有一周小鸟纹，钩喙，头上有心形冠饰，尾羽呈叉状。这式小鸟纹的最显著的特征就在于鸟尾作叉状，即外侧的尾羽较中间者为长。2046号墓所出的卣是殷墟西区第三、第四期墓葬中最常见的形式，可以确认属殷墟晚期，由此可见此式小鸟纹的年代。美国纽约大都会博物馆（The Metropolitan Museum of Art）收藏一件尊，大侈口，折肩，高圈足，肩下饰一周小鸟纹，尖喙，有冠羽，尾羽也呈叉状。从尊的器形来判断，应属殷墟中期，因此，这式小鸟纹最早出现的年代也许在殷墟中期。

这种小鸟纹最流行的时期大概在殷末周初。新乡市博物馆收藏的父己方鼎是1950年安阳郊区出土的，口下一周小鸟纹，也是尖喙，绶带式冠羽，尾羽呈叉状。此鼎无疑是殷代的。弗里尔美术馆收藏的亚其夨乍母辛卣，器形为直筒状，在器盖、颈、圈足上各有一周这样的小鸟纹（图谱：162）。这件卣或以为是殷代末年的，或以为是西周早期的。日本收藏的一件乍父戊卣，也是直筒形的，也是以这种小鸟纹为主要纹饰带的。此卣传出洛阳北窑，而该地是著名的西周墓地。宝鸡出土的柉禁二卣也都有这种小鸟纹，其中一卣有方座，方座的四壁均有三种不同的小鸟纹，其一即是此式（图谱：163）。日本收藏的效父簋，圈足上有一周这样的小鸟纹（图谱：164），而腹部的主体花纹和大丰簋相同，从器形和花纹来判断，其年代当在周初。此外，美国福格美术馆（Fogg Art Museum）所藏的德簋，日本收藏的燓子盉，也都饰有此式小鸟纹，这几件器的年代都属西周早期。

弗里尔美术馆收藏的一件白矩觯，颈部有一周小鸟纹，尖喙，绶带式冠羽，双翅细长，双脚的跗蹠伸直，尾羽折而下垂，呈叉状，但中间不相连接，形成两股（图谱：165）。由此例可知此式小鸟纹和下一式小鸟纹的关系。这件觯被认为是西周早期的。

Ⅰ7式 1959年陕西城固出土了一件斝，其上有瑰丽的小鸟纹。这种小鸟纹为尖喙，回首，头上有两条很长的冠羽，一条平伸向后，一条折而垂前，双翅上翘，双脚前伸，尾羽分为两股，上股短，向后，下股折而下垂（图谱：171）。这件斝的形状为平底，宽鋬，高柱残断，从器形而论，似属殷墟中期。由此可见此式小鸟纹出现的年代。

这种小鸟纹到了西周早期略有变化。日本收藏的一对夔凤纹爵被认为是西周早期的，其上的小鸟纹与城固的斝基本相同，所不同的在于鸟首向前，头上的两条冠羽一条平伸向后，一条垂于头后，尾羽则分为三股，上股较短而向后，中股折而下垂，下股向内卷曲（图谱：172）。这对爵上的小鸟纹很明显是由城固斝上的小鸟纹发展演变而来的。

这种小鸟纹在西周早期很流行，在许多铜器上都有发现。有鸟首向前的，也有鸟首回顾的，有钩喙的，也有尖喙的，但冠羽大都只有一条，呈绶带状，飘于头后，尾羽三股，下股或向内卷曲，或为横向，两端卷曲作云纹状。西周早期有很多同铭的方彝、尊、觥都以此式小鸟纹为装饰，如令彝（图谱：173）和尊；歔乍父辛方彝、觥、尊；燓子方彝（图谱：174）和尊。上述诸器大都流出国外。美国弗里尔美术馆收藏的一件王鼒方尊，颈下及圈足也饰一周这样的小鸟纹，而洛阳市博物馆于1960年收集到一件同铭方彝，盖顶、颈及圈足也饰这种小鸟纹。据称此器出于洛阳马坡，原是一处著名的西周墓地。从这些铜器的形制和铭文来看，都是西周早期的，可见此式小鸟纹盛行于西周早期。

Ⅰ8式 这式小鸟纹由两个相对而立的小鸟，双翅卷曲往上，组成蕉叶式的图案。上述城固出土的斝在口下有一周此式小鸟纹（图谱：181），这是此种小鸟纹中年代最早者。降至西周，这种小鸟纹常用来装饰尊的侈口器壁。这种尊侈口，束颈，腹部垂弛，矮圈足，与三节式高圈足的尊显然不同。如扶风庄白出土的丰尊，口下就有四个蕉叶式图案的小鸟纹（图谱：182）。其他如美国皮尔斯伯里（Pillsbury）收藏的一件尊，费城宾省大学博物馆（University Museum, University of Pennsylvania, Philadelphia）收藏的一件尊，都是这种形式，都饰此种小鸟纹。丰尊是穆王时器，可知这种小鸟纹从殷墟中期一直延续到西周中期。

Ⅰ9式 此式小鸟纹多为直立姿态，它们都以对称的方式置于兽面纹的两侧。这种小鸟纹的变化较多，式样也不尽相同，为避免繁琐，以下按年代早晚分别说明，不再细分。

殷墟西北冈1004号墓出土的牛鼎、鹿鼎，在牛头纹和鹿头纹的两侧各有一对形状奇特的鸟纹，钩喙，有角形冠饰，双脚粗壮，牛鼎的鸟纹在尾下还有三个星形装饰（图谱：191）。1004号墓在地层关系上晚于1001号墓而早于1002号墓，相当于殷墟中期，可见此种小鸟纹最初出现的年代。牛鼎和鹿鼎上的鸟纹形状很特殊，在以后的铜器上再也没有发现过这种形状的鸟纹。

陕西清涧张家坬出土的一件尊，腹部的主要纹饰是由一对夔纹组成的兽面纹，两侧各有一个小鸟纹，尖喙，长颈，头上有三歧羽冠，曲体，尖尾下垂，无尾羽，鸟身上有鳞形纹饰（图谱：192）。传世铜器中有一件彭女卣，在兽面纹的两侧也有一对鸟纹，尖喙，头上有绶带式冠羽，更有三歧的羽冠。清涧的尊为侈口，折肩，体较矮，同出的还有簋、觚、罍、盘、瓿等，按其器形和共存器物，似为殷墟中期，彭女卣的年代则为殷末周初。

这种小鸟纹也被用于某些器的方座上。柉禁双卣之一的方座，两侧就分列此种小鸟纹，钩喙，头后垂有绶带式冠羽，双脚强壮有力，尾羽垂地（图谱：193）。弗里尔美术馆收藏的白者父簋，方座上兽面纹两侧也有一对这样的鸟纹。美国穆尔（Moore）收藏的一件百乳纹方座簋，方座的两侧也是以这种鸟纹作装饰的。这些方座簋都被认为是西周早期的。

西周早期的尊，在腹部往往饰兽面纹，而两侧配以小鸟纹。陕西扶风云塘20号墓出土的且丁尊（图谱：194），陇县出土的饕餮纹尊，安徽屯溪1号墓出土的父乙尊，洛阳市博物馆收藏的乍宝彝尊以及美国麦克劳德（McLeod）收藏的乍宝彝尊等，器形、纹饰的格局相同，都是在兽面纹两侧配以鸟纹。

1966年陕西岐山贺家西周墓中发现一件鼎，器形与大盂鼎相似，口下饰一周兽面纹，两侧也有小鸟纹，但式样略异。尖喙，有冠羽，引颈昂首，短翅，尾羽分两股，上股上卷，下股下卷（图谱：195）。这件鼎上的小鸟纹不作直立姿态，大概是由于其上多出了一个凸起的兽面装饰的原故。同墓出土的还有史踣簋等，可以确认这件鼎也是西周早期的。

扶风庄白1号铜器窖藏坑出土的一对觚，在圈足上有小鸟纹，尖喙，有二条绶带式冠羽，尾羽修长回卷而上，栖立于圆形物上。这种鸟纹也作直立姿态，但已不是配置于兽面纹的两侧，或许是此式小鸟纹中之较晚者。

弗里尔美术馆藏有一件残器，铭文为“单异乍父癸宝障彝”，也是在兽面纹两侧置鸟纹，钩喙，头上有冠羽，脚趾强壮有力，尾羽下垂而上卷（图谱：196）。美国圣路易市美术馆（City Art Museum of St. Louis）收藏的一件筒形觯，有一对长颈的鸟纹，伫立于兽面纹之上。这两件器纹饰的格局和此式小鸟纹相同或相似，但鸟纹较大，我们仍然把它们列入此式小鸟纹是为了借以窥知它们和大鸟纹的关系。

二　大鸟纹

大鸟纹是指以鸟纹为主题花纹,并占据了青铜容器的主要部位。这种鸟纹大概最早出现于殷末周初,而盛行于昭穆时期。其构图都是作两鸟相对状,花纹大都瑰丽多姿,而形态各异。现按其不同的式样分述如下。

Ⅱ1式　Ⅱ代表大鸟纹。此式大鸟纹多为钩喙,昂首,有冠羽,尾羽卷成各种姿态。美国布伦戴奇(Brundage)收藏的白觯,器腹饰相对而立的鸟纹,钩喙,头上有二条冠羽,其一耸立,另一为绶带状,末端有三歧的花形装饰,双翅上翘呈叉状,脚趾张开,尾羽折而下垂(图谱:211)。上海博物馆收藏的父庚觯,在器腹也有相似的大鸟纹,钩喙,有耸立的冠羽,另有一条绶带式冠羽,双翅曲而上卷,脚趾伸开,尾羽折而下垂。这两件铜器均属西周早期,其上的大鸟纹很明显是由Ⅰ9式小鸟纹发展来的。日本收藏的旨中乍父己尊和焂子旅卣(图谱:212),器腹分隔成正倒相间的等腰三角形,而在正三角形中饰两只相对的大鸟纹。钩喙,头上有耸立的冠羽,另有绶带式冠羽,引颈昂首,尖翅上卷,尾羽两股。上述的尊、卣器形与丰尊、丰卣相同,其年代也应相近。

Ⅱ2式　上海博物馆收藏的一件父乙觥,器腹饰大鸟纹,钩喙,头上有耸立的冠羽,又有一条绶带式的冠羽,昂首引颈,尖翅向上,脚趾粗壮,尾羽分两股,平伸向后,上股末端上卷,下股末端下卷,颈部饰鳞纹(图谱:221)。福格美术馆收藏的一件觥,器腹的大鸟纹也是这种型式。这式大鸟纹和岐山贺家出土的一件鼎上的Ⅰ9式小鸟纹相同,两者显然有密切的关系,它们很可能是年代相近的。

Ⅱ3式　这式大鸟纹和Ⅰ6式小鸟纹的特点相同,即尾羽折而下垂末端呈叉状。新乡市博物馆收藏的且辛卣是1965年辉县褚邱出土的,器盖和器腹均有此种鸟纹,钩喙,绶带式冠羽,双翅上翘,尾羽折而下垂,末端呈叉状(图谱:231)。湖南宁乡出土的戈卣,美国沃斯特美术馆(Worcester Art Museum)和皮尔斯伯里收藏的卣,器形和且辛卣相同,花纹布局也相同,器腹都饰这样的大鸟纹。这几件卣都被认为是殷代的。

与上述几件卣器形、花纹相同的还有宝鸡出土的椃禁二卣,也都是在器腹饰这样的大鸟纹。上海博物馆收藏的父丁卣,器形相同而失盖,器腹也饰大鸟纹,但花纹更为繁缛。钩喙,头后有三歧的花形羽冠,尾羽下折,末端呈叉状,其上还竖立三股小尾羽(图谱:232)。弗里尔美术馆和波士顿美术馆分别收藏一件器形、花纹完全相同的卣,据传出自宝鸡斗鸡台,这两件卣上的大鸟纹和上海博物馆的父丁卣完全相同。这几件卣大概都是西周初期的。

布伦戴奇藏器中有一件塱方鼎,铭文记述周公伐东夷事。此鼎的四壁均饰相背的大

鸟纹图谱　（图中编号百位数:类别,十位数:式别,个位数:号数）

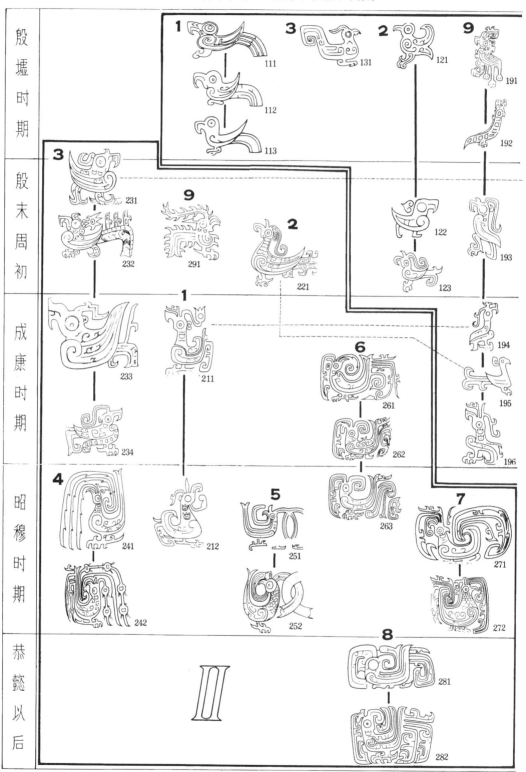

殷墟时期

殷末周初

成康时期

昭穆时期

恭懿以后

202

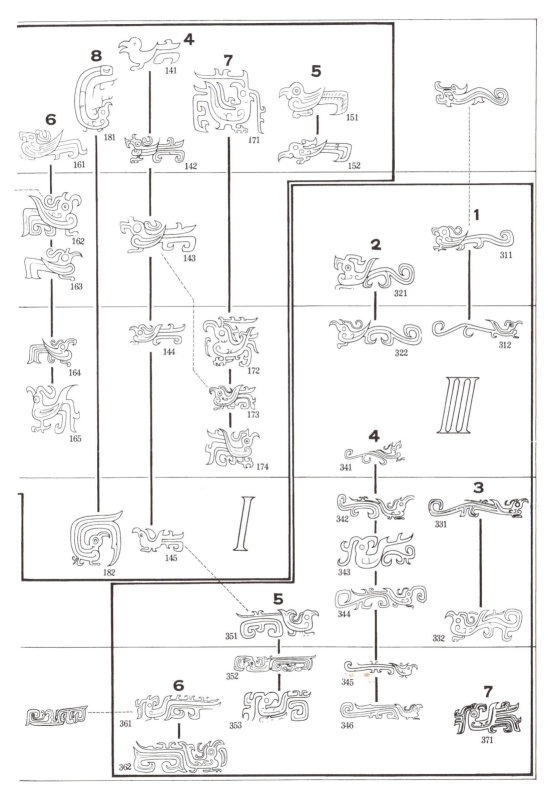

鸟纹,两壁间相向两鸟的钩喙会于四隅,构成扉棱,头上有绶带式冠羽,尖翅上翘,尾羽下折末端呈叉状,尾羽之上还矗立一股尾羽(图谱:233)。这件鼎的年代由铭文可以确定。陕西武功柴家嘴出土的戈母丁簋,所饰大鸟纹与墺方鼎相同。

岐山礼村出土的一件父癸尊,腹部也饰此式大鸟纹,《尊古斋》著录的乍父丁宝陴彝尊(图谱:234),器形、纹饰均与上器相同。大鸟纹为钩喙,绶带式冠羽,尖翅上翘,尾羽下折,末端呈叉状,只是尾羽之上没有竖立的小尾羽。这两件尊和Ⅰ9式扶风、屯溪出土的尊形制相同,在纹饰上则不以兽面纹为主两侧配置小鸟纹,而直接以鸟纹为主题花纹。由器形而论,它们很可能是同时的。

Ⅱ4式 此式大鸟纹都有绚丽的冠羽和尾羽。弗里尔美术馆收藏的一件乍宗彝卣,器、盖都饰这种大鸟纹,尖喙,昂首引颈,双翅上翘作叉状,脚趾粗大,头上有耸立的小冠羽,此外,另有三条细长的冠羽迤逦绕至头前,垂及地面,尾部也有相同的尾羽(图谱:241)。皮尔斯伯里收藏的郭白毁簋,也饰此式大鸟纹,但更加华丽,尖喙,回首,冠羽和尾羽均有所谓的"联璧",或即象征孔雀羽屏的斑眼(图谱:242)。与郭白毁簋花纹相同的还有邢季尊、卣等。

1974年在北京琉璃河53号墓中出土一件攸簋,双耳、有盖,圈足下有立虎形三足,器、盖都饰这种大鸟纹,因未及去锈,故花纹不清。铭文记匽侯赏攸贝,因而作器。同墓所出还有尊、爵、觯等。此墓简报推断属成康时期,晏琬认为攸簋为康昭之际器,陈梦家定郭白毁簋为昭王时器,邢季尊、卣应在共王以前。由此可知此式大鸟纹的年代。

Ⅱ5式 此式大鸟纹的特点在于相对两鸟的冠羽作交互纠缠之状。1959年安徽屯溪1号墓所出的卣,腹部饰此种鸟纹,尖喙,回首,双翅上翘呈叉状,头上竖立一簇冠羽,另有绶带状冠羽相互缠结(图谱:251)。1965年,屯溪又出土一批铜器,其中的卣,器腹也饰此种大鸟纹。从器形而论,后者的年代似略晚。传世品中猷氏(Eumorfopoulos)原藏的一件尊也有此式大鸟纹(图谱:252)。这种大鸟纹发现较少,其年代或相当于昭、穆时期。

Ⅱ6式 此式大鸟纹的特点是鸟喙卷曲,回首,头上有冠羽垂于身前作卷云纹状,双翅上扬,末端呈叉状,只有一条短短的向后平伸的尾羽。1961年陕西长安张家坡西周铜器窖藏坑出土的孟簋,双耳,方座,在器腹和方座的四壁都饰这种大鸟纹(图谱:263)。郭沫若认为孟簋是成王时器,时代定得过早。美国福格美术馆收藏的庚嬴卣(图谱:262),器腹及盖上的大鸟纹与孟簋相同。郭沫若认为此是康王时器,陈梦家也认为此种鸟纹"正是从成王时代的鸟形变为后一时期新形式鸟形的标准形式。对于此一种新式鸟形的发生以及其演变,是解决康王时代若干组铜器的关键"。传世铜器上有这种大鸟纹的还有效尊、效卣、静簋、史梅兄簋、己侯簋盖等。

上海博物馆收藏的夆莫父卣,器形与庚嬴卣相同,器腹和盖上的大鸟纹基本相同而更加繁缛，尖喙，头上有二条长冠羽，一条垂前，一条绕后，而尾羽更增多至四条（图谱：261）。此器或较庚嬴卣略早。总之，此式大鸟纹最早也许可以到康王时期，而大多数都是昭、穆时期的。

Ⅱ7式 1976年扶风庄白发现微史家族铜器群窖藏，这群铜器的最有价值之处在于根据铭文称谓可以列出作器者的七代世系，从而为铜器的断代提供可靠的依据。这群铜器中的丰尊、丰卣都饰大鸟纹，根据世系，丰是史墙之父，墙当共王之世，因此，丰尊、丰卣可以视为穆王时期的标准器。

此式大鸟纹作尖喙，头上有四条冠羽，二条较长者垂于头前，拥颈，尖翅上扬而内卷，尾羽自翅端向后甩呈大回曲状，如丰尊、卣（图谱：271）。美国普林斯顿大学美术馆（The Art Museum，Princeton University）收藏的一件鸟纹尊，器形与丰尊相同，鸟纹为尖喙，头上有三条冠羽，一垂头前，二披在头后，双翅上翘呈叉状，尾羽分成两股，一股绕至头前，一般折而往后。1975年扶风庄白西周墓中出土的癸簋，双耳作鸟状，器腹及盖上也饰此种大鸟纹（图谱：272）。此簋据同墓出土的其他铜器以及和传世的录伯癸簋等器的联系，可以推定是穆王时器。

Ⅱ8式 此式大鸟纹喙卷曲，回首，头上有冠羽垂前，双翅上扬，末端呈叉状，尾羽两股，下股向内回卷，整个纹饰构图趋向于扁宽，如师汤父鼎，鼎腹即饰此式大鸟纹（图谱：281）。北京历史博物馆收藏的宁簋盖，其上的大鸟纹亦属此式，惟不作回首状。传世的芮太子壶，其上的大鸟纹（图谱：282）亦可归入此式，惟同器上既有回首的也有不回首的两种大鸟纹。

师汤父鼎三足已呈蹄状，其名亦见于仲枏父鬲，鼎铭中的新宫、射卢也见于趞曹鼎，论者或以为是共王时器。此式大鸟纹之冠羽、尾羽，其构图渐趋图案化，而近于窃曲纹，可以认为此式大鸟纹是大鸟纹中之较晚者。

Ⅱ9式 在大鸟纹中有极少几件鸟纹特殊者，如美国普林斯顿大学美术馆收藏的文父丁觥和布伦戴奇藏器中的中子異洟觥，两者器形、花纹几乎完全相同。所饰鸟纹为尖喙，头上有绶带式冠羽，尾羽折而下垂，末端呈叉状，而其特异之点在于羽冠和尾羽上都附加倒刺状装饰，或是象征鸟羽（图谱：291）。这两件觥大抵是殷末周初的。

三　长尾鸟纹

长尾鸟纹的特征是鸟身比较短小而身后拖着细长而卷曲的尾羽。这种鸟纹大都以带状形式装饰在容器的口沿下、腹上部或圈足上，作为辅助纹饰，也有很多铜器就以这种带状的长尾鸟纹为主要纹饰的。长尾鸟纹大体上可以分为以下各式。

Ⅲ1式 Ⅲ为长尾鸟纹。此式长尾鸟纹为钩喙或尖喙，头上有绶带式冠羽，鸟身较短，双翅上翘，身后有细长的尾羽，尾羽末端向上翻卷，尾羽的前端和中部还有二支向前卷曲的小羽。上海博物馆收藏的父丁卣，在口沿下和圈足上各有一周这样的长尾鸟纹（图谱：311），而在器腹则饰Ⅱ3式大鸟纹和直棱纹。天津市文化局收藏的父己觯，口下有一周此式长尾鸟纹，而器腹饰兽面纹。美国皮尔斯伯里收藏的一件方鼎，铭文为弓形内章字，器四壁为乳钉纹和勾连雷纹，口下则为此种长尾鸟纹带。这几件器都是殷末周初的。传世的冈劫尊以及布伦戴奇收藏的同铭卣，都是以此种长尾鸟纹（图谱：312）和直棱纹为装饰纹样。根据冈劫尊、卣的铭文，则是成王伐奄时器。由上述诸器可知此式长尾鸟纹的时代。

Ⅲ2式 此式长尾鸟纹与上式大体相同，只是尾羽前端的小羽向后卷曲，呈卷云纹形状。1966年岐山贺家西周墓中出土的两件史速方鼎，四壁饰乳钉纹和直棱纹，口沿下则饰此式长尾鸟纹，同墓所出有史临簋等。美国纳尔逊美术馆（Nelson－Atkins Gallery of Art）收藏的成王方鼎和史速方鼎纹饰相同，也是在口下有一周这样的长尾鸟纹（图谱：322）。传世的卿尊，腹部也有这样的花纹带。以上诸器的年代大都不晚于成康时期。上海博物馆收藏的甲簋，传出宝鸡，双耳，方座，在方座的底边也有一周这样的长尾鸟纹（图谱：321）。值得注意的是这件簋的器身及方座上，四种鸟纹（Ⅰ4、Ⅰ6、Ⅰ9、Ⅲ2）共存，这对于探讨各式鸟纹的年代是很有帮助的。

Ⅲ3式 这式长尾鸟纹的特征是除了鸟身原有的细长而卷曲的尾羽外，又在其上增添了一条向后延伸的尾羽。扶风庄白出土微史家族铜器群中的乍父辛爵，腹部就饰这样的长尾鸟纹。另外，扶风伯戒墓出土的两件饮壶之一，颈部也有此式长尾鸟纹（图谱：332）。这两件器都被认为是穆王时器。传世的赑簋（图谱：331）、父乙簋、夨王方鼎盖、戈作整彝尊等，也都饰这种长尾鸟纹，其年代大概也都相近。

Ⅲ4式 此式长尾鸟纹与上二式基本相同，也有两条尾羽，上面一条尾羽向后延伸，下面一条尾羽前端向下卷，后端向上卷，呈横的S形，但与鸟身不相连，即所称的分尾鸟。1972年，甘肃灵台白草坡2号墓出土的两件疐伯卣，圆筒形，器盖及器身共有三周此式长尾鸟纹（图谱：341），此墓被认为是康王时期的。1978年扶风齐家19号墓出土一组铜器共12件，其中二鼎、二簋、盘、盂都以此式长尾鸟纹为纹饰带（图谱：345）。根据这组铜器和同墓所出陶器的器形，可以认为它们属于穆王末年或共王初年。由此可知此式长尾鸟纹的年代。传世铜器中有一件过伯簋，双耳，方座，口下饰一周长尾鸟纹，尖喙，回首，有绶带式冠羽，尾羽两股，下股与鸟身分离（图谱：343）。此簋铭文有从王伐反荆语，或被认为是成康时器。流入美国的同铭屯尊、屯卣（图谱：342），也以此式长尾鸟纹为装饰，也被认为是成康时期的。这几件器，从器形和纹饰来说，也很可能是昭、穆时期的。传世铜器中有此式长尾鸟纹者为数颇多，如师趛鼎、师旅鼎（图谱：344）、恣鼎、命簋、竞卣等，其年代大抵相近。1957年陕西长安兆元坡出土的辅师嫠簋,口沿下也有一周此式长尾鸟纹,但其尾羽的前端已向窃曲纹的式样演变(图谱:346)。《颂续》著录的易鼎也是这种长尾鸟纹。辅师嫠簋郭沫若定为厉王时器,大概是此式长尾鸟纹中之年代最晚者。

Ⅲ5式 此式长尾鸟纹的特点在于尾羽仍为两条,而下面一条尾羽的末端不再向上翻卷,两端都向下卷曲,呈卷云纹状。这式长尾鸟纹很可能是由Ⅰ4式小鸟纹演变而来的。扶风庄白出土的史墙盘的口沿下就是此种长尾鸟纹,尖喙,头上有两条冠羽垂在头前,双翅上扬,末端呈叉状,尾羽两股,上股向后,下股两端卷曲(图谱:352)。同群铜器中的墙爵以及丰爵,其上的鸟纹也如是。扶风庄白伯戎墓所出的伯戎簋(图谱:351)和饮壶乙在颈部也有这样的纹饰。这些铜器都是穆王和共王时期的。微史家族铜器群中的两件痶盨,口下一周此式长尾鸟纹,不同的是下股尾羽由原来的横向改为竖向,成了一个正视的 C 字(图谱:353),其年代晚于墙盘,大约相当于懿王时期。

原热河凌源发现的匽侯盂等一批铜器中有一件附耳鼎,口下一周鸟纹,也是此种形式,尖喙,有绶带式冠羽,尖翅上翘,上股尾羽极细,下股尾羽较粗,两端卷曲。此器的鸟纹,尾羽与鸟身相连,同出又有匽侯盂等年代较早的铜器,其年代也许较早。

Ⅲ6式 此式长尾鸟纹与上式基本相同,只是下股尾羽已由卷云纹演变为窃曲纹的式样。扶风庄白出土的痶壶和岐山董家出土的仲南父壶(图谱:361),两者器形、花纹都相同,其颈部所饰鸟纹为钩喙,回首,冠羽垂前,尖翅上扬,尾羽两股,上股向后延伸,下股卷曲而前端变成窃曲纹的样子。长安张家坡出土的师旟簋乙,口下一周鸟纹也是此种型式(图谱:362)。痶壶、仲南父壶都是西周中晚期器,师旟簋乙郭沫若以为乃厉王时器,属西周晚期。此式鸟纹与Ⅲ4式中的辅师嫠簋都出现了尾羽向窃曲纹演化的迹象,后者郭沫若也认为是厉王时器。可见上述的变化大致在西周中晚期之交。

Ⅲ7式 在长安张家坡的一座西周晚期墓中出土的一对壶,颈部一周鸟纹,鸟喙弯曲,回首,冠羽垂前,尖翅上翘,尾羽分为三股,上股向后延伸,中股折而下垂,下股两端向内卷曲(图谱:371),同出的还有 3 鼎、4 盨。1976年浙江长兴发现的铜鼎以及山西征集的虞侯壶也都饰此种长尾鸟纹。此式鸟纹以及Ⅲ6式长尾鸟纹大概已是鸟纹中最晚的型式了。

四 结语

青铜容器上的鸟形纹饰,最早出现于殷墟时期,其没落期约在西周中期之后。鸟形纹饰式样繁多,本文分为小鸟纹、大鸟纹和长尾鸟纹三类 25 式,大体上是接受了陈梦家先生在《西周铜器断代》中关于鸟纹的分类而进一步区分式别。这种分类法只是就鸟纹的外形来划分,以便分析、比较,而并不表示三者之间在时代上有绝对的早晚。

鸟纹中最早出现的是小鸟纹。在安阳殷墟妇好墓中出土的青铜容器上已有用小鸟纹为装饰纹样的,但一般都只是作为陪衬用的纹饰。

小鸟纹大致可以分为两种型式。一种是鸟身竖立的, 通常是对称地分置在兽面纹的两侧(Ⅰ9),也有两鸟相对倒立组成蕉叶状的(Ⅰ8)。另一种是鸟身横立的,此种小鸟纹式样较多,但最常见的是尾羽折而下垂,末端呈叉状(Ⅰ6)和尾羽分为三股的(Ⅰ7)。本文将小鸟纹分为9式,其中Ⅰ1、Ⅰ2、Ⅰ3、Ⅰ5诸式大体来说只见于殷墟时期,尤以Ⅰ1、Ⅰ5式的时代特点比较明显。Ⅰ6、Ⅰ7式数量最多,开始出现于殷墟晚期而盛行于西周早期。Ⅰ9式最早见于殷墟侯家庄西北岗出土的牛鼎、鹿鼎上,而盛行于殷末周初。这种小鸟纹有可能是大鸟纹最早的祖型。

大鸟纹最早出现于殷末周初,一开始就被用作主题花纹,其特点在于有华丽的冠羽,所谓戴胜、绶带。早期的大鸟纹昂首、引颈,从整体看,显得颈长而躯体横宽,很可能是从Ⅰ9式小鸟纹发展、演变而来的。稍后,鸟颈渐短而冠羽纷披,尾羽卷曲之状则愈为繁缛,从整体说,拥颈,躯体近于方形或扁长方形。衰落期的大鸟纹,冠羽、尾羽前后扭卷,整体更趋扁长,呈现出逐渐向窃曲纹演化的倾向。扶风庄白出土的丰尊、丰卣以及传世的庚嬴卣等器上的大鸟纹是其典型式样,是大鸟纹鼎盛时期的代表,前者公认是穆王时器,后者被认为是康王时器,由此可见大鸟纹鼎盛时期的年代。本文将大鸟纹分为9式,除Ⅱ9式外,其分式顺序大体上可以说是代表大鸟纹的发展序列。

长尾鸟纹流行的时间较长。其特点是鸟身短而尾羽长,迤逦卷曲,形成或宽或窄的带状纹饰。这种鸟纹带常见于容器的口下、颈部或圈足上。

本文所述的长尾鸟纹实际上包含着两种型式。一种是尾羽末端向上卷,从整体看,尾羽呈横S形,本文的Ⅲ1至Ⅲ4式即属此种。另一种是尾羽的两端都向下卷,形成一个横的C形,本文的Ⅲ5至Ⅲ7式属此种。这两种长尾鸟纹渊源各不相同,各有其发展、变化的序列。前者和夔纹的尾部有密切的关系,尾羽由不分尾到分尾;后者和Ⅰ4式小鸟纹有密切的关系,尾羽由两股粗细相若变为一粗一细。两者的最后阶段都是在尾羽前端出现窃曲纹那样的纹样,表现出向窃曲纹变化的趋势。前一种长尾鸟纹大概最早出现于殷末周初,后一种长尾鸟纹可以追溯到西周早期,两者的最后阶段大概可以晚到厉王时期。

在有些铜器上往往有几种鸟纹同时并存,有的多达三四种,这对了解有关各种鸟纹之间的相对年代关系是很重要的。但是,由于各种鸟纹的自身发展演变不尽相同,因此,并存并不表示它们必然相与始终。至于鸟纹和其他纹饰的共存关系,对于研究鸟纹的断代问题也是很有帮助的。所以,我们在表二中所引的青铜容器除了标明其上的各式鸟纹外,同时也注明了共存的其他纹饰。

最后,为便于阅读对照,我们将各式鸟纹的年代序列草成表一,以供参考。

本文的鸟纹图谱是请张孝光同志设计编绘的。

表二 　　　　　　　　　　殷周青铜容器鸟纹型式登记表

序号	器　名	器形特征	鸟纹式别	其他纹饰	著　录
1	妇好偶方彝	长方形彝,附耳	Ⅰ1、Ⅰ2	鸮纹、兽面纹等	《妇好墓》791
2	妇好方鼎	长方形,八棱	Ⅰ1	雷纹	《妇好墓》834
3	好中柱盂	侈口,附耳	Ⅰ1	垂三角纹	《妇好墓》764
4	亚启方彝	直壁,四坡盖	Ⅰ1	兽面纹	《妇好墓》823
5	司夸母方壶	直颈,斜肩,有盖	Ⅰ1	兽面纹	《妇好墓》794
6	屈侯簋	敞口,无耳	Ⅰ1	方格乳钉纹	《考古学报》81.4
7	子龚尊	大侈口,宽肩,高圈足	Ⅰ1	兽面纹、夔纹	《弗里尔》16
8	亚夨方卣	口圆体方,鸟形钮	Ⅰ1	兽面纹、夔纹	《白鹤》1
9	人形铭方彝	直壁,八棱,四坡盖	Ⅰ1	兽面纹	《沃森》18a
10	鸟纹鼎	深腹,立耳,三柱足	Ⅰ1	圆涡纹、三角蝉纹	《新研究》92
11	饕餮纹方斝	方形,四足	Ⅰ1	兽面纹、三角纹	《新研究》1211
12	父丁卣	椭圆形,提梁连接短径,失盖	Ⅰ2、Ⅱ3、Ⅲ1	直棱纹	《文物》64.7
13	鸟纹卣	椭圆形,提梁连接短径,凸棱	Ⅰ2、Ⅱ3、Ⅲ1	直棱纹	《美集录》A591
14	鸟纹卣	同上	Ⅰ2、Ⅱ3、Ⅲ1	直棱纹	《弗里尔》50
15	父乙觥	前流,后鋬,有盖	Ⅰ2、Ⅱ2、Ⅲ1		《上海》15
16	妇好甑	敞口,双耳	Ⅰ3	垂三角纹	《妇好墓》768
17	妇好方彝	直壁,四坡盖	Ⅰ4、Ⅰ1	兽面纹	《妇好墓》825
18	小臣𫍥卣	体方,直口,有肩	Ⅰ4	兽面纹、夔纹	《日精》51
19	亚启父乙方鼎	双立耳,四柱足	Ⅰ4	垂三角纹	《美集录》A75
20	㳠伯卣	壶形,有盖,提梁	Ⅰ4	夔纹	《滕稿》29
21	父乙臣辰卣	同上	Ⅰ4	宽带纹	《美集录》A603
22	明尊	侈口,鼓腹筒状	Ⅰ4		《美集录》A443
23	日己方彝	直壁,四坡盖	Ⅰ4	兽面纹	《陕青》(二).120
24	日己方尊	方体,圆口,四棱	Ⅰ4	兽面纹、蕉叶纹	《陕青》(二).121
25	日己觥	体方,前流,长尾鋬,有盖	Ⅰ4	兽面纹、夔纹	《陕青》(二).122
26	西北岗 1022 号墓觯	束颈,矮体,有盖	Ⅰ5	兽面纹、三角蝉纹	《五十三件》38
27	鼎方彝	直壁,四棱,四坡盖	Ⅰ5	兽面纹	《古铜选》18
28	蟠龙纹盘	敞口,深腹,高圈足	Ⅰ5	蟠龙纹、鱼、兽纹	《弗里尔》3
29	舟盘	敞口,窄沿,深腹	Ⅰ5	鱼、兽纹	《邺三》下6
30	西北岗 2046 号墓器盖	菌形纽,四棱	Ⅰ6	直棱纹	《五十三件》51
31	西北岗 2046 号墓卣	椭圆形,提梁连接长径	Ⅰ6	联珠纹	《五十三件》41

表二(续)

序号	器 名	器形特征	鸟纹式别	其他纹饰	著 录
32	宁尊	大侈口,折肩,高圈足	Ⅰ6	兽面纹	《美集录》A402
33	父己方鼎	双立耳,四柱足	Ⅰ6	乳钉纹、勾连纹	《豫青》324
34	母辛卣	直筒形,有盖	Ⅰ6	直棱纹、回首夔纹	《弗里尔》53
35	父戊卣	同上	Ⅰ6、Ⅲ2	直棱纹	《日精》83
36	鸟纹卣	同上	Ⅰ6、Ⅲ2	直棱纹	《新研究》621
37	鼎卣	提梁连接短径,四棱,盖有犄角	Ⅰ6、Ⅱ3	直棱纹	《美集录》A589
38	方座鼎卣	同上,有方座	Ⅰ6、Ⅰ9、Ⅱ3、Ⅲ5	直棱纹	《美集录》A590
39	鸟纹觯	束颈,矮体	Ⅰ6、Ⅱ3	直棱纹	《新研究》921
40	效父簋	双耳,圈足	Ⅰ6	卷尾龙纹	《日精》106B
41	德簋	双耳,圈足,方座	Ⅰ6	兽面纹、夔纹	《美集录》A220
42	棥子盉	三款足,有流、鋬	Ⅰ6		《冠斝》补遗5
43	亚醜罍	双耳有环,有鼻	Ⅰ6	圆涡纹、垂三角纹	《美集录》A778
44	羊父癸觥	体方,有流、鋬、盖	Ⅰ6	兽面纹	《日精》261
45	乍宝隣彝卣	提梁连接长径,四棱	Ⅰ6	兽面纹	《海外》50
46	爻父丁簋	双耳,圈足	Ⅰ6	夔纹、直棱纹	《武英》67
47	鸟纹簋	同上	Ⅰ6	直棱纹	《新研究》391
48	鱼乍父庚尊	侈口,筒形	Ⅰ6	兽面纹、蕉叶纹	《日精》147
49	饕餮纹觯	四棱	Ⅰ6	兽面纹、三角蝉纹	《日精》115
50	方座簋	四耳方座	Ⅰ6、Ⅰ9、Ⅲ1	方格乳钉纹	《美集录》A226
51	伯矩觯	束颈,有盖	Ⅰ6	兽面纹	《弗里尔》75
52	饕餮纹斝	平底,双柱残断	Ⅰ7、Ⅰ8	兽面纹	《陕青》(一).113
53	夔凤纹爵	圜底	Ⅰ7		《日精》236
54	噩叔簋	四耳,方座	Ⅰ7	夔纹、圆涡纹	《上海》32
55	父丁壶	长颈,双贯耳,有盖	Ⅰ7	雷纹	《美集录》A695
56	乍旅壶	同上	Ⅰ7	雷纹	《日精》290
57	獸乍父辛方彝	曲壁,四坡盖	Ⅰ7	兽面纹	《日精》281
58	獸乍父辛觥	体方,前流后鋬,有盖	Ⅰ7	兽面纹、夔纹	《弗里尔》44
59	令方彝	曲壁,四坡盖	Ⅰ7	兽面纹、双身龙纹	《美集录》A646
60	令方尊	方体圆口,八棱	Ⅰ7	兽面纹、蕉叶纹	《善吉》132
61	令簋	双耳,敛口,方座	Ⅰ7	勾连雷纹	《欧精》12
62	棥子方彝	曲壁,四坡盖	Ⅰ7	兽面纹、夔纹	《美集录》A648
63	棥子方尊	方体圆口,八棱	Ⅰ7	兽面纹、蕉叶纹	《日精》143
64	王姁方彝	曲壁,四坡盖	Ⅰ7	兽面纹	《文物资料丛刊》(三)
65	王姁方尊	方体圆口,八棱	Ⅰ7	兽面纹、蕉叶纹	《弗里尔》18
66	且辛卣	直筒形,有盖	Ⅰ7、Ⅲ1	直棱纹	《美集录》A608
67	殁古方尊	方体,圆口,四棱	Ⅰ7	兽面纹、蕉叶纹	《上海》35
68	卫尊	侈口,鼓腹,筒形	Ⅰ7		《日精》153

序号	器　名	器形特征	鸟纹式别	其他纹饰	著　录
69	鸟纹爵	圜底	Ⅰ7、Ⅱ7		《古铜选》37
70	乍宝陴彝卣	提梁连接长径，盖有犄角	Ⅰ7		《考古与文物》80.4
71	乍旅簋	双耳，方座	Ⅰ7	方格乳钉纹	《美集录》A176
72	乍宝陴彝尊	侈口，束颈，鼓腹	Ⅰ8、Ⅱ6	夔纹	《美集录》A448
73	鸟纹尊	侈口，束颈，鼓腹	Ⅰ8、Ⅱ6	夔纹	《罗越》51
74	乍宝陴彝尊	侈口，束颈，鼓腹	Ⅰ8、Ⅱ7	夔纹	《皮尔斯伯里》29
75	乍宝陴彝尊	同上	Ⅰ8、Ⅱ7、Ⅲ3		《海外》76
76	牛鼎	立耳，四柱足	Ⅰ9	牛头纹	《鼎形器》25
77	鹿鼎	同上	Ⅰ9	鹿头纹	《鼎形器》29
78	饕餮纹尊	侈口，短颈，广肩	Ⅰ9	兽面纹	《陕青》（一）.61
79	彭女卣	提梁连接长径，失盖	Ⅰ9	兽面纹	《双剑古》上 28
80	白者父簋	双耳，方座	Ⅰ7	兽面纹、夔纹	《美集录》A221
81	且丁尊	侈口，鼓腹，筒状	Ⅰ9	兽面纹	《陕青》（三）.69
82	饕餮纹尊	同上	Ⅰ9	兽面纹	《陕青》（三）.165
83	父乙尊	同上	Ⅰ9	兽面纹	《考古学报》59.4
84	乍宝彝尊	同上	Ⅰ9	兽面纹	《文物资料丛刊》（三）
85	乍宝彝尊	同上	Ⅰ9	兽面纹	《美集录》A427
86	饕餮纹鼎	双立耳，深腹，三柱足	Ⅰ9	兽面纹	《陕青》（一）.157
87	伯矩簋	双耳，方座	Ⅰ9	兽面纹、双身龙纹	《美集录》A207
88	鸟纹觯	敞口，筒形	Ⅰ9	兽面纹	《罗越》45
89	蕉叶鸟纹觚	大侈口，细柄，高圈足	Ⅰ9	蕉叶纹	《陕青》（二）.1
90	单异残器	似尊之腹	Ⅰ9	兽面纹	《弗里尔》15
91	白觯	侈口，矮体，鼓腹	Ⅱ1	雷纹	《美集录》A535
92	父庚觯	侈口，细高体	Ⅱ1、Ⅲ4	蕉叶纹	《上海》43
93	旨中乍父己尊	侈口，束颈，鼓腹	Ⅱ1	蕉叶纹	《白鹤》27
94	棥子旅卣	提梁连接长径，盖有犄角	Ⅱ1、Ⅲ6		《日精》74
95	丙己觥	椭圆形，前流后鋬，有盖	Ⅱ2		《美集录》A653
96	且辛卣	提梁连接短径，四棱，盖有犄角	Ⅱ3、Ⅲ1	夔纹、直棱纹	《豫青》367
97	戈卣	提梁连接短径，四棱，盖有犄角	Ⅱ3、Ⅲ1	夔纹、直棱纹	《古铜选》21
98	舌卣	提梁连接短径，四棱，盖有犄角	Ⅱ3、Ⅲ1	夔纹、直棱纹	《美集录》A588
99	亚卣	提梁连接短径，四棱，盖有犄角	Ⅱ3、Ⅲ1	夔纹、直棱纹	《皮尔斯伯里》16
100	父戊觥	椭圆形，前流后鋬，有盖	Ⅱ3、Ⅲ1	夔纹	《美集录》A654
101	鸟纹方尊	方形，侈口，折肩	Ⅱ3	夔纹、蕉叶纹	《美集录》A405
102	塑方鼎	双立耳，四鸟形足	Ⅱ3		《布伦戴奇》30

表二(续)

序号	器 名	器形特征	鸟纹式别	其他纹饰	著 录
103	戈母丁簋	双耳,圈足	Ⅱ3	雷纹	《文物》63.3
104	父癸尊	侈口,鼓腹,筒状	Ⅱ3		《陕青》(一).19
105	父丁尊	侈口,鼓腹,筒状	Ⅱ3	雷纹	《美集录》A426
106	攸簋	双耳,有盖,圈足下有三高足	Ⅱ4		《考古》74.5
107	乍宗彝卣	提梁连接长径,盖有犄角	Ⅱ4		《弗里尔》58
108	郭白馭簋	双耳,圈足	Ⅱ4	目斜雷纹	《美集录》A192
109	邢季尊	侈口,束颈,鼓腹	Ⅱ4、Ⅲ3	蕉叶纹	《故图》下上110
110	邢季卣	提梁连接长径,盖有犄角	Ⅱ4、Ⅲ3		《海外》52
111	鸟纹卣	提梁连接长径	Ⅱ5	回首夔纹	《考古学报》59.4
112	鸟纹卣	提梁连接长径	Ⅱ5		《文物》65.6
113	鸟纹尊	侈口,束颈,鼓腹	Ⅱ5、Ⅰ8	回首夔纹	《猷氏》A8
114	孟簋	双耳,方座	Ⅱ6		《考古学报》62.1
115	庚嬴卣	提梁连接长径,盖有犄角	Ⅱ6、Ⅲ4		《美集录》A631
116	夆莫父卣	提梁连接长径,盖有犄角	Ⅱ6、Ⅰ7		《上海》39
117	静簋	双耳,圈足	Ⅱ6	夔纹	《贞吉》上33
118	且丁簋	双耳,圈足	Ⅱ6	夔纹、圆涡纹	《美集录》A193
119	史梅兄簋	鸟头形双耳,圈足	Ⅱ6、Ⅲ3		《美集录》A195
120	虢白簋	双耳,圈足	Ⅱ6、Ⅲ4、Ⅲ5		《弗里尔》69
121	乍旅彝卣	提梁连接长径,盖有犄角	Ⅱ6、Ⅲ3		《武英》130
122	乍父癸觯	束颈,鼓腹	Ⅱ6	夔纹	《弗里尔》72
123	乍宝彝卣	提梁连接长径,盖有犄角	Ⅱ6、Ⅲ4		《海外》51
124	鱼乍父庚彝尊	侈口,束颈,鼓腹	Ⅱ6、Ⅲ4	蕉叶纹	《日精》155
125	效尊	侈口,束颈,鼓腹	Ⅱ6	夔纹、蕉叶纹	《海外》75
126	鸟纹觯	束颈,鼓腹,有盖,有鋬	Ⅱ6	夔纹	《日精》121
127	乍宝隩彝簋	鸟形双耳,圈足	Ⅱ6、Ⅲ5		《武英》48
128	己侯簋盖	圆杯形捉手	Ⅱ6		《梦续》20
129	乍宝隩彝尊	侈口,束颈,鼓腹	Ⅱ6	夔纹、蕉叶纹	《故图》下上115
130	鸟纹簋	双耳,圈足	Ⅱ6、Ⅲ5		《日精》110
131	乍父丁尊	侈口,束颈,鼓腹	Ⅱ6	雷纹、蕉叶纹	《日精》157
132	滕虎簋一	双耳,方座	Ⅱ6、Ⅲ5		《贞吉》上34
133	滕虎簋二	双耳,方座	Ⅱ6、Ⅲ5		《梦郼》上27
134	丰尊	侈口,束颈,鼓腹	Ⅱ7、Ⅰ8		《陕青》(二).18
135	丰卣	提梁连接长径,盖有犄角	Ⅱ7	蛇纹	《陕青》(二).19

序号	器　名	器形特征	鸟纹式别	其他纹饰	著　录
136	鸟纹尊	侈口，束颈，鼓腹	Ⅱ7、Ⅲ3	蕉叶纹	《罗越》52
137	戜簋	鸟形双耳，圈足，有盖	Ⅱ7		《陕青》（二）.104
138	乍宝陴彝卣	提梁连接长径，盖有犄角	Ⅱ7、Ⅲ3		《故图》下上 139
139	师汤父鼎	双立耳，三蹄足	Ⅱ8、Ⅲ5		《善吉》35
140	宁簋盖		Ⅱ8		《考古学报》56.3
141	芮太子白壶	椭方形，双耳，有盖	Ⅱ8		《武英》102
142	文父丁觥	方形，前流，后鋬，有盖	Ⅱ9	雷纹	《罗越》50
143	中子毘汚觥	同上	Ⅱ9	雷纹	《布伦戴奇》25
144	父己觯	椭圆口，束颈	Ⅲ1	兽面纹	《文物》64.9
145	弓臯方鼎	双立耳，四柱足，四棱	Ⅲ1	乳钉纹、勾连雷纹	《美集录》A71
146	冈劫尊	侈口，鼓腹，筒状	Ⅲ1	直棱纹	《通考》515
147	冈劫卣	提梁连接长径，盖有犄角	Ⅲ1	直棱纹	《布伦戴奇》35
148	鸟纹卣	提梁连接短径，盖有犄角	Ⅲ1	直棱纹	《日精》69
149	鸟纹盘	敞口，窄沿，高圈足	Ⅲ1	夔纹	《美集录》A818
150	史速方鼎	双立耳，四细高柱足	Ⅲ2	直棱纹、乳钉纹	《陕青》（一）.154
151	成王方鼎	双耳上有对兽，四柱足，八棱	Ⅲ2	直棱纹、乳钉纹	《美集录》A77
152	卿尊	侈口，鼓腹，筒状	Ⅲ2	夔纹	《澂秋》26
153	饕餮纹簋	双耳，圈足	Ⅲ2	卷尾龙纹	《美集录》A214
154	甲簋	双耳，方座	Ⅲ2、Ⅰ4、Ⅰ6、Ⅰ9	方格乳钉纹	《上海》33
155	父辛爵	圜底	Ⅲ3	直棱纹、三角纹	《陕青》（二）.23
156	白戜壶甲	筒状，双象鼻耳	Ⅲ3		《陕青》（二）.105
157	疊簋	双耳，圈足	Ⅲ3		《考古学报》56.1
158	父乙簋	双耳，圈足	Ⅲ3		《美集录》A189
159	矢王方鼎盖	两侧有鼎耳槽，半环形盖钮	Ⅲ3		《十二家》居四
160	戈尊	侈口，束颈，鼓腹	Ⅲ3		《颂续》57
161	鸟纹方鬲	双立耳，分档，四柱足	Ⅲ3		《故图》下上 2
162	白簋	双耳，圈足	Ⅲ3	夔纹	《日精》107
163	父丁盉	壶形有流，有提梁	Ⅲ3	夔纹	《澂秋》49
164	饕餮纹觥	方形，前流，后鋬，有盖	Ⅲ3	兽面纹、夔纹	《滕稿》40
165	陾伯卣	直筒状，有盖	Ⅲ4		《考古学报》77.2
166	乍旅鼎	立耳，鼓腹，柱足	Ⅲ4		《陕青》（三）.16
167	乍旅簋	双耳，圈足	Ⅲ4		《陕青》（三）.18
168	鸟纹盉	分档，四柱足，前流，后鋬，有盖	Ⅲ4		《陕青》（三）.26
169	鸟纹盘	侈口，双附耳	Ⅲ4		《陕青》（三）.25

表二(续)

序号	器 名	器形特征	鸟纹式别	其他纹饰	著 录
170	迢伯簋	双耳,方座	Ⅲ4		《梦郼》上 24
171	屯尊	侈口,束颈,鼓腹	Ⅲ4		《美集录》A451
172	屯卣	提梁连接长径,盖有犄角	Ⅲ4		《美集录》A623
173	虢鼎	双立耳,三柱足	Ⅲ4		《梦续》6
174	师趛鼎	双立耳,三柱足	Ⅲ4		《贞吉》上 24
175	师旅鼎	双立耳,三柱足	Ⅲ4		《善吉》31
176	命簋	侈口,附耳,有盖	Ⅲ4	夔纹	《美集录》A233
177	竞卣	提梁连接长径,盖有犄角	Ⅲ4、Ⅲ5		《海外》48
178	乍从彝尊	侈口,束颈,鼓腹	Ⅲ4		《美集录》A449
179	乍父癸尊	同上	Ⅲ4		《美集录》A450
180	叔鼎	双立耳,三柱足	Ⅲ4		《美集录》A84
181	伯鼎	同上	Ⅲ4		《美集录》A85
182	乍宝鼎	同上	Ⅲ4		《梦郼》上 7
183	乍宝彝鼎	同上	Ⅲ4		《贞吉》上 11
184	乍陣鼎	同上	Ⅲ4		《善吉》30
185	乍从彝簋	双耳,圈足	Ⅲ4		《冠斝》补遗 1
186	乍且戊簋	同上	Ⅲ4		《善吉》54
187	乍且乙簋	同上	Ⅲ4		《善吉》56
188	晋簋	双耳,圈足,有盖	Ⅲ4		《图释》13
189	伯椃簋	侈口,附耳	Ⅲ4		《尊古斋》2.6
190	乍父己卣	提梁连接长径,盖有犄角	Ⅲ4		《日精》79
191	中卣	同上	Ⅲ4		《贞吉》上 45
192	乍宝陣彝尊	侈口,束颈,鼓腹	Ⅲ4		《冠斝》上 33
193	季嬴霝德盉	分裆,四柱足,前流,后鋬,有盖	Ⅲ4、Ⅲ5		《美集录》A334
194	鸟纹盘	侈口,附耳	Ⅲ4		《日精》92
195	乍从彝盘	同上	Ⅲ4		《怀氏》
196	史述簋	双耳,圈足	Ⅲ4		《美集录》A190
197	庶金歸尊	侈口,束颈,鼓腹	Ⅲ4		《颂斋》14
198	庶金歸簋	双耳,圈足	Ⅲ4		《远东》27
199	乍父癸簋	同上	Ⅲ4		《颂续》33
200	辅师嫠簋	同上	Ⅲ4		《考古学报》58.2
201	易鼎	双立耳,三柱足	Ⅲ4		《颂续》6
202	丰乍父辛爵	圈底	Ⅲ5		《陕青》(二).20
203	墙盘	敞口,浅腹,附耳	Ⅲ5	窃曲纹	《陕青》(二).24
204	墙爵	圈底	Ⅲ5		《陕青》(二).25
205	白彧簋	敞口,附耳	Ⅲ5	瓦纹	《陕青》(二).103
206	白彧壶乙	侈口,束颈,象鼻耳	Ⅲ5		《陕青》(二).106

序号	器 名	器形特征	鸟纹式别	其他纹饰	著 录
207	云纹壶	细高体,贯耳,有盖	Ⅲ5、Ⅱ3	云纹	《陕青》(二).109
208	鸟纹鼎	敞口,浅腹,附耳,三柱足	Ⅲ5		《文物参考资料》55.8
209	卫鼎	立耳,鼓腹,柱足	Ⅲ5		《善吉》28
210	伯雊父簋	鸟形耳,有盖	Ⅲ5		《日精》108
211	县妃簋	双耳,圈足	Ⅲ5		《善吉》57
212	白簋	附耳,圈足	Ⅲ5		《善吉》65
213	趞尊	侈口,束颈,鼓腹	Ⅲ5		《考古学报》56.4
214	鸟纹盘	浅腹,窄沿	Ⅲ5	斜三角纹	《日精》91
215	乍宝簋	双耳,圈足	Ⅲ5		《尊古斋》2.3
216	鸟纹簋	同上	Ⅲ5		《宝蕴》52
217	鸟纹盉	敛口,鼓腹,三柱足,前流,后鋬,有盖	Ⅲ5	瓦纹	《远东》30 《陕青》(二).27
218	痹盨	椭方形,圈足下有四小足	Ⅲ5	瓦纹	《陕青》(二).81
219	鸟纹壶	细高体,贯耳,有盖	Ⅲ5		
220	十三年痹壶	细颈,双耳衔环,有盖	Ⅲ6	宽带纹、鳞纹	《陕青》(二).29
221	中南父壶	同上	Ⅲ6	宽带纹、鳞纹	《陕青》(一).177
222	师旋簋乙	双耳衔环,圈足下有三小足,有盖	Ⅲ6	直棱纹	《考古学报》62.1
223	师痹簋盖	圆杯状捉手	Ⅲ6		《文物》64.7
224	榍中簋	双耳,圈足	Ⅲ6		《文物资料丛刊》(二)
225	嬴霝德簋盖	圆杯状捉手	Ⅲ6		《颂续》41
226	陵中簋	双耳,圈足	Ⅲ6		《冠斝》上 22
227	白簋	附耳,圈足	Ⅲ6		《故图》下下 155
228	鸟纹壶	直颈,双耳衔环,有盖	Ⅲ6	波浪纹	《日精》294
229	尒尊	侈口,束颈,鼓腹	Ⅲ6		《故图》下上 113
230	鸟纹壶	椭圆口,贯耳	Ⅲ7	宽带纹、斜三角纹	《考古》65.9
231	鸟纹鼎	双立耳,三柱足	Ⅲ7		《文物》79.11
232	虞侯壶	椭圆口,双耳衔环	Ⅲ7	宽带纹、波浪纹	《文物》80.7
233	伯簋	双耳,方座	Ⅲ7	斜三角纹	《尊古斋》2.1

(此文原刊于《考古学报》1984 年第 3 期)

附录二

殷周青铜容器上兽面纹的断代研究

陈公柔　张长寿

一

前几年，我们曾写过一篇《殷周青铜容器上鸟纹的断代研究》，发表在《考古学报》1984 年第 3 期，作为青铜器纹饰断代研究的尝试，颇受各方的注意。本文是此项研究课题的继续，研究的对象是殷周青铜容器上最主要的纹饰之一的兽面纹。

本文所称的兽面纹，即传统上所谓的饕餮纹，其特征是一个正面的兽头，有对称的双角、双眉、双耳以及鼻、口、颌等，有的还在两侧有长条状的躯干、肢、爪和尾等。本文不打算从宗教、神话的角度来探讨这类花纹的含义及其所反映的当时人们的意识形态，而是着眼于花纹的型式和演变以及它在青铜容器上的断代作用，所以没有采用传统的饕餮纹这个名称，而称之为兽面纹。

最早注意到这类兽面纹的是北宋时期的金石图录，如《宣和博古图》指出，这种兽面纹就是《吕氏春秋》等书中所谓的饕餮，从此，这个名称在铜器研究中一直沿用到现在。关于这类花纹的年代，该书认为是可以早到商代的。然而对这类花纹的系统研究却是最近半个世纪以来才开始的。

李济在 1964 年曾经说过，近三十年来，有两部研究青铜器花纹的著作，为学术界所重视，一部是容庚的《商周彝器通考》，另一部是高本汉在《远东博物馆馆刊》23 期（1951年）讲早期青铜器花纹的文章[1]。

容庚在《商周彝器通考》的花纹一章中，详细罗列了青铜器上的各种纹饰并附图说明，他把兽面纹区分为饕餮纹和蕉叶饕餮纹两类，前者有 16 种不同的型式，后者有 3 种型式，合计 19 种。后来，他觉得原先的分类办法未免繁琐，有必要进一步加以整理，遂在

---

[1]　《瓢形器》63 页。

《商周青铜器通论》一书中归并为 12 个类型,分别举出典型图例作为代表。

高本汉早在 1937 年就发表过《中国青铜器的新研究》一文[1],论述了他对青铜器花纹的研究结果。他用统计学的方法对 1288 件传世的青铜器的纹饰进行研究,把这些青铜器上的各种纹饰分为 A、B、C 三群,属于 A 群的有饕餮面(A1)、连体饕餮(A2)、牛角饕餮(A3)等 6 种,属于 B 群的有分解饕餮(B1)等 11 种,属于 C 群的有变形饕餮(C1)、龙化饕餮(C2)等 16 种。他确认,统计学研究的证据表明 A 群和 B 群的纹饰不共存的原则是普遍的,即 A 群和 B 群的纹饰分别和 C 群的纹饰共见,而 A 群和 B 群两者的纹饰决不共存于同一件器物之上。至于兽面纹,他认为 A1～A3 是真正的饕餮纹,是原生的型式,B1 是派生的,它们的变化是由 A 群的饕餮面、连体饕餮演变为 C 群的变形饕餮、龙化饕餮,最后变化为 B 群的分解饕餮。

1951 年,高本汉又发表了《早期青铜器纹饰的规律》,该文用大量图例来探讨龙纹和连体饕餮纹的各种形式及其变化的规律[2]。李济称它对于铜器花纹的分析,不但方法缜密,也有很多精辟的见解[3]。高本汉认为饕餮和龙是同源的,它们具有各种形状相同的角及其他因素,但他的着眼点则是在躯干下部短肢的特征和变化。他把连体饕餮纹分成 275 种,每种都附有图例,他力图通过对花纹的分类排比,证明龙纹和连体饕餮纹是怎样从最初的相当写实的图象逐渐通过各种因素的退化、分解,最后只剩下一些毫无意义的陈迹。

李济对容庚和高本汉在研究青铜器纹饰方面取得的成绩给予一定的评价,同时,对他们用以研究的材料乃至研究的方法又提出了批评。他认为,他们所用的材料,性质甚为庞杂,他们研究的方法,均是以图案本身为主体,讨论它们的结构及其变化,以解释这些变化所反映的各种问题,他们采用的分析单位乃是饕餮、龙这些传统的、用得极普遍的花纹单位。李济认为:"就纯粹的装饰艺术说,它们的发展历史及形成的过程,均需要特别详尽的处理后,方能看出它们的起源及历史意义,而器物本身的时代,更不是专靠花纹的外形变化所能断定的。""假如我们不能确知一件器物出土的准确地点,而拿它的形制和花纹做标订它们的时代根据,这个方法很容易导致若干错误的结论。高本汉和容庚二氏的论著,均免不了这一点。"[4]李济的批评有的是很对的,有的则是可以进一步讨论的,这些我们留在后面再说。

李济是中国近代考古学的先驱,解放以前曾长期主持安阳殷墟的发掘工作,他对中国考古学的发展和殷墟文化研究所做的贡献自不待言。单就青铜器的研究而论,他对殷

[1]　B. Karlgren: New Studies On Chinese Bronzes, BMFEA no. 9, 1937.

[2]　B. Karlgren: Notes On The Grammar of Early Bronze Decor, BMFEA no. 23, 1951.

[3]　《瓠形器》63 页。

[4]　同[3]63～64 页。

墟发掘出土的176件青铜容器作了长时期的考察之后,从1964年起,按容器的类别,连续发表了《殷墟出土青铜瓡形器之研究》(1964年)、《殷墟出土青铜爵形器之研究》(1966年)、《殷虚出土青铜斝形器之研究》(1968年)、《殷墟出土青铜鼎形器之研究》(1970年)、《殷墟出土伍拾叁件青铜容器之研究》(1972年)五本系列研究专著,从形制、纹饰、组合、分期等方面进行综合的全面研究,可以说是殷墟青铜器考古学研究的巨著。

李济详细地分析了殷墟青铜器花纹的制造方法和花纹的内容。他将花纹的制作方法分为刻划范文、刻划模文、模范合作文、堆雕模文、浮雕模文和深刻模文六类;花纹的内容则分为浮雕动物头面、几何形纹和弦纹几类,而浮雕动物头面又可分为真实动物和神话动物,前者如牛、羊、鱼、鸟等,后者如夔龙、饕餮等。他认为,在这些花纹中最引起人们注意的是那些写真的动物头和神话的动物全身。他从51件有纹饰的青铜容器上举出9种不同形式的兽面纹和36种不同形式的连体兽面纹,代表殷墟青铜器上所见的各种不同的这类纹饰[1]。

关于兽面纹,李济不赞成用饕餮这个传统名称,而称之为动物面。他描述这类动物面"都是有首无身的,一个动物向前看的正面,头顶都具双角,但眼上的眉虽大半都有,却也有不备的。角形的变化最惹人注目,有向内卷的,有向外卷的,有三折的,也有四折的。中间的鼻梁为变化较多的器官。两件方彝上的动物面都有大口,其余的都随图异形了"。连体兽面纹的图案"主要的表现都是一个向前正视的面孔,左右伸出两长条后卷的躯干,有时下带二爪,作对称的安排"[2]。李济认为,高本汉和容庚把后一类花纹也称为饕餮而加了有身的形容词,这和《吕氏春秋》饕餮有首无身的说法是相抵触的,所以他根据《山海经》"有蛇一首两身",而称之为"肥遗型"图案[3]。殊不知这与他自己对有首无身的图案坚持不用饕餮而称动物面的原则也是相抵触的,所以本文也不用肥遗这样的名称,而称为连体兽面纹。李济指出,在51件有纹饰的青铜器上,连体兽面纹竟出现36次之多,可见其重要性,而兽面纹只见9次,仅占四分之一,加以兽面纹出现在三件方彝、一件方卣和一件平底罍上,"平底器和方身的圈足器一样,在殷墟发掘出土的青铜器是罕见的标本,它们是否为殷商时代晚期的形制,倒是值得详细研究的问题"[4],表示出兽面纹晚于连体兽面纹的意向。

李济在对高本汉、容庚的批评中,特别强调器物的出土地点,认为根据出土地点不明的器物的形制和花纹来确定它们的年代,很容易导致错误的结论。李济的意见无疑是正

---

[1] 《五十三件》插图二十九~三十二。

[2] 同[1]106页。

[3] 《斝形器》69~70页。

[4] 同[1]106页。

确的,但这只是事情的一面。另一方面,从器物的形制和花纹中找出其发展、变化的规律,同样可以作为确定器物年代的依据,否则的话,本文就没有立足之地了。李济研究的殷墟发掘出土的 176 件青铜容器可以说是无一件无出处,件件都有来历,然而,其研究结果却表明单有准确的出土地点并不一定就能得到准确的结论,而形制和花纹所提示的倒恰恰是解决问题的线索。最明显的例子就是所谓小屯丙组的青铜器了。

李济把殷墟出土的青铜器按地区分为四组,即小屯乙组、小屯丙组、侯家庄西区、侯家庄东区。所谓小屯丙组是指位于小屯乙组、丙组两个建筑基址群之间的 M331、M333、M388 三座墓葬出土的青铜器。根据石璋如《殷墟建筑遗存》的研究,小屯丙组基址是小屯甲、乙、丙三组建筑基址群中年代最晚的, 于是, 把和小屯丙组基址并无直接关系的 M331、M333、M388 也看作是地层上比较晚的。李济在小屯墓葬的分期中也就把这三座墓列为小屯晚期,代表殷墟年代最晚的墓葬。然而,这三座墓所出的青铜容器无论在形制或花纹上都表现出早期青铜器的特点, 这一点连李济本人也无法回避。李济曾不止一次地说:"属于小屯丙组的觚形器,不但较他组矮小、轻薄,花纹的表现也极草率。""小屯丙组(觚)的平均重量不及其他三组任何一组的一半。"就花纹来说,"小屯丙组的一群(觚)中, 有两件全素的,三件单装的,没有全装的,若照上述发展来解释,它们应该是最早的一群"。李济明明知道,"假如小屯丙组的墓葬要比其他三组早,这一点分别自然比较容易加以说明",仅仅由于"地层上似乎证明"小屯丙组诸墓是比较晚的,所以出土的青铜器的时代应该也是比较晚的。在这个前提下, 对小屯丙组墓葬所出青铜器上的早期特征就不得不曲意辩说,什么刻划范文这种制作花纹的方法"虽然简单草率,但不一定代表初期原始的情形",什么器物质料的轻薄 "的确可以象征着一种衰退的气象",什么这些青铜器是"百分之百的偷工减料"的制品,是"晚期仿造早期"的仿制品,如此等等[1]。如果是在不了解国内考古工作发展的情况下做出这样的结论也还情有可原的话,那么, 在获悉了辉县、郑州等地的发现后,仍然坚持旧的成见,就是不可理解的了。

自从李济发表了他的殷墟青铜器系列研究以来,至今又有十余年了,在此期间国内外都发表了不少有关青铜器纹饰的论著,难以备举,其中最为学术界所重视的有以下几种。

张光直的《商周青铜器与铭文的综合研究》(1973 年)一书,我们在鸟纹研究一文中已经介绍过,它是一部为有铭铜器进行器形、花纹等综合研究提供基础的电脑打卡资料集,收录的资料极其丰富,花纹的分类也很详尽,但也杂入一些描绘失真的图像。此书将兽面纹分为两大类,第一类是独立的兽头,第二类是兽头连身。第一类中又分为:(1)有面廓的独立兽头,按角的形状、上颌朝向内外以及有眉无眉等情形分为 35 式。(2)无面廓的独立

---

[1] 《觚形器》81 页。

兽头,按角的形状及其他特点分为32式。(3)由线条组成的独立兽头,分为6式。第二类中又分成:(1)兽头连身,按角的形状及其他特点分为33式。(2)身躯作二细条的兽头连身,分为3式。(3)由线条组成的兽头连身,分为10式。以上两类共六型119式。书中没有提出任何有关兽面纹的发展、演变及年代的意见,但条分缕析,研究者自可据以分析得出自己的结论。

上海博物馆编的《商周青铜器纹饰》(1984年)是以馆藏青铜器为主、间收发掘精品的花纹拓本精华,拓本多以原大制版,图像清晰。在编排上,按花纹类别,以年代先后为序。书前有马承源撰写的《商周青铜器纹饰综述》长文,乃是此书编纂的主体思想。该文主要探讨各种花纹的含义,兼及花纹的型式和年代。他认为:"从商代早期到西周早期青铜器的艺术装饰……共同的特点是兽面纹占有突出的统治地位,这与当时的宗教思想有着密切的联系。它实际上是用艺术的形式来表现人们对客观世界的态度和认识水准,反映了当时人们对自然神崇拜而产生的神秘和肃穆的气氛。"关于兽面纹的发展和特征,他认为:"在大量的兽面纹中,有首无身都是在纹饰发展阶段中较晚的简略形式,殷墟中期以前绝大多数的兽面纹都是有首有身。"表现出与李济相同的观点。他认为,"商代早期兽面的形态相当抽象,表现以兽目为主,觝角处于次要的部分。殷墟早期兽面纹上的角已相当突出了,到殷墟中期,兽面纹觝角的宽度甚至占兽面纹全部宽度的一半,强调到最大的限度。所以角型的不同是划分兽面纹类型的一个最重要的标志。"在这种思想指导下,该书将兽面纹分为:外卷角、内卷角、分枝角、曲折角、长颈鹿角、虎头角、牛头角、变形兽面纹等八型,每型又分为展体、分解、无躯等共36式。这样的划分就把兽面纹和连体兽面纹两类纹饰完全混淆在一起了。

新近出版的林巳奈夫的《殷周青铜器纹饰之研究》(1986年)是研究青铜器花纹的一部重要著作。该书的第二编《花纹各论》的前二章着重讨论了饕餮纹,他认为,铜器花纹的年代应据其所在的青铜器的器形来确定。用这种方法来研究花纹的变化、消长,甚至排出花纹年代的序列,还是比较容易的,问题在于花纹的意义是什么,这方面的研究就比较困难了。因此,他倾全力研究"所谓饕餮纹究竟是表现什么的"。他的研究方法是在整理有关题材的神话方面的文献资料的同时,以图像有标题的汉代资料为基础,例如所谓的龙、凤,然后上溯其祖型,再和金文、甲骨文中有关的动物象形字相比照,旁及该种动物的形态、性格等等。林氏对于饕餮纹的分类办法同样是以角的型式作为第一级标准,分为:无角饕餮、T字形羊角饕餮、羊角饕餮、大耳饕餮、牛角饕餮、几字形羽冠饕餮、水牛角饕餮、茸形角饕餮、尖叶角饕餮、羊角形二段角饕餮、大眉饕餮、两尖大耳饕餮、其他种类的饕餮共13类,似较其他各书更为繁复。

我们之所以对林氏研究青铜器纹饰的目的和方法略作介绍,一则是因为这是当今研究青铜器装饰纹样的一个主要流派，同时也为了说明我们对研究青铜器纹饰的认识和采用的方法是和他完全不同的。我们选择的是"比较容易"的方法，纵然如此，结论是否正确，我们也未敢必。但是，我们也不敢轻信"饕餮纹的由来可以上溯到河姆渡文化的太阳纹与鸟纹的组合图案"等诸如此类的富于想像力的推论。

现下发掘资料日益丰富，分期断代研究也有很大进展，我们将以科学发掘的青铜器资料为主，充分利用分期断代的研究成果，运用类型学的方法区分兽面纹的型式，从中找出其发展、变化的轨迹，为青铜器纹饰的断代研究提供论证。

二

本文以考古发掘所得的殷周青铜容器为主，辅以若干年代可靠的传世铜器，将器上的兽面纹分为独立兽面纹、歧尾兽面纹、连体兽面纹和分解兽面纹四型，对各型兽面纹分式排比，探讨它们发展、演变的序列以及相互间的关系，作为青铜器断代的参考。

（一）**第一种型式　独立兽面纹（Ⅰ型）**　为一独立的兽面图案，没有躯干，所谓周鼎著饕餮，有首无身。这类兽面纹的最原始的形式，只是一对圆泡状的乳钉，以表示兽面的双目，其渊源可以直接追溯到二里头文化。以后，逐渐增添鼻、角、嘴、耳、眉等，成为器官齐备的兽面。独立兽面纹可分为以下各式。

Ⅰ1式：只有一对代表兽目的乳钉，有的还增加了眼眶，更有增添兽鼻的，但总的来说这是一种面部器官不完备的兽面纹，只见于二里岗时期铜盉的顶部。郑州东里路省中医院出土的弦纹盉[1]、黄陂李家嘴出土的盉（M2：20）[2]，在顶部管流的两旁各有一个圆饼状乳钉代表兽目，其下方的盉口则代表兽嘴。中牟黄店出土的盉在顶部管流旁有一对兽目外，流、口之间还增加了一个长条形的兽鼻[3]，惜未发表图像。美国布伦戴奇收藏的一件铜盉有相同的兽面纹可以参考（图一：1）[4]。这两件铜盉的颈部都有二里岗时期典型的歧尾兽面纹。

Ⅰ2式：有清晰的兽面轮廓，眼、鼻、嘴、耳等器官大都完备，特别是有一对粗大的羊角状的兽角，角上刻划有棱牙和鳞形纹。殷墟第一期的小屯M333尊（R2060）（图一：2）、M331方卣（R2066）（图一：4）上最早出现这种兽面纹[5]，后者的花纹位于卣腹的四隅，这

---

[1]　《近几年来在郑州新发现的商代青铜器》，《中原文物》1981年第2期。

[2]　《盘龙城商代二里岗期的青铜器》，《文物》1976年第2期。

[3]　《中牟县黄店、大庄发现商代铜器》，《文物》1980年第12期。

[4]　《罗越》图版7。

[5]　《五十三件》插图二十七，5；二十九，6。

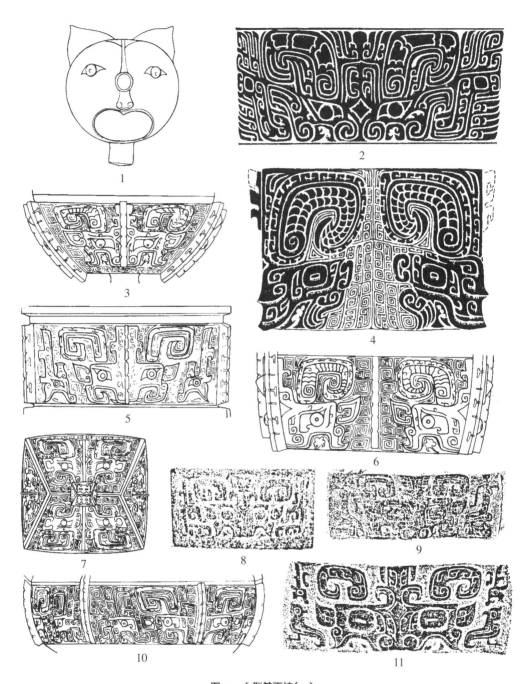

图一　Ⅰ型兽面纹(一)

1.Ⅰ1式(布伦戴奇藏品)　2.Ⅰ2式(小屯 M333 尊 R2060)　3.Ⅰ2式(司母母大方壶 807.盖)

　4.Ⅰ2式(小屯 M331 方卣 R2066)　5.Ⅰ3式(妇好长方扁足鼎 813)　6.Ⅰ2式(司母母大方

壶 807)　7.Ⅰ3式(妇好方罍 866.盖)　8.Ⅰ3式(利簋方座)　9.Ⅰ3式(祖丁尊,云塘 M20:

2)　10.Ⅰ3式(妇好瓿 830)　11.Ⅰ3式(父乙尊,屯溪 M1:90)

种设计大概是沿用了二里岗时期方鼎四角兽面纹的传统。这种兽面纹和Ⅰ1式兽面纹很不相同，而和二里岗时期白家庄的罍（M2∶1）上的歧尾兽面纹的兽面部分很相似[1]，花纹的表现方法也相同。由此可见,这式兽面纹实际上是由歧尾兽面纹演化而成的,而且从此以后成为各式独立兽面纹共同遵循的形式。

这种花纹在殷墟第二期的青铜器上也有发现，但花纹的表现方法已一改二里岗时期的传统。殷墟妇好墓出土的司弓母大方壶（807）（图一∶6）在腹部四隅也有相似的兽面纹，只是部分器官略有变化。此壶盖上的兽面纹与腹部完全相同（图一∶3），但花纹却位于盖面的中央[2]。

Ⅰ3式：兽面的双角作向外卷的形状，角尖锐利，这种角与Ⅰ2式形状相似而粗壮不及。在殷墟第二期青铜器上这式兽面纹有较多的发现。妇好方罍（866）的盖面上的兽面纹，双角外卷，以扉棱为鼻梁，细眉，巨睛，叶形耳，嘴角内卷，用雷纹衬地（图一∶7）[3]。用雷纹作地最早见于殷墟第一期的小屯 M331 的方卣上，殷墟第二期就较普遍。妇好长方扁足鼎（813）（图一∶5）、妇好瓿（830）（图一∶10）上也饰这式兽面纹，而且在两侧都辅以倒立的夔纹[4]。这种花纹构图上的互相配合后来被用得相当普遍，而且产生出较多的变化。

Ⅰ3式兽面纹在西周早期仍很流行。1976 年陕西临潼发现的利簋[5]，器作于周武王开国时，方座上的兽面纹就是这种形式，两侧也配以倒立的夔纹，夔纹有很长的脚爪（图一∶8）。被认为属于成王时期的德簋[6]，方座上的兽面纹和夔纹与利簋完全相同，而圈足上的小鸟纹也是殷末周初常见的形式。1959 年安徽屯溪第一号墓出土的青铜器有不少南方特点，而其中的一件尊（M1∶90）却是典型的中原型式的[7]，尊的腹部也饰这式兽面纹，两侧有叠压的倒立夔纹和小鸟纹（图一∶11）。1976 年陕西扶风云塘的一座西周墓中出土的祖丁尊（M20∶2）[8]，所饰兽面纹与上述诸器完全相同，而两侧配以头顶绶带的小鸟纹（图一∶9），同墓共出的还有鼎、鬲、簋、卣、爵等，是西周早期的组合形式。这两座墓的年代被认为不晚于昭穆之世或属西周中期，据此可知，在西周中期以前，Ⅰ3式兽面纹仍相

---

[1] 《郑州市白家庄商代墓葬发掘简报》,《文物参考资料》1955 年第 10 期。

[2] 《殷墟青铜器》图二六。

[3] 同[2]图一八,2。

[4] 同[2]图六,1;图一七,1。

[5] 《陕西临潼发现武王征商簋》,《文物》1977 年第 8 期。

[6] 《美集录》A220。

[7] 《安徽屯溪西周墓葬发掘报告》,《考古学报》1959 年第 4 期。

[8] 《扶风云塘西周墓》,《文物》1980 年第 4 期。

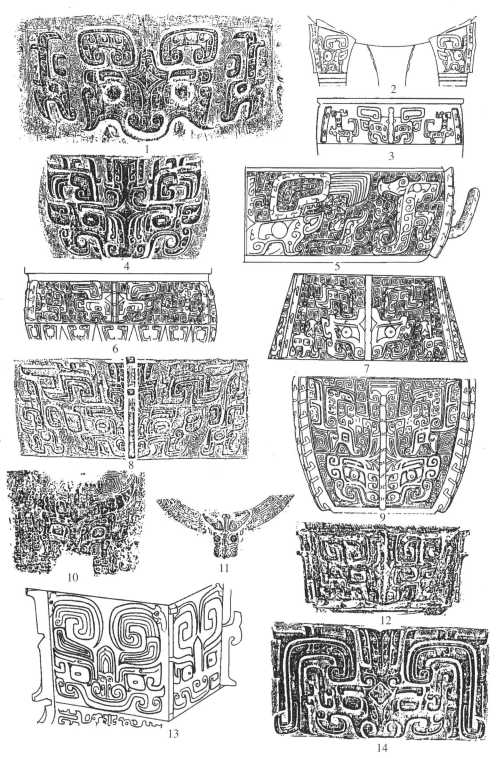

图二　Ⅰ型兽面纹（二）

1.Ⅰ4式(亚鱼鼎,殷墟西区 M1713：27)　2.Ⅰ4式(戍嗣子鼎,后冈 H10：5)　3.Ⅰ5式(妇好中型圆鼎 760)
4.Ⅰ5式(殳古方尊)　5.Ⅰ5式(妇好偶方彝 791)　6.Ⅰ5式(妇好中型圆鼎 757)　7.Ⅰ6式(司空母大圆尊
867)　8.Ⅰ6式(德方鼎)　9.Ⅰ8式(小方缶,妇好墓 805)　10.Ⅰ7式(司母辛四足觥 803)　11.Ⅰ7式(牛首
尊,郑州 H1：4)　12.Ⅰ9式(祝方鼎)　13.Ⅰ10式(日己方彝)　14.Ⅰ11式(厚趠方鼎)

当流行。

Ⅰ4式:此式兽面纹的双角两端相向圆卷似云纹状。1984年在安阳殷墟西区1713号墓出土的一件分裆鼎,腹部饰三组独立兽面纹,双角两端内卷,粗眉,臣字形眼,突睛,巨鼻,张口,嘴角外撇,露出利齿。兽面两侧配以倒立的夔纹(图二:1)。同墓所出的还有甗、簋、爵、瓿、尊、卣、斝、盉、盘等,是典型的殷墟第三期的组合形式。该鼎有纪年长铭,当是帝辛七祀之器[1]。这式兽面纹在西周早期也有发现。1963年在长安马王村发现的一座西周墓中,出土一件分裆鼎,腹部饰三组Ⅰ4式兽面纹,两侧也有倒立的夔纹。同墓所出还有甗、簋、爵、瓿、觯、卣等,根据铜器的组合、形制和花纹的特点,可以确认是属于西周初期的[2]。需要指出的是这式兽面纹还常常被用于鼎足上,如妇好墓所出的司母辛大方鼎(789)、殷墟第三期的戍嗣子鼎(H10:5)(图二:2),它们的足根上都饰这种兽面纹,不过都以扉棱为中线,前者嘴角内卷,后者嘴角外撇[3]。由司母辛大方鼎可知这式兽面纹是可以早到殷墟第二期的。

Ⅰ5式:兽面的双角作矩尺形。这种花纹最早见于殷墟第二期。妇好墓出土的两件妇好中型圆鼎(760、757)(图二:3、6)兽面纹的双角都是这种形状[4]。同时,这种矩尺形角还有发展、变化,即在角的外端增加羽毛状的钩形装饰,如妇好偶方彝(791)(图二:5)和妇好封口盉(859)上的兽面纹[5]。

Ⅰ5式兽面纹在西周时期的青铜器上也有发现。1977年陇县韦家庄发现的一座周墓中出土一件方座簋,腹上的兽面纹,双角作矩尺形外端有钩状羽毛装饰,但角的顶端略变化成圆弧形[6]。上海博物馆收藏的癸古方尊腹部兽面纹的双角也是这种形状(图二:4),而且更加繁缛[7]。这两件铜器都被认为是西周早期的。1972年在眉县杨家村发现的旟鼎,在鼎足根部也是用这种兽面纹作装饰的[8]。此鼎被认为是康王时期的,可知Ⅰ5式兽面纹的下限。

Ⅰ6式:兽面的双角作曲折状。妇好墓出土的司叴母大圆尊(867)圈足上的兽面纹,双角三折,尖端向外翘(图二:7),兽面两侧有倒立的夔纹,雷纹衬底[9]。上海博物馆收藏的

---

[1] 《安阳殷墟西区1713号墓的发掘》,《考古》1986年第8期。

[2] 《陕西长安、扶风出土西周铜器》,《考古》1963年第8期。

[3] 《殷墟青铜器》图四;图八九,1。

[4] 同[3]图七,1;图六,4。

[5] 同[3]图一一;图二○,2。

[6] 《陕青》(三)图一六○。

[7] 《商周青铜器纹饰》图49。

[8] 同[6](三)图一九二。

[9] 同[3]图二五。

德方鼎，腹部的兽面纹，双角也是曲折的，角的外缘更增添了一层装饰纹（图二：8），兽面两侧同样配置倒立夔纹[1]。德方鼎和德簋为同一人之器，都被认为是属于成王时期的。

Ⅰ7式：兽面的双角作向上翘尖的牛角状。这种牛角兽面早在二里岗时期和殷墟第一期就有发现，不过大都用于器物肩部的浮雕装饰，如郑州出土的两件牛首尊（H1：3、H1：4）（图二：11）[2]、小屯 M331 的两件尊（R2070、R2071）、M388 的罍（R2061）[3]。最早把Ⅰ7式兽面纹当作装饰纹样的约在殷墟第二期，妇好墓出土司母辛四足觥（803）的鋬下就饰这式花纹（图二：10）[4]。1972 年陕西华县桃下村出土的一件鬲，腹部饰三组牛角兽面纹[5]。这种兽面纹在西周早期也很流行。1975 年北京琉璃河黄土坡第 251 号墓中出土的伯矩鬲，腹部也饰三组牛角兽面纹，器有盖，盖上也有二个相背的牛角兽面，角尖翘起，极尽夸张。器铭记匽侯赐伯矩贝，因可断定为西周早期之器[6]。1976 年在岐山贺家第 113 号墓出土的一件甗，在足上部饰牛角兽面纹，器内有卦象铭记[7]。1972 年在扶风刘家发掘的丰姬墓，墓中所出的甗，三足上部也饰这式兽面纹[8]。在殷代晚期和西周早期的铜甗中大都在足上部饰牛角兽面纹，在传世的铜甗中有很多这样的例证[9]。

Ⅰ8式：兽面的双角作夔状。妇好墓出土的小方缶（805），腹部的独立兽面纹双角是一对倒立的夔纹（图二：9）[10]。这种式样的兽面纹发现较少，在传世的铜器中有一件殷代晚期的方彝，兽面的双角也作夔纹，但已从倒立改为横列[11]。

Ⅰ9式：兽面的双角作 T 字形而两端卷曲。传世铜器中的祝方鼎，腹部的兽面纹双角作 T 字形，兽面两侧有倒立的夔纹，而其躯干已简化成长条的刀形纹[12]。此鼎铭末有大黾族徽铭记，或以为殷器，但铭文有祝见事于彭云云，应是西周早期之器。

Ⅰ10式：兽面的双角向上相对内卷，角上端粗圆下端细锐，形似逗点状。1962 年陕西扶风齐家所出日己方彝、方尊、方觥三器花纹完全相同，双角都是这种形状（图二：

---

[1]　《商周青铜器纹饰》图 134。

[2]　《郑州新发现商代窖藏青铜器》，《文物》1983 年第 3 期。

[3]　《五十三件》插图二十七，1~3。

[4]　《殷墟青铜器》图三二，2。

[5]　《陕青》(二)图一二四。

[6]　《古铜选》图 26。

[7]　同[5](三)图二。

[8]　同[5](三)图四五。

[9]　《美集录》A133—A138。

[10]　同[4]图一五，3。

[11]　同[9]A637。

[12]　《宝鼎斋》图版 18。

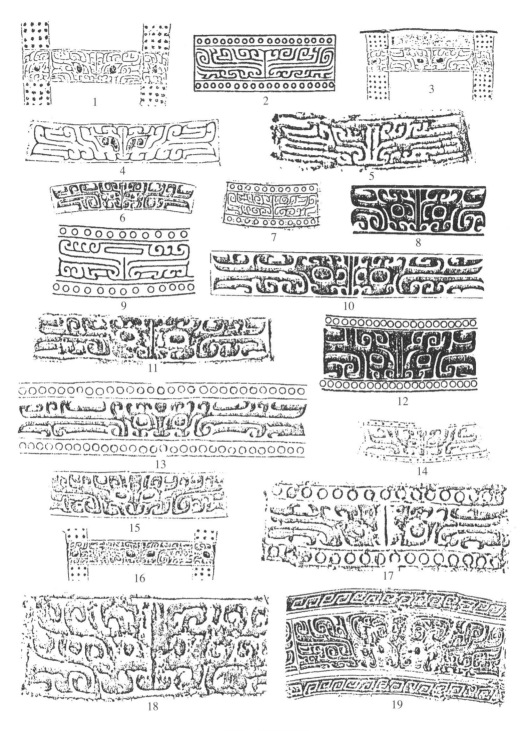

图三 Ⅱ型兽面纹

1．Ⅱ2式(方鼎，郑州杜岭)　2．Ⅱ4式(小屯 M333 爵 R2030)　3．Ⅱ1式(方鼎，郑州 H1：8)　4．Ⅱ1式(鼎，李家嘴 M2：55)　5．Ⅱ3式(爵，白家庄 M3：1)　6．Ⅱ5式(斝，李家嘴 M2：10)　7．Ⅱ4式(瓢，郑州 H1：12)　8．Ⅱ5式(小屯 M388 瓢 R2017)　9．Ⅱ4式(小屯 M331 瓢 R2012)　10．Ⅱ5式(小屯 M232 鼎 R2049)　11．Ⅱ5式(鼎，白家庄 M2：4)　12．Ⅱ5式(小屯 M238 瓢 R2007)　13．Ⅱ5式(小屯 M333 鼎 R2053)　14．Ⅱ5式(斝，李家嘴 M1：13)　15．Ⅱ6式(爵，李家嘴 M1：17)　16．Ⅱ6式(方鼎，郑州 H1：2)　17．Ⅱ5式(瓢，白家庄 M3：8)　18．Ⅱ6式(斝，白家庄 M2：7)　19．Ⅱ6式(罍，白家庄 M2：1)

227

13)[1]。此组铜器年代属西周中期偏早,三器在足部和盖的边缘都辅以小鸟纹,这种小鸟纹的年代我们定在昭穆时代,与此式兽面纹的年代是相符的。

Ⅰ11式:兽面纹的双角委曲迤逦,由两侧下垂,形成特殊的角状。上海博物馆收藏的厚趠方鼎,腹部所饰的兽面纹可视为此式兽面纹的典型(图二:14)[2]。传世的㺇方鼎,鼎腹的兽面纹也属此种形式[3]。这两件铜器或以为是成王时器[4],或以前者铭文有王伐东夷而订为昭王时器[5],由花纹而言,当以后者近似。

Ⅰ12式:这式兽面纹只有一条短扉棱作为鼻梁,两侧各有一枚乳钉,象征兽目,它既无兽面轮廓,也无双角,面部器官也不完备,故又称为简化兽面纹。这式兽面纹与Ⅰ1式兽面纹虽同样仅具兽目和鼻梁,但区别十分明显。Ⅰ1式只见于二里岗时期铜盉的顶部,是独立兽面纹的原始形态,Ⅰ12式则多见于带状的素地上,是一种蜕化的形式,而这种形式在兽面纹的发展过程中与各类兽面纹同时并存。如在殷墟第二期兽面纹有很大发展的时期,Ⅰ12式兽面纹就已出现,小屯第17号墓出土的丙鼎(M17:4)就是例证[6]。在殷末以至西周时期这种简化兽面纹屡见不鲜,可以说是和各式兽面纹相始终的。

(二)第二种型式　歧尾兽面纹(Ⅱ型)　正面为一兽面,有双角和眼、鼻、嘴等器官,兽面两侧连接躯干,尾端分歧作鱼尾状,这一点是此型兽面纹最突出的特征。这种型式的兽面纹主要流行于二里岗时期和殷墟第一期,可以分为下列各式。

Ⅱ1式:花纹由突起的阳线构成。双角作两端内卷的云纹状,圆睛凸起,直鼻有翅,裂口,兽面两侧有躯干,尾部分歧。中牟黄店的盉[7]、郑州方鼎(H1:8)(图三:3)[8]、黄陂李家嘴的鼎(M2:55)(图三:4)[9]、辉县的鬲(M110:1)[10]等器上都有此式兽面纹。中牟的盉,被认为属于二里岗下层时期,是迄今发现的最早的有兽面纹装饰的青铜容器之一,盉的顶部还有Ⅰ1式兽面纹,可证这两式兽面纹是同时并存的。

Ⅱ2式:花纹也是由阳线构成。兽面部分与上一式相同,躯干部分却分为三层,上层向

[1]　《陕青》(二)图一二〇~一二二。

[2]　《商周青铜器纹饰》图136、137。

[3]　Rene‐Yvon Lefebvre d'Argence:Bronze Vessels of Ancient China In The Avery Brundage Collection, 1977.图版29。

[4]　《西周铜器断代》(二),27器。

[5]　《西周青铜器铭文分代史征》227页。

[6]　《殷墟青铜器》图五七,7。

[7]　《中牟县黄店、大庄发现商代铜器》,《文物》1980年第12期。

[8]　《郑州新发现商代窖藏青铜器》,《文物》1983年第3期。

[9]　《盘龙城商代二里岗期的青铜器》,《文物》1976年第2期。

[10]　《辉县发掘报告》24页图二九,1。

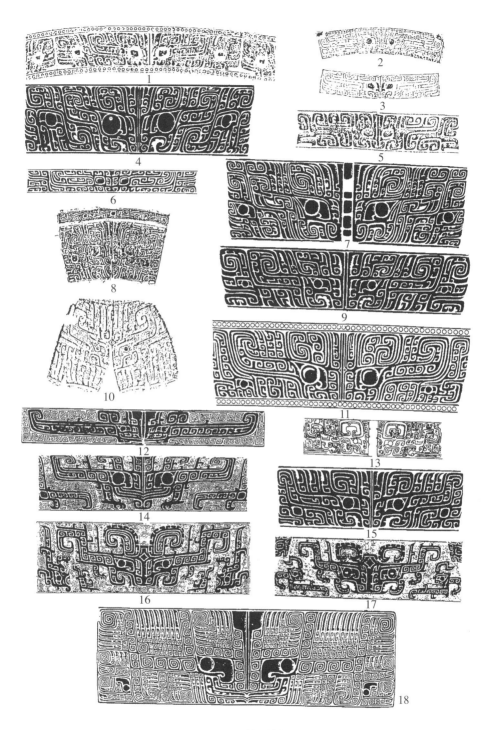

图四 Ⅲ型兽面纹(一)

1. Ⅲ 2式(罍,李家嘴 M1:8) 2. Ⅲ 1式(牛首尊,郑州 H1:4) 3. Ⅲ 1式(鼎,郑州 H1:1) 4. Ⅲ 3式(小屯 M232 罍 R2056) 5. Ⅲ 2式(簋,李家嘴 M2:2) 6. Ⅲ 2式(小屯 M388 罍 R2061) 7. Ⅲ 3式(小屯 M331 尊 R2071) 8. Ⅲ 3式(羊首罍,郑州 H1:5) 9. Ⅲ 3式(小屯 M333 罍 R2059) 10. Ⅲ 4式(卣,郑州 H1:11) 11. Ⅲ 3式(小屯 M388 罍 R2061) 12. Ⅲ 5式(小屯 M331 尊 R2070) 13. Ⅲ 9式(司母辛大方鼎 789) 14. Ⅲ 8式(小屯 M331 尊 R2070) 15. Ⅲ 6式(小屯 M331 罍 R2058) 16. Ⅲ 9式(小屯 M238 卣 R2065) 17. Ⅲ 9式(小屯 M238 壶 R2074) 18. Ⅲ 7式(小屯 M232 瓿 R2057)

上卷起,下面两层仍作歧尾状。此式兽面纹应是从上一式发展而来的。郑州杜岭出土的两件大方鼎(图三:1)都饰此式兽面纹[1]。

Ⅱ3式:花纹由阳线构成。兽面纹图案与Ⅱ1式相似,但无突出的双目,所以也有称之为变形无目兽面纹的。严格地说,这类纹饰似不宜称为兽面纹,因为即便是最简化的兽面纹也有两个圆点以示兽目。唯其纹样相近,姑置于此。郑州白家庄出土的爵(M3:1)(图三:5)[2]、铭功路出土的斝(M4:3)[3]都饰有这式兽面纹。

Ⅱ4式:花纹也由阳线构成。纹样与上一式相似,也属无目式,但尾部向上卷,有的还加小圆圈纹的花边。此式花纹多用于斝、爵的腰腹部。郑州窖藏出土的两件斝(H1:12、13)(图三:7)[4]、黄陂李家嘴的斝(M1:21)[5]、小屯 M331斝(R2012)(图三:9)[6]和 M333爵(R2030)(图三:2)[7]都有此式兽面纹。小屯出土的两件,其中一件在额部有长条形框,略有不同,不过,它们的发现,加上其他型式的兽面纹之间的联系,充分显示出二里岗时期和殷墟第一期在青铜器装饰纹样上的连续性。

Ⅱ5式:花纹由宽条纹构成,纹饰的制作方法与上述阳线构成的纹样不同。兽面有 T字形双角,圆睛突出,直鼻有翅,张口裂嘴,兽面两侧伸出躯干,尾部分歧。这种歧尾兽面纹在二里岗时期的铜器上所见甚多,是当时最流行的装饰花纹,殷墟第一期的铜器上也有不少发现。郑州白家庄的鼎(M2:4)(图三:11)[8],铭功路的鼎(M2:2)、爵(M2:21)[9],东里路的斝(C8M39:1)[10],黄陂李家嘴的鼎(M1:2)、斝(M1:19)、斝(M2:10)(图三:6)、爵(M2:11、12)、鼎(M2:35)[11],小屯 M232鼎(R2049)(图三:10)[12]、M388斝(R2017)(图三:8)[13]等器上都有这式花纹。也有在这种花纹带的上下加小圆圈

[1] 《郑州新出土的商代前期大铜鼎》,《文物》1975年第 6 期。

[2] 《郑州市白家庄商代墓葬发掘简报》,《文物参考资料》1955年第 10 期。

[3] 《郑州市铭功路两侧的两座商代墓》,《考古》1965年第 10 期。

[4] 《郑州新发现商代窖藏青铜器》,《文物》1983年第 3 期。

[5] 《盘龙城商代二里岗期的青铜器》,《文物》1976年第 2 期。

[6] 《斝形器》71页插图二。

[7] 《爵形器》105页插图三十六,(三)。

[8] 同[2]。

[9] 同[3]。

[10] 《近几年来在郑州新发现的商代青铜器》,《中原文物》1981年第 2 期。

[11] 同[5]。

[12] 《鼎形器》71页插图三十五,7。

[13] 同[6]72页插图五。

纹花边的,如白家庄的瓿(M3：5、8)(图三：17)[1]、辉县的斝(M110：2)[2]、李家嘴的斝(M1：13)(图三：14)[3]、小屯 M333 鼎(R2053)(图三：13)[4]等。

　　上述诸器都是二里岗时期和殷墟第一期的,而在殷墟第二期的铜器上就很少见到这种兽面纹。妇好墓出土的铜器上没有发现这种纹饰,只是在被认为同属殷墟第二期的小屯 M238 出土的一件瓿(R2007)(图三：12)上发现有同样的花纹[5],这种情形也许表明这式兽面纹到殷墟第二期时已不甚风行了。

　　值得注意的是,到西周早期还可以见到这种兽面纹的孑遗。扶风云塘西周早期墓中出土的一件簋(M20：8)口下及圈足上各饰一周这式歧尾兽面纹[6],同墓所出的还饰Ⅰ3式兽面纹的祖丁尊。

　　Ⅱ6式：兽面与上一式相似,两侧的躯干则分为三层,上层向上卷,下面二层成歧尾状。Ⅱ6式显然与Ⅱ2式有联系,犹如Ⅱ5式之与Ⅱ1式,两者的差别仅在于花纹表现方法之不同。郑州白家庄的斝(M2：7)(图三：18)、爵(M2：8)[7],黄陂李家嘴的爵(M1：17)(图三：15)、斝(M1：11)[8]等器上都饰这种兽面纹。

　　郑州所出的方鼎(H1：2),其上的兽面纹稍有变化,尾端也分为三层,上层和下层作分歧状,中层作小型歧尾插入其间,形成双重的歧尾状(图三：16)[9]。

　　郑州白家庄出土的罍(M2：1)是这式花纹中最为华丽的[10]。它有粗壮的向外卷的双角,其上还刻划有鳞纹(图三：19),兽面纹的上下还加上一周回纹带作为花边。从这件罍的纹样上可以看到由歧尾兽面纹向连体兽面纹变化的迹象,也可以看到二里岗时期的兽面纹发展为殷墟时期的兽面纹的轨迹。

　　(三)第三种型式　连体兽面纹(Ⅲ型)　正面为一兽面,两侧各连接一条躯干,尾部卷扬而不分歧。李济称这类兽面纹为"肥遗型动物纹"。这种连体兽面纹其起源可以追溯到二里头文化的双身龙纹。这类兽面纹在殷周青铜容器上所见最多,式样变化也较多,特别表现在躯干和脚爪部分。

[1]　《郑州市白家庄商代墓葬发掘简报》,《文物参考资料》1955 年第 10 期。

[2]　《辉县发掘报告》24 页图二九,2。

[3]　《盘龙城商代二里岗期的青铜器》,《文物》1976 年第 2 期。

[4]　《鼎形器》71 页插图三十五,8。

[5]　《瓿形器》71 页插图四。

[6]　《陕青》(三)图七四。

[7]　同[1]。

[8]　同[3]。

[9]　《郑州新发现商代窖藏青铜器》,《文物》1983 年第 3 期。

[10]　同[1]。

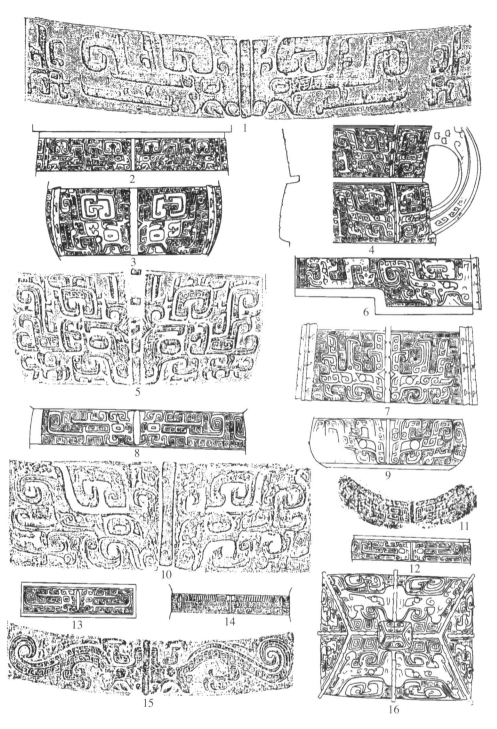

图五　Ⅲ型兽面纹(二)

1. Ⅲ 11式(德鼎)　2. Ⅲ 11式(戍嗣子鼎,后冈 H10：5)　3. Ⅲ 11式(共鼎,殷墟西区 GM907：3)
4. Ⅲ 10式(司䂄母大圆斝 857)　5. Ⅲ 12式(折觥)　6. Ⅲ 11式(妇好偶方彝 791)　7. Ⅲ 13式(司䂄
母大方壶 807)　8. Ⅲ 14式(亚盘鼎,殷墟 PNM172：2)　9. Ⅲ 11式(甗,妇好墓 833)　10. Ⅲ 13式
(董鼎)　11. Ⅲ 14式(折斝)　12. Ⅲ 14式(妇好小圆鼎 775)　13. Ⅲ 14式(妇好方罍 866)　14. Ⅲ
15式(父丁鬲,殷墟西区 GM1102：1)　15. Ⅲ 16式(鼎,淳化史家塬)　16. Ⅲ 13式(妇好方彝 825,盖)

Ⅲ1式：花纹由阳线构成。兽面的双角向内卷，圆睛突出，直鼻有翅，张口，兽面两侧有细长的躯干，尾部向上卷，空隙部分用云纹填充。郑州出土的大圆鼎（H1：1）口下饰一周这式兽面纹饰带（图四：3），同出的两件尊（H1：3、4）还用小圆圈纹作花边（图四：2）[1]。

Ⅲ2式：花纹由宽条纹构成。兽面的双角有T字形的，也有向外卷的，兽面两侧的躯干尾部上卷。黄陂李家嘴出土的二件罍（M1：7、8）（图四：1）和一件簋（M2：2）（图四：5）都饰此式兽面纹，有的还有小圆圈纹花边[2]。小屯M388罍（R2061）圈足上的兽面纹（图四：6）也属此式[3]。这种兽面纹往往在两端再补半个兽面纹或歧尾状装饰作为一个完整的花纹单元，这种装饰处理一方面显示出它和歧尾兽面纹的联系，另一方面也为殷墟第一期颇为流行的在连体兽面纹两侧缀以目纹或夔纹提供了式样基础。

Ⅲ3式：郑州出土的羊首罍（H1：5）腹部所饰的此式花纹是二里岗时期最繁缛的连体兽面纹之一（图四：8），兽面有粗壮的向外卷的双角，巨眼突睛，直鼻有翅，张口，有锯齿状利牙，两侧连接躯干，尾部向上卷扬，躯干下侧缀以目纹及歧尾状装饰[4]。这种兴起于二里岗较晚时期的兽面纹式样在殷墟第一期得到很大的发展，成为当时连体兽面纹中的主流。小屯M232罍（R2056）（图四：4）、M333罍（R2059）（图四：9）、M388罍（R2061）（图四：11）、M331尊（R2071）（图四：7）的腹部都饰有这式花纹，两端都缀以单目卷尾的夔纹[5]。这种纹饰的配置后来发展成连体兽面纹两边加一对夔纹那样的定式。

Ⅲ4式：郑州出土的卣（H1：11），腹上的连体兽面纹是本式的代表。兽面的双角作竖立的云纹状，细眉巨眼，裂嘴，有锯齿状利牙，兽面两侧的躯干尾部上扬而内卷。在主纹的上下空隙处缀满列刀状装饰，更在宽条的花纹上刻划细线花纹（图四：10）[6]。这是二里岗较晚时期最绚丽的一式连体兽面纹，由此可见当时的兽面纹饰已经发展到非常成熟的阶段。

Ⅲ5式：兽面的双角作T字形，圆睛，直鼻，阔嘴，躯干修长，尾部上扬内卷，雷纹衬底。此式连体兽面纹的特点是体长而无曲折，最早见于殷墟第一期小屯M331尊（R2070）的圈足上（图四：12）[7]。

Ⅲ6式：此式兽面纹的结构与Ⅲ3式基本相同，只是躯干上扬而尾向外卷。见于小屯M331罍（R2058）的腹部（图四：15）[8]。

[1]《郑州新发现商代窖藏青铜器》，《文物》1983年第3期。

[2]《盘龙城商代二里冈期的青铜器》，《文物》1976年第2期。

[3]《五十三件》插图三十二，4。

[4]同[1]。

[5]同[3]插图三十二，3、6~8。

[6]同[1]。

[7]同[3]插图三十一，1。

[8]同[3]插图三十二，9。

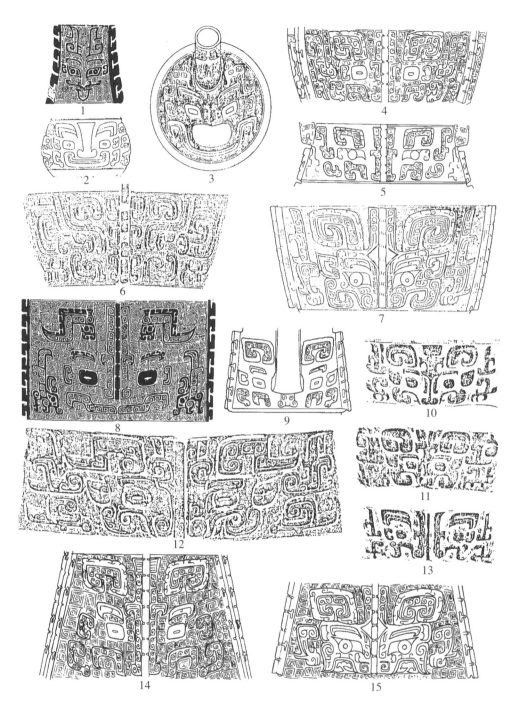

图六 Ⅳ型兽面纹

1. Ⅳ1式（小屯 M331 方卣 R2066）　2. Ⅳ6式（母乙觯，殷墟 SM53：27）　3. Ⅳ2式（妇好封口盉 859）　4. Ⅳ3式（司今母大圆尊 867）　5. Ⅳ3式（妇好扁圆壶 863）　6. Ⅳ3式（吴方彝盖）　7. Ⅳ4式（妇好大方尊 792）　8. Ⅳ2式（小屯 M238 方彝 R2067）　9. Ⅳ6式（妇好大方彝 752）　10. Ⅳ4式（滕侯鼎）　11. Ⅳ4式（商尊）　12. Ⅳ4式（大盂鼎）　13. Ⅳ4式（妇娘尊）　14. Ⅳ6式（司今母癸大方尊 806）　15. Ⅳ5式（妇好大方尊 792）

Ⅲ7式：兽面的双角竖立而内卷，巨眼，直鼻，阔嘴尖唇，两侧的躯干折而向上，尾向外卷，折体下有肢脚，脚尖向内卷，与尾部形成一个S形。这是在兽面纹中出现脚爪的最早的例子。在主纹的间隙处都填列刀状装饰，两边更配置目纹，躯体上则填雷纹。殷墟第一期小屯M232瓿（R2057）腹上所饰的这一式连体兽面纹（图四：18）是当时的青铜器上最繁缛的纹样之一[1]。

Ⅲ8式：兽面有一对向外卷的角，巨眼，圆睛，直鼻，阔嘴，尖唇，两侧的躯干折而向上，尾向内卷，躯体背上有竖立的"刺"，前下方伸出一对强有力的肢脚，脚有爪，前四后一，呈舞爪之状，雷纹衬底，主体花纹上更刻以细线花纹。此式连体兽面纹最为形象，见于小屯M331尊（R2070）的腹上（图四：14）[2]。值得注意的是用雷纹衬底是从殷墟第一期开始的青铜器装饰纹样的一种新的手法，而那些铜器都恰恰出于小屯M331，也许小屯M331的年代在殷墟第一期墓中是相对比较晚的。

Ⅲ9式：兽面的双角作云纹状，以扉棱为鼻梁，巨眼突睛，张口，有锯齿状利牙，两侧的躯干三折，尾向下内卷，背上有"刺"，躯干下有脚，分爪。主体花纹上刻划细线花纹，雷纹衬底。妇好墓出土的司母辛大方鼎（789）口下即饰此式花纹（图四：13）[3]。这种连体兽面纹上承殷墟第一期的Ⅲ8式兽面纹，在殷墟第二期成为比较流行的纹饰。如被认为属于殷墟第二期的小屯M238壶（R2074）（图四：17）、卣（R2065）（图四：16）等器上的连体兽面纹，除角的形状和没有扉棱式的鼻梁等细部略有变化外，也都是这种形式[4]。

Ⅲ10式：此式兽面纹与Ⅲ9式基本相同，只是两侧的躯干稍短，因而省略了背上的"刺"。妇好墓出土的司兮母大圆斝（857）双层腹上都饰此式花纹（图五：4），但两者的角式样不同，上腹为粗壮的向外卷的羊角，下腹则是曲折角[5]。

Ⅲ11式：此式连体兽面纹与Ⅲ10式基本相同，而脚爪后面有长距。这种兽面纹最先见于殷墟第二期，妇好墓出土的偶方彝（791）的圈足上（图五：6）和一件簋（833）的腹部（图五：9）所饰均是此式兽面纹，但两者的角式样不同[6]。

这种兽面纹在殷墟第三期仍有发现，如戍嗣子鼎（H10：5）口下一周花纹就是这种式样（图五：2）而双角作两端内卷的云纹状[7]。殷墟西区出土的共鼎（GM907：3）兽面纹脚

[1]《五十三件》插图三十二，2。

[2] 同[1]插图三十，6。

[3]《殷墟青铜器》图四。

[4] 同[1]插图三十，2、3。

[5] 同[3]图二七，1。

[6] 同[3]图一一，图一〇，2。

[7] 同[3]图八九，1。

后的长距向上折成垂直状(图五：3)[1]。

西周早期的青铜器上仍发现有此式兽面纹。陇县韦家庄出土的一件方座簋,方座四面所饰的即是此式花纹,长距也是折而向上,而双角作夔形[2]。此簋的腹上饰Ⅰ5式兽面纹,也是殷墟第二期以来的典型纹样,由此可见殷代的兽面纹对西周早期铜器的影响。传世的德鼎与德方鼎为一人之器。口下饰一周兽面纹,脚后有刀形长距,由于两侧的躯干较长,所以在躯背上还保留有Ⅲ9式那样的"刺"(图五：1)[3]。

Ⅲ12式：此式连体兽面纹与Ⅲ11式基本相同,唯躯干较短而脚后无长距,特别是脚爪,极尽夸张,呈舞爪之势。北京琉璃河黄土坡M253所出的董鼎,兽面的双角向外卷,巨眼圆睛,直鼻,裂口,躯干短而上扬,尾向下内卷,脚爪巨大,前三后一,呈张牙舞爪之姿(图五：10)[4]。董鼎铭文云,匽侯命董饩大保,当是成康时器。1976年扶风庄白村发现的微史家族铜器,其中的折觥(图五：5)、折尊、折方彝三器都饰这式兽面纹,而且在兽面的双角和躯干上都加了华丽的花边[5]。在传世的铜器中,令方彝和荣子方彝也都饰这样的兽面纹,而且和典型的成康时期的小鸟纹共存[6]。由于折器铭文有王在斥,唯王十又九祀,被确认是昭王十九年器,可知Ⅲ12式连体兽面纹流行于昭王以前的西周早期。

Ⅲ13式：此式兽面纹和前几式的兽面纹有很大的不同,即躯干的尾部不再卷曲,而竖立如刀状。妇好有盖方彝(825)腹部及盖顶上的兽面纹有粗壮向外卷的双角,巨眼,以扉棱为鼻梁,裂口,两侧的躯干很短,尾部向上竖立,短躯下有脚爪,雷纹衬底(图五：16)[7]。同墓所出的司夸母大方壶(807)圈足上的兽面纹也是这种型式,只是双角竖立(图五：7)[8]。

这种式样的兽面纹在西周早期也有发现。传世的王鼎方尊和斁觥都饰此式花纹[9],而双角之加花边和舞爪之姿态又和令方彝相同,应是此时装饰纹样的风尚。

这种连体兽面纹实际上是由独立的兽面纹和两侧的倒立夔纹合而为一演变而成的,以后又变化为分解兽面纹的一种,这只要参看妇好长方扁足鼎(813)的Ⅰ3式独立兽面

---

[1] 《殷墟青铜器》图七〇,1。

[2] 《陕青》(三)图一六〇。

[3] 《商周青铜器纹饰》图34。

[4] 同[3]图20。

[5] 同[2](二)图一四～一六。

[6] 《美集录》A646、A648。

[7] 同[1]图一二,1。

[8] 同[1]图二六。

[9] 《弗里尔》图版18、44。

纹及其两侧的夔纹,以及后文的妇好大方尊(792)上的Ⅳ4式分解兽面纹即可明白。

Ⅲ14式:此式连体兽面纹的特征是双体躯干。最早见于殷墟第二期,成为比较流行的纹样。妇好小圆鼎(775)(图五:12)和妇好方罍(866)(图五:13)的兽面纹双角作云纹状,方目,直鼻,两侧伸出两条躯干,上一条直而短,下一条较长,尾端向上内卷,两条躯干上都有钩状的"刺",雷纹衬底[1]。此式兽面纹以后续有发现。殷墟出土的属第三期的亚盥鼎(PNM172:2)口下的纹饰(图五:8)就是这种式样的[2]。扶风庄白村所出微史家族铜器中的折斝,肩部的花纹(图五:11)也是这种形式的[3]。

Ⅲ15式:兽面的双角作T字形,直鼻,圆睛,两侧的躯干修长,尾向上卷,躯干之上作列旗状,躯干下作云纹装饰象征脚爪,形成带状三层等分列旗装饰的连体兽面纹。这种兽面纹的形成一是由于殷墟第一期Ⅲ5式兽面纹的影响,一是由于Ⅲ14式双体躯干兽面纹很自然地将纹饰带区划为三层,由此演变成本式兽面纹。殷墟西区发现的属第三期的父丁鬲(GM1102:1)[4],颈部的花纹(图五:14)是这种纹样较早的例证。这式连体兽面纹在西周早期相当流行,成为断代上一项很显著的标志。1974年扶风杨家堡同坑所出的父己甗和父丁簋口下及圈足上均有一周这样的兽面纹[5]。扶风刘家丰姬墓出土的一件甗和一件簋,花纹与杨家堡的甗、簋完全相同[6],推测其年代也是相近的。

Ⅲ16式:由两条曲体卷尾的夔纹构成。这种纹饰的渊源可以追溯到二里头文化。妇好墓出土的司𣫭母大方壶(807)在肩部有这种花纹,但兽面作突出的牺首,两侧的躯干作波浪式曲体,卷尾,有脚爪[7]。司𣫭母癸大方尊(806)肩部的纹饰相同,兽面也作突出的牺首,而双角的形状不同[8]。同墓出土的四瓣花纹觯(783),颈部所饰的一周连体兽面纹就是由两条曲体卷尾的夔纹合成的,两条夔纹的头部合成一个兽面[9]。

这种兽面纹在西周早期的青铜器上也有发现。1979年陕西淳化史家塬出土一件西周早期的大鼎,口下的一周纹饰,由两条夔纹的头部中间夹一条扉棱构成兽面,两侧的躯干作波浪状曲体,尾部向上卷,爪部特别夸张,作舞爪状(图五:15)[10]。成康时期的令方彝

[1] 《殷墟青铜器》图七,5;图一八,2。

[2] 同[1]图六六,1。

[3] 《陕青》(二)图一七。

[4] 同[1]图七八,1。

[5] 同[3](三)图三〇、三一。

[6] 同[3](三)图四五、五〇。

[7] 同[1]图二六。

[8] 同[1]图二四。

[9] 同[1]图一二,2。

[10] 《陕西淳化史家塬出土西周大鼎》,《考古与文物》1980年第2期。

和作册大方鼎上也都饰这式兽面纹[1]，大概是当时比较流行的纹样。

（四）第四种型式　分解兽面纹（Ⅳ型）　即将一个独立的兽面纹或连体兽面纹分解为各个不相连属的器官，但保持它们之间的相对位置。这种型式的兽面纹最早见于殷墟第一期的青铜器，而且只限于独立兽面纹的分解，以后发展到分解连体兽面纹，成为殷墟时期和西周早期青铜器上比较常见的一种纹样。

Ⅳ1式：为分解的独立兽面。没有兽面的轮廓，角、眉、眼、耳、鼻、嘴等器官的位置与独立兽面纹相同。此式兽面纹见于殷墟第一期小屯M331方卣（R2066）的颈部，由于卣颈细长，花纹也随之变化。双角竖立，细眉，梭形眼，两侧有云纹状小耳，直鼻有翅，阔嘴，尖唇，雷纹衬底（图六：1）[2]。这是所见年代最早的一例分解兽面纹，与Ⅰ2式独立兽面纹共存于同一件器上。这式花纹后来被略加变化，广泛应用于殷周时期的蕉叶纹之上。

Ⅳ2式：也是分解的独立兽面。妇好封口盉（859）顶部有此式花纹，双角作夔形，粗眉，方眼，云纹状耳，在盉口下有阔嘴，嘴角内卷，雷纹衬底（图六：3）[3]。这式花样与Ⅰ5式独立兽面纹同见于一件器上。同属殷墟第二期的小屯M238有盖方彝（R2067）（图六：8）、西北冈M1022有盖方彝（R1077）其上的分解兽面纹与妇好封口盉相同，也有夔纹双角，也有阔嘴，而两侧配置夔纹[4]。可见此式分解兽面纹在殷墟第二期颇为流行。

Ⅳ3式：为全分解的连体兽面纹。兽面无轮廓，双角内卷，方眼或臣字形眼，云纹状耳，以扉棱为鼻梁，嘴裂为两半，嘴角内卷，躯干折而向上，尾折而向下卷，脚爪居于嘴的两侧，与躯干不相连接，雷纹衬底。此式兽面纹实际上是将Ⅲ10式连体兽面纹进行整体分解，使之成为各个不相连接的部分。妇好墓出土的妇好扁圆壶（863）（图六：5）和司￿母大圆尊（867）（图六：4）腹部所饰的都是这种式样的分解兽面纹[5]。

在西周青铜器上这式分解兽面纹发现较少。传世的吴方彝盖上的花纹属于这种形式而有较大的变化。兽面无轮廓，云纹状双角，双眉细长而曲折，小眼，躯干向上内卷，脚爪飞舞（图六：6）。整个兽面纹显得支离破碎，呈现出向窃曲纹演变的趋势[6]。吴方彝盖被认为是西周中期懿王时器，大概是兽面纹中年代最晚的器例之一。

Ⅳ4式：为半分解的连体兽面纹，即将连体兽面纹分解为身首两截，兽面有轮廓，躯干和脚爪则不与兽面相连接。如妇好大方尊（792）腹部的纹饰，兽面双角粗壮而内卷，粗眉

[1]　《弗里尔》图版34、38。

[2]　《五十三件》插图二十九，4。

[3]　《殷墟青铜器》图二○，2。

[4]　同[2]插图二十九，1、2。

[5]　同[3]图一六；图二五。

[6]　《商周青铜器纹饰》图193。

大眼，以扉棱为鼻梁，张口，嘴角内卷，叶状大耳，躯干竖立，尾似刀状，脚爪强壮有力（图六：7）。整个主体花纹上刻细线纹，雷纹衬底[1]。试将此种分解兽面纹与连体兽面纹略作比较，不难发现它是由Ⅲ 13式连体兽面纹变化而成的。

这种分解兽面纹在殷墟晚期和西周早期的青铜器上最为常见，但在形式上也有若干的变化。其一是躯干和脚爪的进一步分解，演变为不相连属的两部分；其二是躯干和脚爪由比较写实的图像演化为比较抽象的装饰性图案。至于兽面的基本形态大致相同，只是兽角的形式略有不同。新乡市博物馆收藏的一件殷墟晚期的妇嫊尊（图六：13）[2]、辽宁喀左北洞二号窖藏发现的殷末的㝬方鼎[3]，都饰这样的分解兽面纹。西周早期青铜器上有这种纹饰的实例较多，如扶风庄白出土的商尊（图六：11）、商卣[4]，宝鸡县贾村出土的何尊[5]，山东滕县出土的滕侯鼎（图六：10）[6]，郿县杨家村出土的旟鼎[7]，扶风刘家丰姬墓出土的鼎[8]，以及传世的大盂鼎（图六：12）[9]，它们有的饰于腹部，有的在口沿下以六个花纹单元围成一周，其基本形态相同，只是在兽角、躯干和脚爪的形式上略有变化。

Ⅳ 5式：为省略了躯干的半分解的连体兽面纹，即兽面有轮廓，躯干被省略了，仅存与兽面不相连的脚爪。如妇好大方尊（792）圈足上的花纹[10]，兽面有轮廓，云纹状双角，粗眉巨眼，嘴角外撇，有锯齿状牙，两侧有粗壮有力的脚爪（图六：15）。这种省略了躯干的分解兽面纹大都是由于花纹所在的位置上窄下宽，如高圈足，没有安置躯干所需的空间而形成的，这由本式分解兽面纹与上一式分解兽面纹共见于同一件器物上，前者在圈足，后者在器腹即可明白。

Ⅳ 6式：为省略了躯干的全分解连体兽面纹。如妇好墓出土的司䍃母癸大方尊（806），腹部和圈足上的纹饰，兽面无轮廓，分解为不相连属的角、眉、眼、耳、鼻、嘴等器官，躯干被省略，脚爪则被置于两耳的下方（图六：14）[11]。妇好大方斝（752）腹部的纹饰

---

[1] 《殷墟青铜器》图一三。

[2] 《介绍七件商代晚期青铜器》，《文物》1978年第5期。

[3] 《古铜选》图29。

[4] 《陕青》（二）图三、图四。

[5] 同[4]（四）图九七。

[6] 《山东滕县发现滕侯铜器墓》，《考古》1984年第4期。

[7] 同[4]（三）图一九二。

[8] 同[4]（三）图四七。

[9] 《商周青铜器纹饰》图129。

[10] 同[1]图一三。

[11] 同[1]图二四。

(图六：9)也是这种式样[1]。此式分解兽面纹在殷墟第三期也有发现,如殷墟大司空村出土的母乙觯(SM53：27),兽面无轮廓,且无双角,粗眉,方眼,宽鼻梁,叶形耳,阔嘴,嘴角上翘,脚爪也在耳的下方,两侧还配置竖立的夔纹,但无地纹(图六：2)[2]。

上述两式省略躯干的分解兽面纹在西周时期似乎没有流行,所以在西周青铜器上还未见到这类纹饰。

三

迄今发现的年代最早的青铜容器是属于二里头文化的。从 1973 年至 1984 年的十余年间,在河南偃师二里头遗址发掘出土的青铜容器共有爵 9 件,斝 1 件。这 10 件青铜器都属于二里头文化三期或四期,其中的一件斝和偃师文化馆收藏的一件爵在腹部有圆泡状突饰,其余八件都是素面的,没有任何纹饰,当然,更不用说是兽面纹了。但是,有迹像表明青铜容器上的兽面纹装饰很有可能是来源于这种文化的。

在二里头遗址中曾多次发现刻画有各种现实的或想像的动物形象的陶片,其中就有龙纹和双身龙纹的纹样。双身龙纹的龙头居中,眼珠凸出,左右伸出蜿蜒的躯干,龙纹的线条内涂朱砂,眼眶内涂绿色[3]。这类花纹显然是后来连体兽面纹的初型。

陶盉是二里头文化的典型陶器之一,它经常在墓葬中和铜爵成组出现。二里岗时期的铜盉其原型无疑是二里头文化的陶盉,因此,可以设想今后也许有可能在二里头文化中发现铜盉。二里头文化三期和四期的陶盉,器形基本相同,都是圆拱形顶,其上有一个斜耸的流管,一侧有椭圆形的盉口,其下为三个袋状款足,腹一侧有鋬。值得注意的是许多陶盉都在顶部流管的两侧各有一个圆形泥饼装饰,而二里岗时期的铜盉上也有同样的装饰,有的更在盉口的上方有长条形的鼻状纹饰,从而构成兽面纹中的主要器官。由此可知,二里头文化陶盉上的一对泥饼所代表的正是兽面的双目,它实在是后来独立兽面纹的最早的原始形式。

在二里头文化的墓葬中还曾发现两件兽面纹的青铜牌饰[4],器形作弧边长方形,两侧各有两个穿孔的纽,器表由绿松石片拼成对称的图案花纹,有明显的眼眶和突出的眼珠,颇类兽面纹样。

---

[1] 《殷墟青铜器》图一九。

[2] 同[1]图八三,2。

[3] 《河南偃师二里头遗址发掘简报》,《考古》1965 年第 5 期。

[4] 《1981 年河南偃师二里头墓葬发掘简报》,《考古》1984 年第 1 期;《1984 年秋河南偃师二里头遗址发现的几座墓葬》,《考古》1986 年第 4 期。

上述种种发现都表明商周青铜容器上的兽面纹很可能出自二里头文化。

在青铜容器上最早出现兽面纹大概是在二里岗时期。二里岗期商文化分为二里岗下层和二里岗上层，而青铜容器大都出于上层。近些年来，由于发现日多，二里岗期的青铜容器也被分为下层和上层两期[1]，或在二里岗上层中又分为偏早和偏晚[2]，甚至在二里岗上层和殷墟早期之间又分出一个转变期[3]。但是，总的说来，可以确认为二里岗下层的青铜容器数量较少，而且只有个别的器物上有兽面纹，而二里岗上层的青铜容器有兽面纹饰的比较普遍，纹样也富有特色。本文没有对二里岗期的青铜容器进行分期，而将这个时期的兽面纹作为一个整体，从它的变化上来推求其发展的顺序。

二里岗期青铜容器上的兽面纹有三种型式，即独立兽面纹、歧尾兽面纹和连体兽面纹，花纹的表现方法多为刻划范文、刻划模文和模范合作文，只有少数是堆雕模文。二里岗期的兽面纹以歧尾兽面纹最为普遍，特征也最明显，其表现方法也均为刻划范文和刻划模文等初级的制作技法。连体兽面纹多用堆雕模文的制作技法，大都施于二里岗期年代偏晚的青铜容器上，由此可以看出向殷墟时期兽面纹演化的轨迹。

殷墟时期的青铜容器发现很多，就殷墟发掘出土的也约千件，关于它们的年代早晚，目前虽有分为三期[4]和四期[5]的，但只是区划的不同，在序列上没有颠倒的。李济的意见与之有很大的不同，上文已有说明。本文按三期说划分，属于第一期的有小屯 M 232、M 331、M 333、M 388 所出诸器，属于第二期的自以妇好墓所出的数量多而又最为典型，属于第三期的则有后冈祭祀坑、殷墟西区和大司空村殷代晚期墓所出的器物。

殷墟第一期青铜容器上的兽面纹还保存了较多的二里岗期的传统，但堆雕模文的连体兽面纹数量增加，而且出现了浮雕模文的制作方法和分解兽面纹等新的纹样。殷墟第二期的兽面纹有很大的发展，刻划范文和刻划模文的制作技法几乎完全被抛弃，大量使用堆雕模文和浮雕模文的制作方法，普遍用雷纹作为兽面纹的地纹。兽面纹的式样也极富于变化，独立的兽面纹和连体兽面纹还通过分解、融合、相互渗透、转化，演变出多种新的型式。至于二里岗期的歧尾兽面纹已从这个时期青铜容器的装饰纹样中基本消失了。殷墟第三期的兽面纹，其型式几乎都是前一时期已经出现过的，没有大的发展和创新，似乎是进入了一个停滞的时期。

---

[1] 《郑州二里岗期商代青铜容器的分期和铸造》，《中原文物》特刊，1981 年；《河南新郑望京楼铜器断代》，《考古》1983 年第 5 期。

[2] 《盘龙城商代二里岗期的青铜器》，《文物》1976 年第 2 期。

[3] 《中国商代前期青铜容器分期》，《考古学集刊》第 6 集，1989 年。

[4] 《殷墟青铜器礼器的分期与组合》，《殷墟青铜器》，1985 年。

[5] 《殷墟青铜器的分期与年代》，《殷墟青铜器》，1985 年。

图七 兽面纹图谱

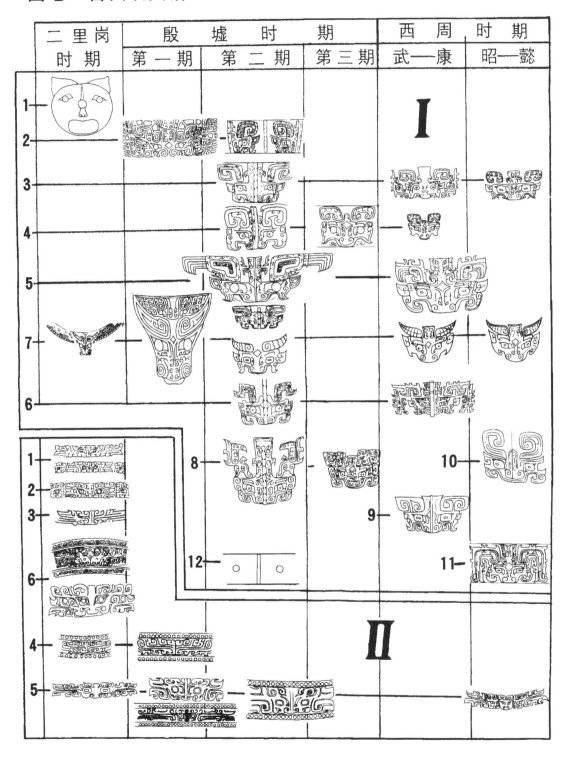

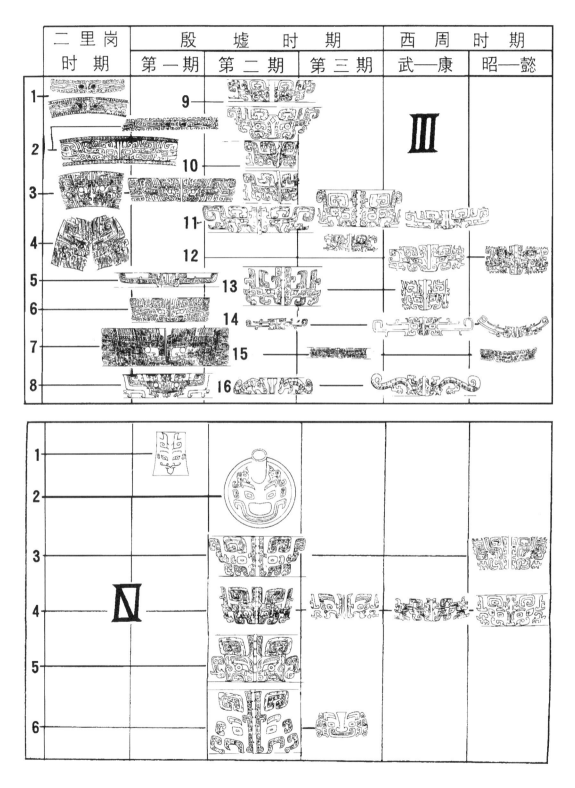

西周时期的青铜容器由于发现日多,大都可以根据其出土的坑位,铜器的形制、组合等确定其年代的早晚,有的还可以根据铭文推断其所属的王世。因此,西周青铜容器上的兽面纹可以据以排定,从中探讨其特点。为了便于研究对照,我们也采用了若干传世的可以确定王世的青铜器上的兽面纹样。

西周早期的青铜容器无论在器形和纹饰上都继承了殷墟时期的传统,兽面纹装饰也是如此。不过,西周时期的兽面纹还有它自身的特点,它既有趋向朴实无华的一面,也有追求缛丽纤巧的一面,既有趋向简化的一面,又有力求创新的一面。在西周早期的青铜容器中出现一种简朴式的风格,反映在兽面纹上,大都将独立兽面纹和连体兽面纹作为一条纹饰带置于铜器的口沿下,兽面纹的线条简洁洗炼,地纹也往往被省略。这种风格的兽面纹多见于成康时期的铜器上。然而昭王时期的铜器上又出现极华丽的兽面纹饰,如器身通体饰雷纹衬底的连体兽面纹,屈躯舞爪,双角及躯干都附加花边,表现出这个时期的风尚。简化的趋势在半分解的连体兽面纹上表现最为充分,这类兽面纹的躯干和脚爪部分在殷墟时期还是相当写实的,但进入西周以后,却变成抽象的装饰性图案。至于创新,主要表现于兽面纹的局部变化等方面,比如殷墟时期的兽面纹多在两侧配置夔纹,而西周时期多改为当时流行的鸟纹。又如昭王时期的兽面纹中出现了长角逶迤的新形式。变化最大的当数吴方彝盖上的全分解的连体兽面纹,呈现出向窃曲纹演化的倾向,而这已是西周的中期了。随着这种创新,在殷周青铜容器装饰纹样中占据最重要地位的兽面纹也就最终消失了。

本文选用殷周青铜容器133件,将其上的兽面纹分为四型40式,力求表现其发展和演变的过程,附图七(兽面纹图谱)、附表(殷周青铜容器兽面纹型式登记表),以供青铜器断代研究的参考。

殷周青铜容器兽面纹型式登记表

序号	器名	器形	兽面纹型式	其他纹饰	著录和本文图例
1	弦纹盉（郑州省中医院）	拱顶,鋬流,袋足	Ⅰ1式		《中原文物》81.2
2	盉（黄陂李家嘴M2:20）	拱顶,鋬流,袋足	Ⅰ1式		《文物》76.2
3	盉（中牟黄店）	拱顶,鋬流,袋足	Ⅰ1式,Ⅱ1式		《文物》80.12
4	盉（布伦戴奇藏品）	拱顶,鋬流,袋足	Ⅰ1式		《罗越》图一,1
5	尊（小屯M333R2060）	侈口,束颈,斜肩,圈足	Ⅰ2式	目纹,弦纹	《五十三件》图一,2
6	方卣（小屯M331R2066）	圆口,长颈,方腹,圈足	Ⅰ2式,Ⅳ1式	夔纹,三角纹	《五十三件》图一,4;图六,1
7	司𫘦母大方壶(807)	方口,有肩,直腹,圈足,有盖	Ⅰ2式,Ⅲ13式,Ⅲ16式	鸟纹,蝉纹	《殷青》图一,6;图五,7
8	妇好方罍(866)	方直口,圆肩,平底,双耳,有盖	Ⅰ3式,Ⅲ14式	夔纹,圆涡纹,蕉叶纹	《殷青》图一,7;图五,13
9	妇好长方扁足鼎(813)	长方形,双立耳,扁夔形四足	Ⅰ3式	夔纹	《殷青》图一,5
10	妇好瓿(830)	敛口,圆腹,圈足,有盖	Ⅰ3式	夔纹	《殷青》图一,10
11	利簋	敞口,直腹,两耳,圈足方座	Ⅰ3式	夔纹	《文物》77.8;图一,8
12	德簋	敞口,直腹,双耳,圈足,方座	Ⅰ3式	夔纹,鸟纹	《美集录》A220
13	父乙尊（屯溪M1:90）	侈口,鼓腹,圈足	Ⅰ3式	夔纹,鸟纹	《考古学报》59.4;图一,11
14	祖丁尊（云塘M20:2）	侈口,鼓腹,圈足	Ⅰ3式	鸟纹,弦纹	《文物》80.4;图一,9
15	亚鱼鼎（殷墟西区M1713:27）	直口,双立耳,深腹,分裆,三柱足	Ⅰ4式	夔纹	《考古》86.8;图二,1
16	鼎（长安马王村）	直口,双立耳,深腹,分裆,三柱足	Ⅰ4式	夔纹	《考古》63.8
17	司母辛大方鼎(789)	长方形,双立耳,圆柱形四足	Ⅰ4式,Ⅲ9式	乳钉纹	《殷青》图四,13
18	戍嗣子鼎(H10:5)	敞口,双立耳,深腹,凹柱足	Ⅰ4式,Ⅲ11式		《殷青》图二,2;图五,2
19	妇好中型圆鼎(757)	敞口,双立耳,深腹,三柱足	Ⅰ5式	夔纹,三角纹	《殷青》图二,6
20	妇好中型圆鼎(760)	同上	Ⅰ5式	同上	《殷青》图二,3
21	妇好偶方彝(791)	长方形,斜肩,双附耳,圈足,有盖	Ⅰ5式,Ⅲ11式	夔纹,鸟纹,鸮纹	《殷青》图二,5;图五,6
22	妇好封口盉(859)	拱顶,鋬流,单鋬,三袋足	Ⅰ5式,Ⅳ2式	目雷纹,三角纹	《殷青》图六,3
23	簋（陇县韦家庄）	敞口,深腹,双耳,圈足,方座	Ⅰ5式,Ⅲ11式	夔纹	《陕青》(三)

续表

序号	器　名	器　形	兽面纹型式	其他纹饰	著录和本文图例
24	毁古方尊	圆侈口,方体,方圈足	Ⅰ5式	鸟纹,蕉叶纹	《纹饰》图二,4
25	旗　鼎	敞口,深腹,双立耳,三凹柱形足	Ⅰ5式,Ⅳ4式		《陕青》(三)
26	司母母大圆尊(867)	大侈口,折肩,高圈足	Ⅰ6式,Ⅳ3式	夔纹,三角纹,目纹	《殷青》图二,7;图六,4
27	德方鼎	方口折沿,双立耳,四圆柱形足	Ⅰ6式	夔纹	《纹饰》图二,8
28	牛首尊(郑州H1:3)	大侈口,斜肩,深腹,高圈足	Ⅰ7式,Ⅲ1式	小圆圈纹,弦纹	《文物》83.3
29	牛首尊(郑州H1:4)	大侈口,斜肩,深腹,高圈足	Ⅰ7式,Ⅲ1式	弦　纹	《文物》83.3;图二,11;图四,2
30	尊(小屯M331R2070)	大侈口,折肩,圈足	Ⅰ7式,Ⅲ5式,Ⅲ8式	夔纹,目纹,弦纹	《五十三件》图四,12、14
31	尊(小屯M331R2071)	大侈口,折肩,圈足	Ⅰ7式,Ⅲ5式	夔纹,弦纹	《五十三件》图四,7
32	罍(小屯M388R2061)	敞口,斜肩,深腹,圈足	Ⅰ7式,Ⅲ2式,Ⅲ3式	小圆圈纹	《五十三件》图四,6、11
33	司母辛四足觥(803)	四足兽形,单鋬	Ⅰ7式	夔纹,虎纹	《殷青》图二,10
34	鬲(华县桃下)	敞口,双立耳,分档,三柱足	Ⅰ7式		《陕青》(一)
35	伯矩鬲	折沿,双立耳,分档,柱足,有盖	Ⅰ7式		《古铜选》
36	甗(扶风刘家)	敞口,双耳,深腹,袋足,柱状足根	Ⅰ7式,Ⅲ15式		《陕青》(三)
37	甗(岐山贺家M113)	敞口,双耳,深腹,袋足,柱状足根	Ⅰ7式		《陕青》(三)
38	缶(妇好墓805)	方口,斜肩,深腹,平底	Ⅰ8式	蛇纹,蝉纹	《殷青》图二,9
39	方　彝	方形,直腹,圈足,四坡形盖	Ⅰ8式	夔纹	《美集录》
40	飒方鼎	方口折沿,双立耳,四柱形足	Ⅰ9式	夔纹	《宝鼎斋》
41	日己方彝	方形,直腹,圈足,四坡形盖	Ⅰ10式	鸟纹	《陕青》(二)图二,13
42	日己方尊	圆口,方腹,圈足	Ⅰ10式	鸟纹	《陕青》(二)
43	日己方觥	前流,方腹,单鋬,圈足,兽头盖	Ⅰ10式	夔纹,鸟纹	《陕青》(二)
44	厚趠方鼎	方口,折沿,双立耳,四圆柱足	Ⅰ11式		《纹饰》图二,14
45	狱方鼎	方口,折沿,双立耳,四圆柱形足	Ⅰ11式	龙纹,弦纹	《布伦戴奇》
46	丙鼎(小屯M17:4)	圆口,双立耳,深腹,三柱足	Ⅰ12式		《殷青》
47	方鼎(郑州H1:8)	方口,折沿,双立耳,深腹,四柱足	Ⅱ1式	乳钉纹	《文物》83.3;图三,3

序号	器 名	器 形	兽面纹型式	其他纹饰	著录和本文图例
48	鼎(黄陂李家嘴 M2:55)	敞口,折沿,双立耳,深腹,三圆锥形空足	II 1式		《文物》76.2;图三,4
49	鬲(辉县 M110:1)	敞口,折沿,立耳,分档,锥状袋足	II 1式	双线人字纹	《辉县》
50	方鼎(郑州杜岭)	方形,折沿,双立耳,深腹,四柱形空足	II 2式	乳钉纹	《文物》75.6;图三,1
51	爵(郑州白家庄 M3:1)	前流短尾,折腹,平底,三棱形足	II 3式		《文参》55.10;图三,5
52	瓿(郑州铭功路 M4:3)	侈口,细腰,圈足	II 3式	弦纹	《考古》65.10
53	瓿(郑州 H1:12)	大侈口,细腰,圈足	II 4式	小圆圈纹,弦纹	《文物》83.3;图三,7
54	瓿(郑州 H1:13)	大侈口,细腰,圈足	II 4式	小圆圈纹,弦纹	《文物》83.3
55	瓿(黄陂李家嘴 M1:21)		II 4式	回纹	《文物》76.2
56	瓿(小屯 M331 R2012)	侈口,细腰,圈足	II 4式	小圆圈纹	《瓿形器》图三,9
57	爵(小屯 M333 R2030)	前流后尾,双柱,单鋬,折腹,平底,三足	II 4式	小圆圈纹	《爵形器》图三,2
58	鼎(郑州白家庄 M2:4)	敞口,折沿,双立耳,深腹,三锥形足	II 5式		《文参》55.10;图三,11
59	鼎(郑州铭功路 M2:2)	敞口,折沿,双立耳,深腹,三圆锥空足	II 5式		《考古》65.10
60	爵(郑州铭功路 M2:21)	前流,后尾,双柱,束腰,平底,三细足	II 5式		《考古》65.10
61	斝(郑州东里路 M39:1)	侈口,双柱,折腹,圜底,单鋬,三棱足	II 5式		《中原文物》81.2
62	鼎(黄陂李家嘴 M1:2)	敞口,折沿,双立耳,深腹,三锥形空足	II 5式		《文物》76.2
63	瓿(黄陂李家嘴 M1:19)	侈口,粗腰,圈足	II 5式	弦纹	《文物》76.2
64	斝(黄陂李家嘴 M2:10)	侈口,双柱,折腹,平底,三棱形空足	II 5式		《文物》76.2;图三,6
65	爵(黄陂李家嘴 M2:11)	前流短尾,折腹,单鋬,双柱,三棱足	II 5式		《文物》76.2
66	爵(黄陂李家嘴 M2:12)	前流,短尾,流上有棱牙,单柱,平底,三棱足	II 5式		《文物》76.2
67	鼎(黄陂李家嘴 M2:35)	敞口,折沿,双立耳,深腹,三锥形空足	II 5式		《文物》76.2
68	鼎(小屯 M232 R2049)	敞口,双立耳,深腹,三锥状空足	II 5式		《鼎形器》图三,10
69	瓿(小屯 M388 R2017)	大侈口,细腰,圈足	II 5式	弦纹,目纹	《瓿形器》图三,8
70	瓿(郑州白家庄 M3:5)	侈口,细腰,圈足	II 5式	小圆圈纹,目纹	《文参》55.10

序号	器 名	器 形	兽面纹型式	其他纹饰	著录和本文图例
71	瓿(郑州白家庄M3:8)	侈口,粗腰,圈足	Ⅱ5式	小圆圈纹	《文参》55.10;图三,17
72	斝(辉县 M110:2)	侈口,双柱,折腹,平底,三空足	Ⅱ5式		《辉县》
73	斝(黄陂李家嘴M1:13)	侈口,折腹,单鋬,三锥状空足	Ⅱ5式	小圆圈纹	《文物》76.2;图三,14
74	鼎(小屯 M333 R2053)	敞口,深腹,双立耳,三扁夔形足	Ⅱ5式	夔纹,小圆圈纹	《鼎形器》图三,13
75	瓿(小屯 M238 R2007)	大侈口,细腰,圈足	Ⅱ5式	目纹,弦纹,小圆圈纹	《瓿形器》图三,12
76	簋(扶风云塘M20:8)	敞口,圆腹,双耳,圈足	Ⅱ5式		《陕青》(三)
77	斝(郑州白家庄M2:7)	侈口,双柱,折腹,平底,单鋬,三棱形空足	Ⅱ6式	弦纹	《文参》55.10;图三,18
78	爵(郑州白家庄M2:8)	前流短尾,直腹,平底,三棱形足	Ⅱ6式		《文参》55.10
79	爵(黄陂李家嘴M1:17)		Ⅱ6式		《文物》76.2;图三,15
80	斝(黄陂李家嘴M1:11)	侈口,双柱,折腹,平底,单鋬,三棱形足	Ⅱ6式		《文物》76.2
81	方鼎(郑州 H1:2)	方口折沿,双立耳,深腹,四圆柱足	Ⅱ6式	乳钉纹	《文物》83.3;图三,16
82	罍(郑州白家庄M2:1)	直口,短颈,斜肩,深腹,圈足	Ⅱ6式	蛙纹,回纹,弦纹	《文参》55.10;图三,19
83	鼎(郑州 H1:1)	圆口折沿,双立耳,深腹,三柱足	Ⅲ1式		《文物》83.3;图四,3
84	罍(黄陂李家嘴M1:7)	直口,短颈,斜肩,深腹,圈足	Ⅲ2式	弦纹	《文物》76.2
85	罍(黄陂李家嘴M1:8)	直口,短颈,斜肩,深腹,圈足	Ⅲ2式	弦纹	《文物》76.2;图四,1
86	簋(黄陂李家嘴M2:2)	敞口,折沿,深腹,圈足	Ⅲ2式	弦纹	《文物》76.2;图四,5
87	羊首罍(郑州H1:5)	直口,短颈,斜肩,深腹,圈足	Ⅲ3式	目纹,弦纹	《文物》83.3;图四,8
88	罍(小屯 M232 R2056)	敞口,直颈,折肩,深腹,圈足	Ⅲ3式	目纹,弦纹	《五十三件》图四,4
89	罍(小屯 M333 R2059)	侈口,收颈,斜肩,深腹,圈足	Ⅲ3式	弦纹	《五十三件》图四,9
90	卣(郑州H1:11)	直口,长颈,深腹,圈足,有盖,提梁	Ⅲ4式	蛇纹,回纹,小圆圈纹	《文物》83.3;图四,10
91	罍(小屯 M331 R2058)	敞口,收颈,斜肩,深腹,圈足	Ⅲ6式	弦纹	《五十三件》图四,15
92	瓿(小屯 M232 R2057)	敛口,短颈,圆腹,圈足	Ⅲ7式	目纹,弦纹	《五十三件》图四,18
93	壶(小屯 M238 R2074)	椭圆口,长颈,深腹,双耳,圈足	Ⅲ9式	夔纹,目纹	《五十三件》图四,17

序号	器 名	器 形	兽面纹型式	其他纹饰	著录和本文图例
94	卣（小屯 M238 R2065）	圆口,细长颈,圆腹,圈足,提梁	Ⅲ9式	夔纹,菱形纹	《五十三件》图四,16
95	司夸母大圆罍（857）	侈口,双柱,折腹,单鋬,三刀形足	Ⅲ10式	蕉叶夔纹,三角纹	《殷青》图五,4
96	簋（妇好墓833）	敞口,圆腹,圈足	Ⅲ11式		《殷青》图五,9
97	共鼎（殷墟西区 GM907:3）	敞口,双立耳,深腹,三柱足	Ⅲ11式	三角纹	《殷青》图五,3
98	德鼎	折沿,双立耳,深腹,三柱足	Ⅲ11式	夔纹	《纹饰》图五,1
99	董鼎	折沿,双立耳,深腹,三柱足	Ⅲ12式		《纹饰》图五,10
100	折觥	前流,后鋬,方腹,圈足,兽头盖	Ⅲ12式	夔纹	《陕青》(二);图五,5
101	折尊	侈口,鼓腹,圈足	Ⅲ12式	夔纹,蕉叶纹	《陕青》(二)
102	折方彝	方形,鼓腹,圈足,四坡盖	Ⅲ12式	夔纹	《陕青》(二)
103	令方彝	方形,鼓腹,圈足,四坡盖	Ⅲ12式,Ⅲ16式	鸟纹	《美集录》
104	荣子方彝	方形,鼓腹,圈足,四坡盖	Ⅲ12式	鸟纹	《美集录》
105	妇好方彝（825）	方形,直腹,圈足,四坡盖	Ⅲ13式	夔纹,鸟纹	《殷青》图五,16
106	王昶方尊	圆侈口,方体,圈足	Ⅲ13式	鸟纹,蕉叶纹	《弗里尔》
107	歔觥	前流后鋬,方体,圈足,兽头盖	Ⅲ13式	鸟纹	《弗里尔》
108	妇好小圆鼎（775）	敞口,双立耳,深腹,三柱足	Ⅲ14式	三角纹	《殷青》图五,12
109	亚盥鼎（殷墟 PNM172:2）	圆口,双立耳,深腹,三柱足	Ⅲ14式		《殷青》图五,8
110	折斝	敞口,收颈,分档,双柱,单鋬,三足	Ⅲ14式	弦纹	《陕青》(二)图五,11
111	父丁鬲（殷墟西区 GM1102:1）	敞口,双立耳,弧档,三袋足	Ⅲ15式		《殷青》图五,14
112	父己甗	敞口,双耳,深腹,三袋足,柱状足根	Ⅲ15式		《陕青》(三)
113	父丁簋	敞口,圆腹,双耳,圈足	Ⅲ15式		《陕青》(三)
114	簋（扶风刘家）	敞口,圆腹,双耳,圈足	Ⅲ15式		《陕青》(三)
115	司夸母癸大方尊（806）	方形,大侈口,折肩,高圈足	Ⅲ16式,Ⅳ6式	蕉叶纹	《殷青》图六,14
116	四瓣花纹觯（妇好墓783）	侈口,收颈,圈足,有盖	Ⅲ16式	四瓣花	《殷青》
117	鼎（淳化史家塬）	圆口,折沿,双立耳,深腹,三环耳,柱足	Ⅲ16式	夔纹,牛首纹,弦纹	《考古与文物》80.2;图五,15
118	作册大鼎	方形,双立耳,直腹,四柱状足	Ⅲ16式	乳钉纹	《弗里尔》
119	方彝（小屯 M238 R2067）	方形,直腹,圈足,四坡盖	Ⅳ2式	夔纹	《五十三件》图六,8
120	方彝（西北岗 M1022 R1077）	方形,直腹,圈足,四坡盖	Ⅳ2式	夔纹	《五十三件》

序号	器 名	器 形	兽面纹型式	其他纹饰	著录和本文图例
121	妇 好 扁 圆 壶（863）	椭圆口，长颈，深腹，双耳，有盖	Ⅳ3式	夔纹	《殷青》图六,5
122	吴方彝盖	四坡形，有脊棱	Ⅳ3式		《纹饰》图六,6
123	妇 好 大 方 尊（792）	大侈口，折肩，深腹，高圈足	Ⅳ4式，Ⅳ5式	夔纹，三角纹	《殷青》图六,7、15
124	妇媟尊	大侈口，鼓腹，圈足	Ⅳ4式		《文 物》78.5；图六,13
125	娶方鼎	方口，折沿，双立耳，四柱形足	Ⅳ4式	乳钉纹	《古铜选》
126	商 尊	侈口，鼓腹，圈足	Ⅳ4式	夔纹，蕉叶纹	《陕青》（二）；图六,11
127	商 卣	椭圆口，鼓腹，圈足，提梁	Ⅳ4式	夔纹	《陕青》（二）
128	何 尊	侈口，鼓腹，圈足	Ⅳ4式	蛇纹，蕉叶纹	《陕青》（四）
129	滕侯鼎	圆角长方形，双附耳，鼓腹，四柱足，有盖	Ⅳ4式	夔纹，鸟纹	《考 古》84.4；图六,10
130	大盂鼎	敛口，折沿，双立耳，垂腹，三柱足	Ⅳ4式		《纹饰》图六,12
131	鼎（扶风刘家）	敞口，双立耳，深腹，三柱足	Ⅳ4式	三角纹	《陕青》（三）
132	妇 好 大 方 斝（752）	方形，侈口，长颈，折腹，双柱，单鋬，四刀形足	Ⅳ6式	夔纹，蕉叶纹	《殷青》图六,9
133	母 乙 觯（殷墟SM53:27）	椭圆口，侈口，束颈，鼓腹，圈足，有盖	Ⅳ6式	夔纹	《殷青》图六,2

本文的兽面纹图谱是请张孝光同志设计的,插图大部分是韩慧君同志画的。

（此文原刊于《考古学报》1990 年第 2 期）

五　西周青铜器的分期与断代

根据上述西周青铜器形制和纹饰的类型学分析，排比典型单位的组合关系，即可比较恰当地判断它们的相对年代，编列出西周青铜器主要器类分期图谱。现对此分期图谱的编列作些说明。

(一)西周早期

西周早期相当于武、成、康、昭四个王世。

公认属于西周早期的典型单位，主要有长安张家坡 M106，北京琉璃河 M251、M253，宝鸡纸坊头 M1，竹园沟 M13、M7、M4，长安花园村 M15、M17，共计九座墓。其中，张家坡 M106 出土铜器较少，主要有Ⅳ2式鼎、Ⅰ1式簋、Ⅱ1式尊等；其他八墓出土铜器较多，可将主要器物形制的组合情况排列如下：

纸坊头 M1　　鼎(Ⅰ1、Ⅲ1、Ⅳ1、Ⅳ2)，鬲(Ⅰ1)，簋(Ⅰ2、Ⅱ1、Ⅱ2、Ⅴ)

琉璃河 M251　鼎(Ⅱ1、Ⅲ1、Ⅳ1、Ⅳ2)，鬲(Ⅰ1)，簋(Ⅱ2)，尊(Ⅰ1)，卣(Ⅱ1a)，盉(Ⅰ1)，盘(Ⅰ1)

竹园沟 M13　 鼎(Ⅰ1、Ⅰ6、Ⅱ1、Ⅲ1、Ⅳ1、Ⅳ2)，簋(Ⅰ3、Ⅱ2)，尊(Ⅱ2)，卣(Ⅰ1、Ⅲ)，盉(Ⅲ1)，盘(Ⅰ1)，钟(Ⅰ1、Ⅰ2)

琉璃河 M253　鼎(Ⅰ6、Ⅱ1、Ⅲ1、Ⅳ1、Ⅳ2)，鬲(Ⅰ1)，簋(Ⅰ3、Ⅱ2)，尊(Ⅰ1)，卣(Ⅰ1)，盉(Ⅲ1)，盘(Ⅱ1)

竹园沟 M7　　鼎(Ⅲ1、Ⅳ1、Ⅳ2)，簋(Ⅰ3)，尊(Ⅰ1)，卣(Ⅱ1b)

竹园沟 M4　鼎（Ⅳ 1、Ⅳ 2），鬲（Ⅰ 1），簋（Ⅰ 3），尊（Ⅱ 3,有足），卣（Ⅱ 3,有足），盘（Ⅱ 1）

花园村 M15　鼎（Ⅰ 1、Ⅳ 3），簋（盂形），尊（Ⅱ 3），卣（Ⅱ 4）

花园村 M17　鼎（Ⅰ 1、Ⅳ 3），簋（Ⅱ 2），尊（Ⅱ 3），卣（Ⅱ 4），壶（Ⅱ 1），盉（Ⅱ），盘（Ⅱ 1）

这八座墓中,纸坊头 M1 因早年曾有铜器出土流散致使组合不全。

需要指出的是:(1)张家坡 M106 所出Ⅰ 1 式无耳圈足簋,形制纹饰与殷代晚期基本一致,同样的簋又见于沣毛 M1 早周墓,表明该墓的年代应属周初。(2)其他各墓,前六墓均有Ⅳ 1、Ⅳ 2 两式圆腹鼎,前五墓均有Ⅲ 式分裆鼎,四墓均有Ⅰ 1 式立耳鬲、Ⅰ 3 式双耳圈足簋,表明它们的年代相近(相同型式器物的纹饰仍有变化)。(3)这六座墓的器物组合存在明显的差别,Ⅰ 2 式四耳圈足簋和Ⅱ 1 式四耳方簋仅见于纸坊头 M1,Ⅰ 1 式凹形乳钉纹方鼎仅见于纸坊头 M1 和竹园沟 M13 两墓, Ⅱ 1 式浅腹扁足鼎仅见于竹园沟 M13、琉璃河 M251 和 M253 三墓,Ⅱ 2 式双耳方座簋见于此四墓;而琉璃河 M253 既与前三墓有较多一致,又与竹园沟 M7、M4 二墓具共同特征,特别是所出盘均非与殷代接近的无耳圈足Ⅰ 1 式,变化为与西周中期一致的圆折附耳Ⅱ 1 式。(4)花园村 M15、M17 所出器物,除Ⅰ 1 式方鼎和Ⅱ 2 式双耳方座簋(𣄰簋)属早期形制外,Ⅳ 3 式垂腹圆鼎、Ⅱ 3 式垂腹筒形尊、Ⅱ 4 式犄角盖垂腹卣均与西周中期前段接近,显然是西周早期之末的组合。

通观上述九墓所出铜器形制、纹饰和组合关系的变化,可将西周早期区分为前、后两段。前段,大体相当于武王、成王和康王前期,有张家坡 M106、纸坊头 M1、琉璃河 M251、竹园沟 M13 四墓。后段,大体相当于康王后期和昭王时期,有琉璃河 M253,竹园沟 M7 和 M4,花园村 M15 和 M17 五墓。

传世铜器中这一时期的典型器物,前段有武王时期的利簋（Ⅰ 2 式）、天亡簋（Ⅱ 1 式）,成王时期的大祝禽方鼎（Ⅰ 1 式）、康侯丰方鼎（Ⅰ 2 式）、献侯鼎（Ⅲ 1 式）、禽簋、康侯簋（Ⅰ 3 式）、何尊（Ⅰ 1 式）、保卣（Ⅱ 2 式）,康王时期的宜侯夨簋（Ⅰ 2 式）以及渣伯逆尊（Ⅱ 1 式）和卣（Ⅰ 1 式）;后段有康王时期的匽侯旨鼎（Ⅲ 1 式）、大盂鼎（Ⅳ 2 式）、鲁侯熙鬲（Ⅰ 1 式）,昭王时期的静方鼎、厚趠方鼎（Ⅰ 2 式）、𣄰簋（Ⅱ 2 式）、折尊（Ⅰ 1 式）、景尊（Ⅱ 2 式）、景卣（Ⅱ 3 式）、趠尊（Ⅱ 3 式）、趠卣（Ⅱ 2 式）等。

(二)西周中期

西周中期相当于穆、恭、懿、孝、夷五个王世。

252

公认属于西周中期前段即穆王至恭王前期的典型单位,主要有长安普渡村长由墓、扶风庄白西周墓(伯𢨦器)、宝鸡茹家庄M1乙室、曲沃晋侯墓地M9和M13五墓,以及扶风庄白1号窖藏中的丰器、岐山董家窖藏中的裘卫器。它们的主要器物形制组合情况如下:

长由墓　　　鼎(Ⅳ 1、Ⅳ 3),鬲(Ⅱ 1、Ⅲ 1),簋(Ⅰ 3),壶(Ⅱ 1),盉(Ⅲ 2),
　　　　　　盘(Ⅱ 1),钟(Ⅰ)

庄白墓　　　鼎(Ⅰ 4、Ⅰ 6、Ⅳ 3),簋(Ⅰ 3),壶(Ⅱ 1),盉(Ⅲ 2?),盘(Ⅳ)

茹家庄M1乙　鼎(Ⅰ 1、Ⅰ 4、Ⅱ 2、Ⅳ 3、Ⅳ 5),鬲(Ⅰ 1、Ⅲ 1),尊(Ⅱ 3),卣(Ⅱ 4),
　　　　　　壶(Ⅱ 1),盉(Ⅲ 2),盘(Ⅱ 1),钟(Ⅰ、Ⅱ)

晋侯M9　　　鼎(Ⅳ 3),簋(Ⅱ 2),尊(Ⅱ 3),盘(Ⅱ 1)

晋侯M13　　　鼎(Ⅱ 3、Ⅳ 3)

丰器　　　　尊(Ⅲ 3),卣(Ⅱ 4)

裘卫器　　　鼎(Ⅳ 3),簋(Ⅰ 3),盉(Ⅲ 2)

归纳此七单位铜器的型式,除个别器物的形制甚早(例如茹家庄M1乙室所出Ⅱ 2式扁足鼎),或为早期遗留者外,出现频率较高的典型器物有:Ⅳ 3式垂腹圆鼎、Ⅲ 1式无耳绳纹鬲、Ⅰ 3式双耳圈足簋、Ⅱ 3式垂腹筒形尊、Ⅱ 4式犄角盖垂腹卣、Ⅱ 1式贯耳瘦体圆壶、Ⅲ 2式矮体三足盉、Ⅱ 1式圆折耳圈足盘,Ⅰ型细乳钉界格钟和Ⅱ型细阳线界格钟。传世铜器中穆王时期的鲜簋,也是Ⅰ 3式双耳圈足簋。

属于西周中期后段,即恭王后期至夷王时期的典型器组,主要有庄白1号窖藏中的墙盘和痶器、扶风召陈窖藏中的散伯车父器、蓝田寺坡窖藏中的弭叔器、曲沃晋侯墓地中第4、5两组墓出土的晋侯靯器。它们的器物形制组合情况如下:

墙器　　　　盘(Ⅱ 1)

痶器　　　　鬲(Ⅲ 1),簋(Ⅱ 2),盨(Ⅱ 1),壶(Ⅱ 2a、Ⅱ 2b),钟(Ⅱ、Ⅳ 3、Ⅳ 4)

散车父器　　鼎(Ⅳ 4),簋(Ⅳ 2),壶

弭叔器　　　鬲(Ⅲ 1),簋(Ⅳ 2),壶(Ⅱ 2a)

晋侯靯器　　鼎(Ⅴ 4),盨(Ⅰ 3、Ⅱ 2),壶(Ⅱ 2b,楚马之器)

其他西周中期后段的典型标本,可举恭王时期的七年趞曹鼎(Ⅳ 5式)、十五年趞曹鼎(Ⅳ 3式)、师汤父鼎(Ⅳ 4式)以及晚些时候的辅师嫠簋(Ⅰ 3式)、询簋(Ⅰ 4式)、元年师旋簋(Ⅳ 2式)、王臣簋(Ⅳ 3式),还有应侯钟、师𡆠钟、井叔采钟等(均为Ⅳ 1式)。

归纳起来,西周中期后段的典型器物主要有:Ⅳ 3式垂腹圆鼎、Ⅳ 4式浅垂腹蹄足鼎、Ⅴ 4式附耳鼎、Ⅲ 1式平沿平裆鬲、Ⅰ 4式双环耳圈足簋、Ⅳ 2式双耳三足簋、Ⅳ 3式双环耳三足簋、Ⅰ 3式附耳四足盨、Ⅱ 1式双耳四足盨、Ⅱ 2式圆鼓腹壶、Ⅱ 1式圆折耳圈足盘、Ⅳ 1和Ⅳ 2两式粗阳线界格云纹钟等。

(三)西周晚期

西周晚期相当于厉王(包括共和)、宣王和幽王时期。

公认属于西周晚期前段即厉王前后的典型单位和器组,主要有曲沃晋侯墓地第6组的M8和M31,传世品中的克器、颂器、史颂器、函皇父器、梁其器、酅攸从器。它们的器物形制组合情况如下:

晋侯M8　　　　鼎(Ⅴ4,穌),簋(Ⅱ2,听),壶(Ⅲ1,听),盉(Ⅲ2),钟(Ⅱ、Ⅲ,穌)

晋侯M31　　　鼎(Ⅴ2),簋(Ⅳ1),盉(Ⅳ),盘(Ⅱ1)

克器　　　　　鼎(Ⅳ4),盨(Ⅱ3),钟(Ⅳ3)

史颂器　　　　鼎(Ⅳ4),簋(Ⅳ2)

函皇父器　　　鼎(Ⅳ4、Ⅴ2),簋(Ⅳ2),盘(Ⅱ2)

颂器　　　　　鼎(Ⅴ3),簋(Ⅳ2),壶(Ⅲ3)

梁其器　　　　鼎(Ⅴ2),簋(Ⅳ2),盨(Ⅱ3),壶(Ⅲ1),钟(Ⅳ3)

酅攸从器　　　鼎(Ⅴ2),盨(Ⅱ1)

归纳起来,西周晚期前段的典型器物主要有:Ⅳ4式浅垂腹蹄足鼎、Ⅴ2式横鳞纹球腹蹄足鼎、Ⅳ2式双耳三足簋、Ⅱ3式双耳圈足缺口盨、Ⅲ1式椭方体壶以及圆折耳和方折耳的盘(Ⅱ1式和Ⅱ2式)、Ⅳ3式粗阳线界格夔龙纹钟等。传世品中这一时期典型器,裒盘、兮甲盘为Ⅱ2式,虢叔旅钟为Ⅳ3式。

西周晚期后段即宣幽时期的典型单位主要有:曲沃晋侯墓地第7组的M64、M63、M62,第8组的M93、M102,三门峡虢国墓地的M2001、M2006以及岐山董家村窖藏中的此组器。它们的器物形制组合情况如下:

晋侯M64　　　鼎(Ⅳ4,邦父),簋(Ⅱ3,叔氏),壶(Ⅲ2)

晋侯M63　　　壶(Ⅱ2b,杨姞)

晋侯M62　　　鼎(Ⅴ4),簋(Ⅳ2),钟(楚公逆)

晋侯M93　　　鼎(Ⅴ2、Ⅴ4),簋(Ⅳ2),壶(Ⅲ2,家父),盘(Ⅱ2、Ⅲ),钟(Ⅳ3?)

晋侯M102　　　鼎(Ⅴ1),簋(Ⅳ2),壶(Ⅲ3)

虢国M2001　　鼎(Ⅴ4),鬲(Ⅲ2),簋(Ⅳ2),盨(Ⅱ3),壶(Ⅱ2b、Ⅲ2),盉(Ⅳ),盘(Ⅲ),钟(Ⅳ3)

虢国M2006　　鼎(Ⅴ2),鬲(Ⅲ2),盨(Ⅱ2),壶(Ⅱ2b),盉(Ⅳ?),盘(Ⅱ2)

此器　　　　　鼎(Ⅴ2、Ⅴ3),簋(Ⅳ2)

归纳起来,西周晚期后段的典型器物主要有:Ⅴ1、Ⅴ2、Ⅴ3式立耳球腹鼎和Ⅴ4式附耳球腹鼎，Ⅲ 2式平沿平裆鬲，Ⅳ 2式双耳三足簋，Ⅱ 3式双耳圈足缺口盨，Ⅱ 2b式圆鼓腹壶，Ⅲ 2式椭方壶，Ⅳ型扁圆体盉，Ⅱ 2式方折耳圈足盘，Ⅲ型双耳三足盘，Ⅳ 3式夔龙纹钟等。传世品中这一时期的典型器毛公鼎、多友鼎、吴虎鼎均属Ⅴ型球腹鼎；南宫乎钟则为Ⅳ 4式钟，形制与Ⅳ 3式基本一致，惟右鼓标音符号有所不同。

对比本书编列的西周青铜器主要器类分期图谱，全面考察目前所知年月历日四要素俱全铜器，可将它们所属铜器分期和相当王世列表一。

表一　　西周年月历日四要素俱全青铜器分期表

序号	器名	铜器分期	相当王世
1	庚嬴鼎	早期后段	康王前后
2	二十七年卫簋	中期前段	穆王前后
3	鲜簋	中期前段	穆王
4	三年卫盉	中期前段	恭王前后
5	五年卫鼎	中期前段	恭王前后
6	九年卫鼎	中期前段	恭王前后
7	走簋	中期前段	恭王前后
8	十五年趞曹鼎	中期前段	恭王
9	休盘	中期前段	恭王前后
10	师虎簋	中期后段	懿王前后
11	师遽簋盖	中期后段	懿王前后
12	无㠱簋	中期后段	懿王前后
13	吴方彝盖	中期后段	懿王前后
14	趩尊	中期后段	孝王前后
15	王臣簋	中期后段	孝王前后
16	四年𤼈盨	中期后段	孝王前后
17	宰兽簋	中期后段	孝王前后
18	谏簋	中期后段	孝王前后
19	齐生鲁方彝盖	中期后段	孝王前后
20	大师虘簋	中期后段	孝王前后
21	十三年𤼈壶	中期后段	孝王前后
22	元年师旋簋	中期后段	夷王前后
23	郑季盨	中期后段	夷王前后
24	散伯车父鼎	中期后段	夷王前后
25	五年师旋簋	中期后段	夷王前后
26	师毁簋	中晚期间	夷厉前后
27	逆钟	中晚期间	夷厉前后

28	牧簋	中晚期间	夷厉前后
29	番匊生壶 *	中晚期间	夷厉前后
30	伯宽父盨	中晚期间	夷厉前后
31	元年师兑簋	晚期前段	厉王前后
32	三年师兑簋	晚期前段	厉王前后
33	鄅簋	晚期前段	厉王前后
34	柞钟	晚期前段	厉王前后
35	颂鼎、簋、壶	晚期前段	厉王前后
36	师𩰚簋	晚期前段	厉王前后
37	大簋盖	晚期前段	厉王前后
38	大鼎	晚期前段	厉王前后
39	伯克壶	晚期前段	厉王前后
40	克钟、镈	晚期前段	厉王前后
41	克盨	晚期前段	厉王前后
42	伊簋	晚期前段	厉王前后
43	袁盘	晚期前段	厉王前后
44	鄂攸从鼎	晚期前段	厉王前后
45	晋侯稣钟 **		厉王
46	此鼎、簋	晚期后段	宣王前后
47	觏鼎	晚期后段	宣王前后
48	兮甲盘	晚期后段	宣王
49	虢季子白盘	晚期后段	宣王
50	吴虎鼎	晚期后段	宣王
51	山鼎	晚期后段	宣王
52	虎簋盖 ***		

　　* 番匊生壶和伯宽父盨的形制纹饰,均具西周中期后段特征。前者与四年痴壶、弭叔壶等器一致。后者与弭叔盨等器一致。考虑到此二器的王年较高,分别为 26 年和 33 年,倘使与四年痴壶一样定为孝王前后,难于妥善安排,因而将其置于稍晚的夷厉前后,即认为这种形制的壶和盨有可能延续时间稍长。

　　** 晋侯稣钟包括主要见于西周中期前段和后段的三种形制,应是摭取早期钟体后刻铭文拼凑而成。本表未列这套钟所属铜器分期,仅注明对其铭文纪年的倾向性意见。

　　*** 虎簋的器身不存,难于准确判断其所属铜器分期。论者多据铭文内容,推断此簋与师虎簋为同人之器,属穆王时期。审视虎簋盖的形制纹饰,似与晋侯墓地年代甚晚的第七组 M 64 所出鲜休簋(Ⅱ 2 式)颇为相似,姑且存疑于此,以待进一步研究。

西周青铜器主要器类
分 期 图 谱

早期

　前段

Ⅰ1鼎1

Ⅰ2鼎7

Ⅱ1鼎23

　后段

Ⅰ2鼎10

Ⅰ6鼎18

中期

　前段

Ⅰ4鼎14

Ⅱ2鼎24

　后段

Ⅱ3鼎26

晚期

　前段

　后段

Ⅲ1鼎27　　　　　　　　　Ⅳ1鼎35　　　　　　　　　Ⅳ2鼎43

Ⅲ1鼎28　　　　　　Ⅳ1鼎37　　　　　　Ⅳ1鼎39　　　　　　Ⅳ2鼎44

Ⅳ3鼎51

Ⅳ4鼎53　　　　　　　　　Ⅳ4鼎59　　　　　　　　　Ⅳ3鼎49

Ⅳ4鼎55　　　　　　　　　Ⅳ4鼎54　　　　　　　　　Ⅴ2鼎67

Ⅳ4鼎57　　　　　　　　　Ⅴ2鼎69　　　　　　　　　Ⅴ2鼎70

Ⅰ1鬲2　　　　　　　Ⅰ1鬲3

Ⅳ5鼎61　　　　　　Ⅲ1鬲12

Ⅴ4鼎，晋侯M92　　　　Ⅲ1鬲13

Ⅴ3鼎73　　　　Ⅴ4鼎78　　　　Ⅲ2鬲16

 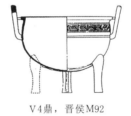 

Ⅴ3鼎74　　Ⅴ4鼎，晋侯M93　　　　Ⅲ2鬲20

I 1簋1

I 3簋16

I 3簋7

I 2簋4

I 3簋12

I 3簋22

I 3簋13

I 3簋21

IV2簋68

IV2簋67

IV2簋71

IV2簋74

IV2簋82

IV2簋86

IV2簋79

IV2簋78

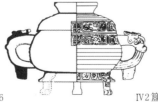

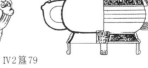

Ⅱ1簋36

Ⅱ2簋39

Ⅱ2簋42

Ⅱ2簋48

Ⅱ2簋41

Ⅱ2簋43

Ⅰ4簋30

Ⅳ3簋94

Ⅱ2簋53

Ⅱ2簋54

Ⅱ2簋47

Ⅱ2簋55

Ⅱ3簋56

Ⅰ3盨5

Ⅱ2盨9

Ⅰ2盨2

Ⅱ1盨8

Ⅱ1盨6

Ⅰ1盨1

Ⅱ3盨11

Ⅱ3盨15

Ⅱ3盨13

Ⅱ3盨14

Ⅱ3盨16

Ⅰ1尊3   Ⅰ1尊1   Ⅱ1尊10

Ⅰ1尊6   Ⅰ1尊2   Ⅱ3尊23   Ⅱ2尊18

Ⅱ3尊19

Ⅰ1卣1

Ⅱ1a卣4

Ⅱ2卣8

Ⅰ2卣3

Ⅱ2卣9

Ⅱ3卣13

Ⅱ4a卣19

Ⅰ1壶1

Ⅰ1方彝1

Ⅱ1壶3

Ⅱ方彝4

Ⅱ方彝5

Ⅱ1壶2

Ⅱ2a壶4

Ⅱ2a壶8

Ⅲ散车父壶

Ⅲ方彝9

Ⅲ1壶13

Ⅲ1壶12

Ⅲ3壶17

Ⅱ2b壶10

Ⅲ2壶14

Ⅲ3壶19

Ⅲ2壶16

Ⅰ1盉1

Ⅱ盉4

Ⅰ1盘1

Ⅲ1盉6

Ⅱ盉5

Ⅱ1盘5

Ⅲ2盉8

Ⅲ2盉9

Ⅲ2盉10

Ⅱ1盘6

Ⅲ2盉11

Ⅱ1盘8

Ⅳ盉13

Ⅱ2盘晋侯M31

Ⅱ2盘11

Ⅳ盉12

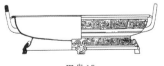

Ⅲ盘15

Ⅲ盘14

II 钟 6

I 钟 1

II 钟 7

I 钟 2

I 钟 3

IV 1钟 13

IV 1钟 16

IV 1钟 15

IV 3钟 21

IV 3钟 22

IV 4钟 27

IV 3钟 23

IV 4钟 29

引用青铜器图集及有关论著简称表

考古图　　《考古图》,吕大临,1092 年

博古　　　《宣和博古图录》,1123 年后

西清　　　《西清古鉴》,1751～1752 年

西甲　　　《西清续鉴甲编》,1793 年

两罍　　　《两罍轩彝器图释》,吴云,1872 年

梦郼、梦续　《梦郼草堂吉金图》及《续编》,罗振玉,1917 年

宝蕴　　　《宝蕴楼彝器图录》,容庚,1929 年

澂秋　　　《澂秋馆吉金图》,孙壮,1931 年

善吉　　　《善斋吉金录》,刘体智,1934 年

武英　　　《武英殿彝器图录》,容庚,1934 年

海外　　　《海外吉金图录》,容庚,1935 年

贞吉　　　《贞松堂吉金图》,罗振玉,1935 年

十二家　　《十二家吉金图录》,商承祚,1935 年

善彝　　　《善斋彝器图录》,容庚,1936 年

颂斋、颂续　《颂斋吉金图录》及《续录》,容庚,1936 年

尊古　　　《尊古斋所见吉金图》,黄濬,1936 年

賸稿　　　《河南吉金图志賸稿》,孙海波,1939 年

双剑古　　《双剑誃古器物图录》,于省吾,1940 年

通考　　　《商周彝器通考》,容庚,1941 年

邺三　　　《邺中片羽三集》,黄濬,1942 年

冠斝　　　《冠斝楼吉金图》,荣厚,1947 年

断代　　　《西周铜器断代》(一)～(六),陈梦家,《考古学报》第 9、10 册,1956

年 1~4 期

辉县　　　　《辉县发掘报告》,中国科学院考古研究所,1956 年

五省　　　　《五省出土重要文物展览图录》,1958 年

故图　　　　《故宫铜器图录》,1958 年

图释　　　　《青铜器图释》,陕西省博物馆等,1960 年

美集录　　　《美帝国主义劫掠的我国殷周青铜器集录》,陈梦家,1963 年

上海　　　　《上海博物馆藏青铜器》,1964 年

瓢形器　　　《殷墟出土青铜瓢形器之研究》,李济、万家保,1964 年

爵形器　　　《殷墟出土青铜爵形器之研究》,李济、万家保,1966 年

斝形器　　　《殷墟出土青铜斝形器之研究》,李济、万家保,1968 年

鼎形器　　　《殷墟出土青铜鼎形器之研究》,李济、万家保,1970 年

五十三件　　《殷墟出土伍拾叁件青铜容器之研究》,李济、万家保,1972 年

古铜选　　　《中国古青铜器选》,文物出版社,1976 年

陕青　　　　《陕西出土商周青铜器》(一)~(四),陕西省考古研究所等,1979~
　　　　　　1984 年

妇好墓　　　《殷墟妇好墓》,中国社会科学院考古研究所,1980 年

豫青　　　　《河南出土商周青铜器》(一),1981 年

纹饰　　　　《商周青铜器纹饰》,上海博物馆青铜器研究组,1984 年

殷青　　　　《殷墟青铜器》,中国社会科学院考古研究所,1985 年

弭国　　　　《宝鸡弭国墓地》,宝鸡市博物馆,1988 年

考古精华　　《考古精华》,中国社会科学院考古研究所,1993 年

琉璃河　　　《北京琉璃河西周燕国墓地》,北京市文物研究所,1995 年

辞典　　　　《中国文物精华大辞典·青铜卷》,1995 年

遗珠　　　　《欧洲所藏中国青铜器遗珠》,文物出版社,1995 年

全集　　　　《中国青铜器全集》(五)、(六)、(七),文物出版社,1996、1997、
　　　　　　1998年

张家坡　　　《张家坡西周墓地》,中国社会科学院考古研究所,1999 年

虢国墓　　　《三门峡虢国墓地》(第一卷),河南省文物研究所,1999 年

十钟　　　　《陈氏旧藏十钟》(泉屋清赏别集),滨田耕作,1922 年

欧精	《欧米蒐储支那古铜精华》,梅原末治,1933 年
白鹤	《白鹤吉金撰集》,梅原末治,1941 年
日精	《日本蒐储支那古铜精华》,梅原末治,1959~1962 年
猷氏	W.P.Yetts:The George Eumorfopoulos Collection,1929.
新研究	B.Karlgren:New Studies On Chinese Bronzes,BMFEA no.9, 1937.
皮斯伯	B.Karlgren:Chinese Bronzes in the Alfred F.Pillsbury Collection,1952.
宝鼎斋	Willem Van Heusdin: Ancient Chinese Bronzes of The Shang And Chou Dynasties,1952.
怀特	W.C.White:Bronze Culture of Ancient China,1956.
沃森	W.Watson:Ancient Chinese Bronzes,1967.
弗里尔	J.A.Pope and others:The Freer Chinese Bronzes,Vol.I,1967.
罗越	Max Loehr:Ritual Vessels Of Bronze Age China,1968.
布伦戴奇	Rene－Yvon Lefebvre C'Argence: Bronze Vessels of Ancient China In The Avery Brundage Collection,1977.
远东	Bulletin of The Museum of Far Eastern Antiquities.

典 型 器 图 目

说 明

本书所收西周铜器图像，著录项主要列举下列三书及有关考古报告的图版号：

《中国青铜器全集》(五)(六)(七)，文物出版社，1996~1998年。

《陕西出土商周青铜器》(一)~(四)，文物出版社，1979~1984年。

《中国文物精华大辞典·青铜卷》，上海辞书出版社、商务印书馆(香港)，1995年。

三书未著录者，再注其他书刊。

(一)鼎

鼎 10	厚趠方鼎	《全集》5.11	（15）
		《辞典》0292	
鼎 11	静方鼎	《文物》1998 年 5 期彩 1	（16）
鼎 12	不㛡方鼎	《陕青》3.58	（16）
		《辞典》0296	
鼎 13	丰大母方鼎	《张家坡》102.3	（17）
鼎 14	夌方鼎甲	《全集》5.9	（17）
		《辞典》0297	
		《陕青》2.99	
鼎 15	伯智方鼎	《全集》6.155	（17）
		《陕青》4.41	
鼎 16	塱方鼎	《全集》5.6	（18）
鼎 17	白作彝方鼎	《强国》彩 15.1	（18）
鼎 18	圉方鼎	《全集》6.7	（19）
		《辞典》0295	
鼎 19	滕侯方鼎	《全集》6.76	（19）
		《辞典》0294	
鼎 20	夌方鼎乙	《全集》5.10	（20）
		《陕青》2.100	
		《辞典》0298	
鼎 21	戈鼎	《强国》17.1	（20）
鼎 22	父癸鼎	《琉璃河》54.2	（20）
鼎 23	扬鼎	《琉璃河》彩 9	（20）
鼎 24	兽面纹夒足带盘鼎	《陕青》4.43	（21）
		《强国》156.4	
		《辞典》0312	
鼎 25	晋侯鼎	未著录(北京大学考古系提供)	（21）
鼎 26	井叔鼎	《考古精华》152.1	（22）
		《张家坡》彩 3.2	

		（附铭文拓片）	《辞典》0303	
鼎 50	师奎父鼎	《上海》46	（33）
		《辞典》0304	
鼎 51	五年卫鼎	《全集》5.28	（33）
	（附铭文拓片）	《陕青》1.173	
		《辞典》0304	
鼎 52	九年卫鼎	《陕青》1.174	（34）
	（附铭文拓片）		
鼎 53	师汤父鼎	《全集》5.29	（35）
鼎 54	小克鼎	《上海》48	（35）
		《辞典》0308	
鼎 55	史颂鼎	《全集》5.35	（35）
		《辞典》0316	
鼎 56	函皇父鼎甲	《图释》61	（35）
鼎 57	晋侯邦父鼎	《文物》1994 年 8 期 7 页图三	（36）
		（北京大学考古系提供）	
鼎 58	无叀鼎	《通考》73	（36）
鼎 59	散伯车父鼎	《陕青》3.115	（36）
	（附铭文拓片）	《辞典》0310	
鼎 60	弡伯鼎	《弡国》157.1	（37）
鼎 61	伯唐父鼎	《张家坡》103.1	（37）
鼎 62	七年趞曹鼎	《上海》44	（37）
		《辞典》0302	
鼎 63	獣叔鼎	《全集》6.126	（37）
鼎 64	吴虎鼎	《考古与文物》1998 年 3 期封底	（38）
	（附铭文拓片）		
鼎 65	康鼎	《通考》64	（39）
鼎 66	南宫柳鼎	《图释》79	（39）
		《辞典》0320	

(一一)钟

补　记

本书于1999年出版以来，得到诸多研究者的认同与引用。最近十多年各地的考古发掘中，又陆续发现不少西周时期有铭文的青铜器，并且有若干"自身表明了年代的标准器"。由于笔者没有精力对本书进行全面修订，现选取其中最具典型意义的部分重要器物，对本书的分期断代进行检视和补充。

一、西周早期铜器

1.山西曲沃北赵村晋侯墓地

2000~2001年，在前些年发掘的晋侯墓地8组17座大墓之外，又发掘异穴合葬的113号和114号两座大墓[1]。其中114号墓出土的叔矢方鼎（图1-1），有铭文8行48字，李伯谦等学者的考释认为，作器者为西周成王之弟唐叔虞，该鼎即属西周早期前段的成王时期。发掘者推断墓主应为唐叔之子燮父，即该墓地中的第一代晋侯，年代晚于唐叔虞。叔矢方鼎的形制、纹饰与德方鼎相似，属本书所分Ⅰ型2式鼎。同出另一有盖方鼎的形制则与滕侯方鼎一致，为Ⅰ型6式（图1-2）。与114号晋侯墓并列的113号晋侯夫人墓被认为年代可能稍晚。但113号墓出土的仍是本书排列的早期形制：方鼎为Ⅰ型2式（图1-3），圆鼎为Ⅳ型2式和3式（图1-4~1-6），簋为Ⅰ型3式（图1-7、1-8），卣为Ⅰ型2式（图1-9），另有瓤（图1-10）。因此，两墓所出铜器，可视为同

---

[1]　北京大学考古文博学院等《天马—曲村遗址北赵晋侯墓地第六次发掘》，李伯谦《叔矢方鼎铭文考释》，均见《文物》2001年第8期。

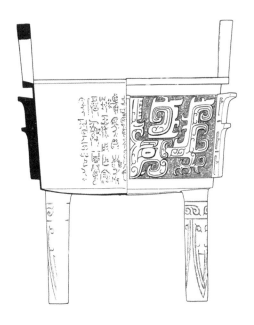

图1-1　I 型 2 式鼎（叔夨鼎）

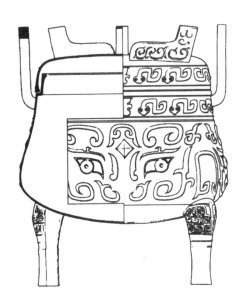

图1-2　I 型 6 式鼎

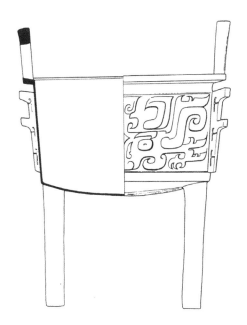

图1-3　I 型 2 式鼎

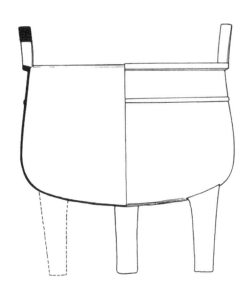

图1-4　IV 型 2 式鼎

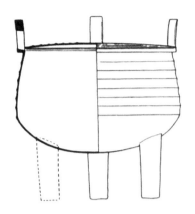

图1-5　Ⅳ型2式鼎

图1-6　Ⅳ型3式鼎

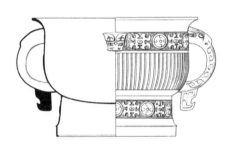

图1-7　Ⅰ型3式簋

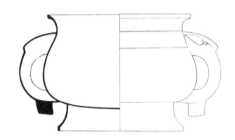

图1-8　Ⅰ型3式簋

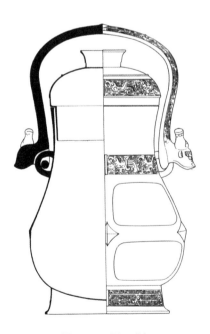

图1-9　Ⅰ型2式卣

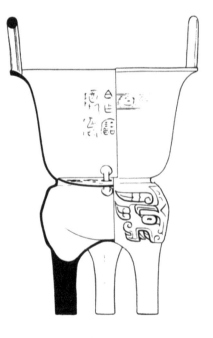

图1-10　甗

属成康时期。

2. 山西翼城大河口霸国墓地

2008～2011年发掘的霸国墓地，其1号墓的年代属西周早期，葬制规格甚高[2]。据报道，"在墓口平面四角外发现四个通向墓壁的斜洞"，这种形制过去仅见于北京房山琉璃河出土克盉、克罍的1193号大墓。墓内出土的铜卣又有"匽侯旨作姑妹宝尊彝"铭文，这表明墓主的身份甚高，并且是燕国国君（匽侯旨）的"姑妹"，彼此关系密切，年代自应相当。该墓共出器物中又有旨为父辛所作爵。关于匽侯旨和父辛，冯时强调这父辛应即燕侯旨鼎铭所见的父辛，并在陈梦家、唐兰对有关金文先后考释的基础上进一步肯定，这父辛"也即宪鼎、伯宪盘、和爵、伯和鼎铭文出现的父辛或召伯父辛"，"召伯父辛应即召公奭"；又据1号墓出土旨爵系为已逝去父辛作器，正确地推断该墓葬时代应在康王晚期，也有年代下限晚至昭王的可能[3]。考虑到该墓出土的铜器，有盖方鼎属Ⅰ型6式（图1-11），圆鼎属Ⅳ型3式（图1-12），鬲属Ⅰ型

图1-11　Ⅰ型6式鼎

图1-12　Ⅳ型3式鼎

[2] 山西省考古研究所大河口墓地联合考古队《山西翼城县大河口西周墓地》，《考古》2011年第7期。

[3] 冯时《霸国考》，见《两周封国论衡——陕西韩城出土芮国文物暨周代封国考古学研究国际学术研讨会论文集》，上海古籍出版社，2014年。陈梦家说，见所著《西周铜器断代》，第96页，中华书局，2004年；唐兰说，见所著《西周青铜器铭文分代史征》，第148页，中华书局，1986年。

图1-13 I型1式鬲

1式（图1-13），簋属 I 型3式和Ⅲ型1式（图1-14、1-15），尊属Ⅱ型1式（图1-16），都是典型的西周早期形制，罍、爵两种本书未论及的铜器也是商末周初的流行样式（图1-17、1-18）；而卣则为椭圆形盖两端有竖立犄角的Ⅱ型1式（图1-19），与召卣、竞卣等器一致，是一种出现稍晚的形制，见于西周早期晚段和西周中期早段。因此，推断该墓铜器属康昭时期，即略晚于晋侯墓地M113、M114二墓，可能是比较适宜的。

图1-14 I型3式簋

图1-15 Ⅲ型1式簋

图1-16 Ⅱ型1式尊

图1-17 罍

图1-18　爵

图1-19　Ⅱ型1式卣

二、西周中期铜器

近年新发现的西周中期青铜器中，在断代研究上最具典型意义的是河南平顶山应侯墓地发掘所获。应国铜器早有出土情况不明者传世，1986～2007年进行的墓地发掘，先后发掘80多座西周墓葬，出土许多有铭文的铜器，其中不少是应侯或应公所作器。已经出版的正式考古报告《平顶山应国墓地Ⅰ》一书[4]，对西周早期和中期的13座墓作了详细报道，兼及所知同一时期流散的有铭文铜器，进行很好的分析研究。其中值得注意的是，西周中期84号墓出土的应侯再盨和同出器，以及应侯视工组器，虽然并非"自身表明了年代的标准器"，堪称准"标准器"。

应侯再盨（图2-1）有铭文4行28字，提到"应侯再肇作厥丕显文考釐公尊彝"，作器者和作器对象与保利艺术博物馆藏再簋（图2-2）相同，但彼再簋未称"应侯"，被推定为年代稍早再未即侯位或未受爵命时作。其形制为器壁较直的圆身，圈足下承四小足较为罕见，盖缘和口沿下一周的纹饰为顾首大鸟纹。而应侯再盨的纹饰系垂冠长尾鸟纹，形制则与本书所分西周晚期后段的Ⅱ型2式接近。84号墓同出有年代似乎稍早的再所作尊、卣（再字均与盨异构），分别属其Ⅱ型3式和Ⅱ型3式（图2-3、2-4）；又有应侯未署私名的"应侯作旅"鼎（Ⅳ型3式）和甗（图2-5、2-6）。李家浩在考释再簋时最早指出，其铭文有与被推定为穆王时器伯姜鼎相似的用语，因而认

[4] 河南省文物考古研究所等《平顶山应国墓地1》，大象出版社，2012年。平顶山应国墓地发掘出土及流散传世的应侯铜器，均见该书。

图 2-1　Ⅱ型（近 2 式）盨（应侯再盨）

图 2-2　Ⅲ型 3 式簋（再簋）

图 2-3　Ⅱ型 3 式尊（再尊）

图 2-4　Ⅱ型 3 式卣（再卣）

图 2-5　Ⅳ型 3 式鼎（应侯作旅鼎）

图 2-6　应侯作旅瓹

为年代应相近。同时，又将这两件再器，与年代稍晚的应侯视工钟（当时多主恭懿之际）联系起来，认为应侯视工可能是应侯再之子，推断钟铭的"皇祖应侯"就是簋铭和盨铭中"文考釐公"。如此则获知应侯的祖孙三代有："文考釐公"（或即"皇祖应侯"）→"再"→"应侯视工"[5]。

应侯视工所作器物，前此知有日本东京书道博物馆所藏的一钟，1974年陕西蓝田出土另一件，二钟铭文内容连接，系应侯视工为"皇祖应侯"所作，属于本书钟类Ⅳ型1式（图2-7）。2000年有一批"应侯视工"和"应侯"铭文的青铜器出现于文物市场，据记述包括钟、鼎、簋、壶、盘、匜等器[6]。后来，北京保利艺术博物馆入藏铭文内容、行款与前一致的应侯视工二钟，应侯视工为"皇考武侯"所作二簋（Ⅳ型3式）（图2-8），以及两件"应侯作旅壶"（Ⅱ型2式）（图2-9）；上海博物馆则入藏一件应侯视工为"剌考武侯"所作鼎（Ⅴ型3式）（图2-10）。另有平顶山西皇鱼塘捞获盗掘后弃置的残铜器，据研究其中一件鼎的形制与上海博物馆所藏一致，铭文则有所不同，经复原系应侯视工为"烈祖釐公"所作，形制与利鼎等西周中期后段鼎相近，属本书划分的Ⅴ型3式。四件盨则均为"应侯作旅盨"（图2-11），失盖，形制应与上海博物馆入藏者（铭文并未称"盨"，却为"应侯作宝寝簋"）一致（图2-12），属本书划分的Ⅰ型3式盨。如此则所知应侯有："文考釐公"（或即"皇祖应

图2-7　Ⅳ型1式钟（应侯视工钟）

图2-8　Ⅳ型3式簋（应侯视工簋）

[5]　《保利藏金》编辑委员会《保利藏金》，第75～78页，岭南美术出版社，1999年。

[6]　李学勤《论应侯视工诸器的时代》，见所著《文物中的古文明》，第253页，商务印书馆，2008年。

图 2-9　Ⅱ型 2 式壶（应侯作旅壶）

图 2-10　Ⅴ型 3 式鼎（应侯视工鼎）

图 2-11　Ⅰ型（近 3 式）盨（应侯作旅盨）

图 2-12　Ⅰ型（近 3 式）盨（应侯作宝寝盨）

侯”）→“皇考（刺考武侯、禹）→“应侯视工”，仍是祖孙三代。

　　关于应侯视工组铜器的年代，过去曾因应侯视工钟提到“荣伯”，推定其为恭王或懿王时器，根据铭文中人物的系联，我们曾将其推迟为“西周中期后段之末，即接近于厉王的孝夷时期”[7]。李学勤也将应侯视工诸器的年代再稍推后，定为“厉王的早年”[8]。如此追溯“应侯视工”的上代“应侯禹”，再上代“文考釐公”，从接近于穆王的应侯禹到夷厉时期的应侯视工，不过数十年的时间。这样，平顶山应国墓地

---

[7] 王世民《应侯见工钟的组合与年代》，见《保利藏金（续）》，第127页，岭南美术出版社，2000年。

[8] 李学勤《论应侯视工诸器的时代》，见所著《文物中的古文明》，商务印书馆，2008年。

出土的应侯再器（包括未称应侯的再器）、应侯视工器和应侯作旅器，便构成西周中期后段的准标准器组。

三、西周晚期铜器

2003年在陕西眉县杨家村清理的一处西周铜器窖藏，为西周晚期铜器断代提供一批难得的标准器组。过去所知西周晚期成组铜器，例如克器、颂器、史颂器、梁其器、函皇父器，所属王世往往存在着不同的意见。而眉县新出土的单氏家族逨组铜器，由于盘铭历数文武至夷厉十二代周王，当朝天子非宣王莫属，从而无可置疑地表明该器组作于宣王时期。而两组逨鼎的纪年分别是四十二年和四十三年，我们知道宣王在位46年、幽王在位11年，则逨组铜器的作器时间接近于西周末尾。因此，以这明确的基点对比相关器组，进行形制、纹饰的分析和铭文内容的系联，便有无可替代的重要意义[9]。

逨盘的器体硕大，口径超过史墙盘，仅次于散氏盘，通高则与散氏盘相若。形制较为特殊，两附耳间又有兽首衔环前后相对，这在西周铜盘中绝无仅有，仍属Ⅲ型（图3-1）。盘侧的螺形角兽首和象鼻状足，都是西周晚期簋的常见附件。螺形角兽首见于宰兽簋、弭叔簋、师酉簋、散伯簋等器的口沿下。象鼻状足则见于颂簋、史颂簋、不娶簋等器。所饰窃曲纹（Ⅱ型4式），见于不娶簋的盖缘。

四十二年逨鼎2件（图3-2）和四十三年逨鼎10件（图3-3），形制基本一致，都是

图3-1　Ⅲ型盘（逨盘）

图3-2　Ⅳ型4式鼎（四十二年逨鼎）

[9] 陕西省考古研究所等《陕西眉县杨家村西周青铜器窖藏发掘简报》，马承源、王世民等《陕西眉县出土窖藏青铜器笔谈》，李学勤《眉县杨家村新出青铜器研究》，均见《文物》2003年第6期。

图 3-3 Ⅳ型 4 式鼎（四十三年逨鼎）

图 3-4 Ⅳ型盉（逨盉）

图 3-5 Ⅳ型 3 式钟（逨钟）

图 3-6 Ⅲ型 1 式鬲（单叔鬲）

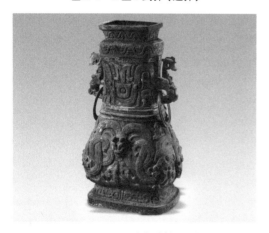

图 3-7 Ⅲ型 2 式壶（单五父壶）

图 3-8 单五父匜

垂腹蹄足，属本书划分的Ⅳ型4式鼎，饰波曲纹和窃曲纹。与之相似的，有大小克鼎、史颂鼎、函皇父鼎甲，以及晋侯墓地第7组64号墓的晋侯邦父鼎。纹饰则颈部所饰Ⅰ型4式窃曲纹结构彼此一致，而与大小克鼎、师嫠簋和王臣簋等器接近；但两组腹部所饰波曲纹稍有差别。

逨盉是西周同类器物中最大的一件（图3-4）。外观与晋侯墓地31号墓和虢国墓地2001号墓所出盉接近。形制属本书划分的Ⅳ型。

逨组之器，所知又再有1985年当地出土的逨钟4件（图3-5），篆部饰横向S形云纹，正鼓部饰对称的蜗首夔龙，与克钟、南宫乎钟一致（前者标音符号同为鸟纹，后者则为蜗首夔龙）。形制属本书划分的Ⅳ型3式。

据逨盘铭文记述，其始祖（皇祖考）为文武时期的"单公"。与逨组之器同出的，除一件年代早至西周中期的天盉，应为前世留存的遗物外，还有同时期的单氏家族器物，包括Ⅲ型1式单叔鬲（9件）（图3-6）、Ⅲ型2式单五父壶（2件）（图3-7）和单五父匜（1件）（图3-8），均属典型的西周晚期风格。

眉县杨家村青铜器窖藏的发现，使我们对西周晚期青铜器的形制和纹饰，有了进一步的认识，从而更加准确地判定某些重要铜器所属王世。过去曾被判定年代稍早的若干铜器，既与逨组铜器关联较多，自应年代相同或相近，将其改定为宣王前后可能更加适宜。

除此之外，前些年发掘的陕西扶风五郡西村西周铜器窖藏、陕西韩城梁带村芮国墓地、山西绛县横水西周中期大墓，近年发掘的陕西宝鸡石鼓山西周早期青铜器窖藏、湖北随州叶家山曾侯墓地，等等，先后出土许多精美的铜器，出土情况和器物组合明确，都是西周青铜器研究的绝好资料。再有若干出土情况不明的长铭文铜器传世，也对西周铜器断代研究有重要价值，但都缺乏前述那种"自身表明了年代的标准器"和器组。至于来自文物市场的若干有铭铜器，由于出土情况不明，对其真伪和年代或有疑虑。凡此一概从略。

A STUDY OF THE PERIODIZATION AND DATING
OF WESTERN ZHOU BRONZES

Wang Shimin,Chen Gongrou and Zhang Changshou

(Abstract)

The present book reports the results of a monographic research belonging to the subject " Chronological Studies of Western Zhou Kings" in the " Xia-Shang-Zhou Chronology Project." The predeterminate goal of the research is "taking the Western Zhou bronzes with inscriptions suitable to the study of the Western Zhou calendar as the main objects of examination and making archaeological research on their periodization and dating them in the light of their forms and designs, to improve the study of the Western Zhou calendar." Such bronze inscriptions should contain all the following four elements: year of king reign, month, lunar phase, and day by the sexagenary circle *ganzhi*. The task of this monographic research is to make an elaborate archaeological periodization and dating of these bronzes, so as to set the calendrical study on a scientific, solid foundation and to avoid hasty reckoning with the dates of bronzes ignored as happened before.

There is a methodological problem in the chronological study of Western Zhou bronzes, i.e. how to gather and utilize available data. Previously, owing to the historical limitation, for a long time the dating of Western Zhou inscribed bronzes had lacked for referential material obtained from the periodization of typical cemeteries, though certain attention was paid to comparative analysis in the shape and decoration of objects; meanwhile, in the study of bronzes unearthed from Western Zhou tombs, no sufficient work had been done upon their comparison with handed-down inscribed bronzes. Therefore, it is a crying need to collect relevant data as fully as possible and re-study them by means of the archaeologico-typological method.

The data of typical Western Zhou bronzes we have collected include: (1) Those unearthed from the large-sized tombs of Western Zhou high-rank aristocrats. These tombs yielded not only sets of bronze ritual vessels and instruments, weapons and horse-and-chariot trappings, but also combined pottery vessels, which constitute evidence definite in association and reliable in relative date as they have undergone meticulous periodization. (2) Those from Western Zhou bronze hoards in a good condition. (3) Those of bronzes handed-down in groups. Such Western Zhou bronzes coming from the same pits or in the same group are also clear in association and identical, close or connected in the date of making, and thus provide material for overall consideration. (4) Sporadically-unearthed and handed-down standard objects. Their inscriptions already show which king's reign they each bolong to, and scholars are completely or roughly agreed on their dates. (5) Other bronzes with important inscriptions, especially with those containing all the four chronological elements as mentioned above.

Using illustrating material, we select from the above five categories of bronzes 11 commonly-seen types, i.e. the *ding* tripod and tetrapod, *li* tripod, *gui* food container, *xu* oval vessel, *zun* vase, *you* swing-handled pot, *hu* pot, *fangyi* square vessel, *he* spouted tripod, *pan* basin and *zhong* bell, totalling 350 specimens, and make elaborate typological division for each type according to their forms as practised in field archaeological reports. Then we describe these specimens one by one as to their formal and decorative features, localities of excavation, places of preservation, size, contents of inscriptions and connections with other objects, as well as their more or less accurate dates.

On the other hand, we study systematically a number of motifs frequently occurring in varying forms on Western Zhou bronzes, such as the animal-mask, bird and impoverished curve designs. As the change in the shape of bronzes and that in their decoration were not simultaneous but alternate, and there was often the case that relative stability in form lasted for a somewhat long time while decoration underwent a distinct change, it is necessary to combine the examination of shapes with the study of designs and make the two supplement each other, so as to avoid the deviation of dating bronzes according to their form alone. We make a typological analysis of the above-mentioned Western Zhou bronze patterns, dividing them into types and sub-types, and, through comparative study, trace their evolutionary lines, clarify the time of their prevalence, their formal features, positions on objects and combination with other motifs, *etc*. in different periods.

Finally, we make a synthetic study on the evolutionary pedigrees of these bronzes and divide them into three successive periods (and further into two subperiods for some types of objects) based on detailed comparison in form and decoration for each type, the linkages shown in the inscriptions, especially the relationship in the same group with an identical inscription and article maker, the association of different bronzes representing serial generations of rulers or aristocrats as discovered in the Zhuangbai hoard and the Jin marquis's graveyard, and the combination of articles in the same pit as revealed in the definitely-dated tombs at Liulihe. This tripart periodization takes into account not only the changes of all types of articles in shape and decoration, but also the temporal length each period covers. The king reigns to which the three periods correspond are as follows:

Early period	Wu, Cheng, Kang and Zhao;
Middle period	Mu, Gong, Yi(懿), Xiao and Yi(夷);
Late period	Li, Xuan and You.

Every period covers about 80 ~ 90 years. Since the bronzes with all the four chronological elements are studied in a whole pedigree frame, the consequent dating must be comparatively objective. It should be explained that the evolutionary pedigrees of objects resulting from comparative study by means of the archaeologico-typological method reflect relative chronology, i.e. so-called corresponding king reigns, which mean periods each corresponding roughly to certain kings' reigns with the lower and upper limits maybe slightly wavering and thus serving the purpose of providing a reliable and a little unrestrictive chronological range for calendrical reckoning.